浙江省新型高校智库——浙江工商大学浙商研究院研究成果
国家自然科学基金资助项目（批准号：71372010）成果
"中国民企创业创新前沿"丛书之创业行为卷

U0749710

利益相关者视角的转型经济中

民营企业制度创业机制：浙商案例研究

The Mechanism of Institutional Entrepre-
neurship of Private-Owned Enterprises in
China's Transtional Economy from the
Perspective of Stakeholders: Cases Study of
Zhejiang Entrepreneurs

项国鹏 等 著

浙江工商大学出版社
ZHEJIANG GONGSHANG UNIVERSITY PRESS

图书在版编目（CIP）数据

利益相关者视角的转型经济中民营企业制度创业机制：浙商案例研究 / 项国鹏等著 . — 杭州：浙江工商大学出版社 , 2018.5

ISBN 978-7-5178-2518-0

Ⅰ . ①利… Ⅱ . ①项… Ⅲ . ①民营企业 – 创业 – 企业制度 – 案例 – 浙江 Ⅳ . ① F279.245

中国版本图书馆 CIP 数据核字 (2017) 第 304871 号

利益相关者视角的转型经济中民营企业制度创业机制：浙商案例研究

项国鹏 等 著

责任编辑	唐慧慧　谭娟娟
封面设计	林朦朦
责任印制	包建辉
出版发行	浙江工商大学出版社
	（杭州市教工路 198 号　邮政编码 310012）
	（E-mail: zjgsupress@163.com）
	（网址：http://www.sjgsupress.com）
	电话：0571-88904980，88831806（传真）
排　版	庆春籍研室
印　刷	虎彩印艺股份有限公司
开　本	710mm×1000mm　1/16
印　张	19
字　数	283 千
版印次	2018 年 5 月第 1 版　2018 年 5 月第 1 次印刷
书　号	ISBN 978-7-5178-2518-0
定　价	49.00 元

国家自然科学基金资助项目（批准号：71372010）成果

浙江省新型高校智库——浙江工商大学浙商研究院研究成果

|目录|
Content

表目录
Table Directory

图目录
Figure Contents

第一章 —
绪　论

第一节　研究缘由

一、研究情境

　　本书的研究情境是中国转型经济。起始于 1978 年的中国经济体制改革使中国成为当今世界的转型经济大国。转型经济的关键是计划经济体制向市场经济体制的转型，实质是一种制度变迁。制度变迁所生成的特殊制度环境对民营企业家创业造成了"双刃剑"效应：既激发了创业激情、创业能力，提供了丰富的创业机会，也制造了大量的制度约束。在制度约束面前，有些企业家缺乏创业构想，或者不能把创业构想转化为现实。有些企业家却能洞察隐藏于制度约束中的创业机会与潜在收益，通过行之有效的制度创新，为企业获得先动性创业所需的必要资源——组织合法性。这些企业家正是周其仁（2002）提出的"改变管制规则有横财可发"的麦高文式的制度企业家。例如，吉利打破了民营企业不能造车的产业规制性进入壁垒，征途网络的网络游戏《征途》打破了网络游戏业的行业标准约束并配合政府部门完善网络游戏行业的规制性标准，阿里巴巴打造了全新的电子商务模式。

总结上述中国民营企业的创业实践，有个问题很值得创业学界加以研究：面对创业中的制度约束，吉利、征途网络等民营企业实施了哪些策略来加以破除，从而跨越合法性门槛，实现合法化成长？解释这个问题对于正处制度变迁中的中国民营企业创业具有重要意义。然而，目前国内创业理论研究尚未充分关注该问题。首先，虽有学者探究了创业企业的制度创新活动所带来的巨大收益，但未对制度创新行为加以分析。（周其仁，1997；陈湘舸，1998）其次，虽然有学者探讨了企业创业所面对的制度环境影响及其合法性获取战略，但没有分析合法性获取战略具体的作用机制。（冯天丽、井润田和王国锋，2008；李雪灵、马文杰、任月峰等，2011）还有学者研究转型经济情境下企业家运用战略行为突破制度壁垒的相关案例，但他们主要关注规制性制度约束与企业政治行为。（汪伟和史晋川，2005；江诗松、龚丽敏和魏江，2011；谢琳、李孔岳和周影辉，2012）

近二十多年来在西方管理学界迅速兴起的制度创业理论（institutional entrepreneurship）可为上述问题的研究提供丰富启迪与有益指导。所谓制度创业，是指行动者对特定的制度安排感兴趣，并且能够配置资源以创造新制度或者改变现有制度，从而推广新的组织形式、技术标准（主导设计）、行为模式或者价值观（Maguire, Hardy & Lawrence, 2004）。Garud, Hardy & Maguire（2007）指出，制度创业把行动者的主观能动性、利益和权利引入制度分析中，为观察制度变革（即解释"制度从何而来"）提供了崭新视角。根据这些理论观点，可以发现前文所指的民营企业创业行为属于制度创业。制度创业理论高度强调制度创业者在其中的关键能动作用，并指出制度创业者必须有效甄别利益相关者，实施制度创业策略，才能挣脱制度约束，从而协调各种利益相关者，完成制度创新。（Fligstein, 1997; Perkmann & Spicer, 2007; 涂敏芬，

2012；Wright & Zammuto，2013）制度创业机制研究是制度创业研究的重要议题，研究该问题能够比较彻底地揭示"黑箱"式的制度创业机制。（项国鹏、迟考勋和葛文霞，2012）因此，研究中国民营企业制度创业机制，不仅能够发挥中国作为最富前景的发展制度创业理论的国家的试验场价值（鲍威尔和迪马吉奥，2008），尽可能为制度创业理论融入中国元素，促进"管理的中国理论"研究（Barney & Zhang，2009），还能为民营企业成功领导制度创业提供科学的、系统的实践指导。

二、研究视角

相对于西方成熟的市场经济，中国转型经济所生成的制度环境已经为民营企业提供了更加丰富和有望产生更大辐射力的制度创业机会。田志龙、高勇强和卫武（2003）指出，中国转型经济情境下企业实施外部制度创新行为的机会概率、获利程度都要大大高于西方成熟市场经济国家。需要指出的是，制度创业是一项由各种利益相关者参加的集体行动，这决定了制度创业研究的核心内容是制度创业者如何实施制度创业策略，使新制度获得利益相关者的认可（Lamberti & Lettieri，2011；McKague，2011），获取合法性。因此，利益相关者是制度创业研究不可缺少的主体。在制度创业机制研究中，一些学者对制度创业与利益相关者的重要关系都有所提及。例如，与不同利益相关者进行合作并采取集体行动的能力是制度创业者社会技能的重要内容（Fligstein，1997）；制度创业者为了突破利益相关者的限制以获得资源及合法性，必须占据主体位置（Maguire，Hardy & Lawrence，2004）；制度创业者需要管理两项关键活动——合法性管理与变革过程管理（McKague，2011）。但是，鲜有文献直接讨论制度创业与利益相关者的关系，主要原因是制度创业研究源于组织社会学的新制度学派，其理论焦点是组织场域分析框架下行为意义的制度创业机制，主体意义上的利益相关者研究没有成为其初始选择。随着制度创业研究的推进，利益相关者视角逐渐得到学界关注（Lamberti & Lettieri，2011；McKague，2011；Bridwell-Mitchell & Mezias，2012），因为该研究视角有利于制度创业者在资源有限的情况下，通过识别各种利益相关者对制度创业的影响程度，实施针对性的制度创业策略，提高制度创业成功率。这种研究演变和利益相关者在合法性研究中的角色变化非常相似。伴随着合法性研究的深入，出现了利益相关者合法性的概念（Driscoll & Crombie, 2001; Phillips, 2003），而且这个概念的构成要素在不断深化（Parent & Deephouse, 2007; Neville, Bell & Whitwell, 2011; Santana, 2012），理论前景日益广阔。因此，基于利益相关者视角，研究民营企业制度创业机制不仅能够发挥中国作为最富前景的发展制度创业理论的国家的探索价值，从基础层面推进制度创业理论研究，还能为民营企业成功领导制度创业提供有效的管理策略，为其优化制度创业者特质提供科学的提升方法。

三、研究变量：制度创业机制是一个理论"黑箱"

所谓制度创业机制，其实质是制度创业如何发生与发展，包括制度创业阶段、制度创业约束、制度创业策略、所获取的合法性类型等。

制度创业是一个复杂的长期过程，制度创业者在制度创业的不同时期有多种不同的任务（Perkmann & Spicer, 2007），因此对制度创业阶段进行划分就显得十分必要，而这也引起了一部分学者的关注。Greenwood, Suddaby & Hinings（2002）对制度创业阶段的划分最为详细，他们将这一过程分为去制度化、前制度化、理论化、扩散及加强制度化五个阶段，但这一观点针对的是成熟场域，而在新兴场域中则主要包括理论化、扩散化、制度化这三个阶段。本书将制度创业阶段划分为创建变革基础阶段、理论化新制度阶段、新制度扩散阶段。制度创业约束是制度创业者在创业过程中遇到的制度性阻碍。这里借鉴了Scott（2001）的"三维度制度"划分标准，从规制性制度约束、规范性制度约束及认知性制度约束三个角度对制度创业加以分析。合法性是指人们在某些社会建构的定义体系中的特定的信念、规范、价值观中，对实体活动的行为是否适当（appropriate）、恰如其分（proper）及是否合乎期望（desirable）的一般认识或假设，反映利益相关者对组织权威的认同，是制度理论和政治科学的核心概念之一。（Suchman, 1995）Scott（2001）基于三个制度支柱

（institutional pillars）——规制、规范和认知，划分了三种合法性：规制合法性（regulatory legitimacy）、规范合法性（normative legitimacy）和认知合法性（cognitive legitimacy）。这种分类被当前学术界普遍采用。（曾楚宏、朱仁宏和李孔岳，2008）具体讨论参见第二章。

四、研究对象：浙商

浙商作为我国改革开放后涌现的重要创业群体，已经引起了学术界的广泛关注，以浙商为研究对象的研究已经成为经济管理研究领域中重要并具有地域特色的专题研究之一。（刘辉，2014）将浙商作为主题词，在中国知网数据库中进行搜索，结果显示，自2006年以来，每年研究浙商的学术性论文近200篇，且研究保持稳定发展的态势。近几年来，以浙商为研究对象的研究开始逐渐刊发在《管理世界》《中国工业经济》等国内管理学重要期刊上，这一现象也表明关于浙商的研究开始呈现出现实问题导向的探索性研究趋势。

需要说明的是，本书所研究的浙商是指1978年改革开放后兴起的浙江民营企业及其创业者。选择浙商作为制度创业研究的现实对象主要出于以下两个方面的考虑：首先，项国鹏、李武杰和肖建忠（2009）指出，根据以往学者的研究观点，浙江制度变迁的模式是一种"准需求诱致"制度变迁模式（金祥荣，2000），是"开放架构下的内生制度变迁"（卓勇良，1998）。这些观点的共同之处是都指出了浙江制度变迁的动力源于民众，浙商不拘泥于现行制度的开拓创新精神使其能够成为浙江制度变迁的重要民间力量，构成制度变迁的"初级行动团体"。浙商之所以能够在制度变迁中产生令人瞩目的影响，是因为他们在开展丰富而有效的创业实践的时候，通过创新型创业影响了制度变迁。制度创业研究的正是企业家如何借助自身的能力和策略来实现偏离式创业主张的过程，一系列浙商创业的案例恰好是制度创业的典型。因此，以浙商为研究对象可以很好地与本书的研究目的相契合。

其次，作者所组织的研究团队已经初步研究了浙商的企业家制度能力及制度创业行为，例如李书福、徐文荣、倪捷等浙商的企业家制度能力的内涵及作用机制（项国鹏、李武杰和肖建忠，2009），台州银行等企业制度创业技能对合法性获取的作用机制（项国鹏、迟考勋和王璐，2011），吉利集团和横店集团的企业家制度能力对企业成长的作用机理（项国鹏、喻志斌和迟考勋，2012），阿里巴巴集团的制度创业策略与制度创业机制（项国鹏、张志超和罗兴武，2017）。

第二节　研究目的、内容、方法与意义

一、研究目的

本研究立足于民营企业是中国转型经济情境中的制度创业者及制度创业的实质，促使利益相关者接受新制度，突出转型经济所导致的制度变迁情境对民营企业制度创业的影响，整合制度创业、利益相关者等理论，通过对阿里巴巴集团、横店集团、吉利集团、绿源集团等典型浙商的多案例研究，分析制度创业者在制度创业过程中遇到的来自利益相关者的制度创业约束，针对利益相关者所使用的制度创业策略及获取到的相应的合法性，探索性地构建民营企业制度创业机制，从而在中国情境下应用并推进制度创业理论发展，为民营企业成功领导制度创业提供有效的管理策略。

二、研究内容

（一）民营企业制度创业的两种类型划分

转型经济所导致的制度变迁不仅会改变成熟场域中的利益相关者作用之间的关系（主要针对规制性制度和部分规范性制度），更会加剧新兴场域的成熟和演化（主要针对认知性制度和部分规范性制度），集中表现为制度空白和制度不完善。根据 Fligstein（1997）及 Maguire，Hardy & Larwence（2004）所指出的新兴场域的两大特征，本研究结合民营企业制度创业的作用对象——制度空白和制度不完善，把我国民营企业制度创业划分为开拓型（作用于制度空白）与完善型（作用于制度不完善）两种类型，分析两种民营企业制度创业的特性。

（二）制度创业中利益相关者的界定和分类

根据制度创业中不同利益相关者的权利和利益，尤其是影响新制度能否被接受的程度（其实也体现为制度性障碍程度），结合 Freeman（1984），Mitchell 等（1997），陈宏辉和贾生华（2004）等学者的利益相关者理论观点，界定制度创业中的利益相关者，并加以分类。

（三）从利益相关者视角研究开拓型制度创业机制与完善型制度创业机制

1. 划分制度创业阶段

比较 Greenwood, Suddaby & Hinings（2002）及 Child, Lu & Tsai（2007）划分制度创业阶段的观点，结合新兴场域特征，以创建变革基础、理论化新制度及新制度扩散为基础，通过对转型经济中民营企业制度创业所做的历史分析，对其制度创业阶段进行划分。

2. 各个制度创业阶段的具体作用机制

针对两种民营企业制度创业类型，结合新兴场域中制度创业阶段的划分，探索性地研究民营企业在制度创业各个阶段面临的来自利益相关者的制度创业约束、针对各种类型的利益相关者所采取的制度创业策略及获取相应的合法性的措施。

三、研究方法

（一）规范分析法

规范分析法，即综合运用制度创业理论、企业家能力理论、组织合法性理论、利益相关者理论界定企业制度创业关键概念，并划分制度创业类型、制度创业中的利益相关者类型，确立研究模型并展开系统研究。

（二）数据统计法

数据统计法基于文献阅读，设计访谈提纲，对浙商群体中领导制度创业的企业家进行半结构性访谈，再结合相关领域的专家意见，界定制度创业中的利益相关者，以及提出利益相关者的分类维度。

结合上述利益相关者分类维度，本研究设计了针对制度创业者的调查问卷，以问卷调查方式获得一手数据，并运用 SPSS 作为统计分析工具，做了相关变量的描述性统计分析和配对样本 T 检验。

（三）历史分析法

历史分析法适合具有建构主义色彩的理论探索性研究，被越来越多地运用到创业研究中。（张玉利和杨俊，2009）该方法一方面以制度作为背景，以时间跨度为基准，研究样本的长期演变，说明制度要素对企业的影响（吕源，2009）；另一方面也益于阐明制度创业过程中的不同阶段（Holm，1995；Child，Lu & Tsai，2007）。该方法将主要用于研究转型经济对民营企业制度创业的制度性影响及民营企业制度创业阶段的划分。

（四）案例研究法

案例研究法适用于揭示制度创业的具体机制。（Maguire，Hardy & Lawrence，2004）本书属于理论建构的探索性研究，不是理论验证性研究，适合采用案例研究法。而且，鉴于本书的研究内容及学术界对加强多案例研究的呼吁，宜采取整体性多案例研究设计方法。该方法主要用于完善型民营企业制度创业机制研究。

1. 典型案例选择

选择符合完善型民营企业制度创业的案例，以突破行业的政府管制案例居多（如吉利等）。

2. 案例选择依据

完善型民营企业制度创业在国内已有一定研究基础并具备较丰富的公共信息，例如汪伟和史晋川（2005）研究了吉利突破管制性进入壁垒的能力。

（五）扎根理论法

扎根理论法通过对数据的归纳性分析，形成新的概念框架或理论（Charmaz，2014），适合未知程度更高的探索性理论研究及制度创业者的社会行为、辨识力及制度创业机制研究。该方法主要用于开拓型民营企业制度创业机制研究。

1. 典型案例选择

选择符合开拓型民营企业制度创业的案例，以新兴行业的案例为主（例如阿里巴巴等）。通过规范遵循连续比较，数据收集和分析同步，归纳与演绎结合，寻找核心范畴，建立范畴间的关系及不断寻求完善范畴间的关系这六大原则，产生了研究问题、资料收集与编码、理论建构、文献回顾四个扎根理论步骤。

2. 案例选择依据

关于开拓型民营企业制度创业的研究资料不多，需要通过一手调查收集资料。

四、研究意义

（一）理论创新

1. 研究视角的创新

鉴于对"中国转型经济的实质是制度变迁"的认识，根据管理研究情境化的要求，立足于制度变迁、制度创业和利益相关者这三者之间的理论关联，从利益相关者视角研究制度创业者如何推进制度创业，有望开创性地推进制度创业者对制度创业机制的科学认识。

2. 研究内容的创新

整合新制度经济学理论、组织合法性理论、制度创业理论、利益相关者理论、战略管理理论，率先提出两种制度创业类型——完善型制度创业和开拓型制度创业，并系统剖析其内涵，运用规范的管理学研究方法，探索性地构建完善型和开拓型制度创业机制，并比较两种类型的制度创业机制的差异。

3. 研究对象的创新

浙商的崛起和创造具有非常丰富的理论内涵，重要标志是浙商创建和领导了大批民营企业的成长。本书基于浙江改革开放近40年的制度变迁历程，研究了完善型制度创业和开拓型制度创业机制，填补当前浙商研究在这方面的空白。这有利于从企业家和企业的微观角度研究浙江制度变迁的动力机制与实现机制，是对企业家理论、制度创业理论和战略管理理论的推进。

（二）实践指导

党的十八届五中全会将创新作为"五大发展理念"之首，进一步指出，坚持创新发展，必须把创新摆在国家发展全局的核心位置，让创新在全社会蔚然成风。李克强总理在 2015 年政府工作报告中提出，推动大众创业、万众创新，培育和催生经济社会发展新动力。2015 年 6 月，国务院颁布了《关于大力推进大众创业万众创新若干措施的意见》，明确指出，推进大众创业、万众创新，是培育和催生经济社会发展新动力的必然选择，是扩大就业、实现富民之道的根本举措，是激发全社会创新潜能和创业活力的有效途径。这是认真总结国内外发展实践经验和理论认识的结果，符合当今世界发展实际和创新潮流，具有重要的理论意义和现实意义。

因此，经济新常态和社会结构的不断变革使政府越来越重视创新创业在推动经济发展和构建良好的社会环境中的重要作用，并从政策层面去激发个体的主观能动性的充分发挥。因此，探索性地研究个体如何采用一定的策略来克服嵌入性的制度约束并获取创新创业的成功，不仅能为制度创业者提供有针对性的实践指导，而且对全面贯彻落实国家"大众创业、万众创新"政策具有重要启示。

第三节　本书结构

第一章是绪论。简要阐述选题缘由、研究目的、研究内容、研究方法，并界定有关基础概念。

第二章是文献述评。立足于国内外研究现状，分别对制度创业理论、利益相关者理论、制度变迁中的浙商等做了深入细致的文献综述，为本书研究奠定基础。

第三章是制度创业中利益相关者的界定和分类。基于利益相关者和制度创业的文献评述，清晰界定制度创业中的利益相关者，提出制度创业中的利益相关者的分类维度。

第四章是企业家制度能力与制度创业的表现形式。这章首先深入剖析了企业家制度能力的内涵及以此为基础的企业家类型，为民营企业制度创业机制研究提供主体性指导。其次，还专门分析了制度创业的一种重要形式——商业模式创新的国内外研究现状、商业模式创新与制度创业（合法性）的有机关联，为开拓型制度创业的案例研究做好铺垫。

第五章是研究设计。包括研究方法、研究样本、数据来源、分析框架等内容。

第六、第七、第八、第九章分别对阿里巴巴集团、横店集团、绿源集团、吉利集团展开规范的案例研究。前两章是开拓型民营企业制度创业案例研究，后两章是完善型民营企业制度创业案例研究。四个案例研究都遵循这样的逻辑顺序：首先界定各个案例的制度创业利益相关者及其分类，再基于一手信息与二手信息，运用扎根理论分析各个民营企业在制度创业各个阶段所面临的制度创业约束、所使用的制度创业策略、获取相应的合法性，最终探索性地构建各个企业制度创业机制模型。

第十章为研究结论。结合浙商多案例研究，从利益相关者角度构建转型经济中民营企业制度创业机制的探索性模型。

第四节　有关概念的界定

在明确研究问题之后，清晰的概念界定是理论演绎和归纳的起点，因此非常有必要在绪论中解释清楚。根据研究内容，本书的基础概念主要有转型经济、制度创业、浙商。

一、转型经济

经济学界对转型经济的理解是多元的。权衡（2003）在国内外一致认为的"转型"包括体制转型等五种分类的基础上，提出中国转型经济的实质是体制转型和发展转型。伍装（2005）把经济转型理解为大规模的制度变迁过程。张建君（2007）指出，中国经济转型是体制转轨、社会转型和社会制度创新"三位一体"的改革过程，是社会主义制度的自我发展和完善。经济学者对于中国转型经济的研究已经比较深入，并取得了丰富的成果。但本书的关注重点不是转型经济的内涵，而是转型经济对中国民营企业创业者尤其是浙商群体带来了哪些影响，以及这些影响如何推动民营企业创业者致力于制度创业行为。项国鹏、李武杰和肖建忠（2009）明确指出，从微观角度来看，只有企业成长方式与机制实现现代市场经济导向的转型，经济体制、经济发展阶段和经济系统才能实现根本转型。但是，国内现阶段对经济转型背景下企业制度创业行为的关注仍然不足（苏晓华和王科，2013）。

本书基于以往经济学者关于转型经济的一般性描述，采用项国鹏、李武杰和肖建忠（2009）对转型经济的界定理论，即转型经济的实质是制度变迁意义上的经济体制转型，基础是微观管理意义上的企业成长方式与机制的市场化转型，主体是政府（国家部委和地方政府）、企业和市场。

在转型经济背景下，政府控制着大量的稀缺资源，并借助特有的行政手段影响企业决策和运营（Tian, Hafsi & Wu, 2009），而规制的空白和不完善也使企业的外部环境不确定性增强（Peng & Zhou, 2005），这为一些个体开展创业及成熟组织拓展新兴市场创造了大量机会。另外，中国自改革开放以来，一直期望借助改革来推动制度的完善和市场经济的发展（Hafsi & Tian, 2005），这也为创业者弥补现阶段市场制度空缺和不完善的创业创新主张提供了可能。

二、制度创业

DiMaggio（1988）在 *Interest & Agency in Institutional Theory* 一文中首次将制度创业引入制度理论中，将组织的利益与能动性重新纳入制度分析中，目的在于解释新制度主义长期忽略的问题——"制度从何而来"。所谓制度创业（institutional entrepreneurship），是指组织或个人认识到改变现有制度或创新制度所蕴含的潜在利益，通过建立并推广获得认同所需的规则、价值观、信念和行为模式，从中创造、开发和利用盈利机会。（Maguire，Hardy & Lawrence，2004）制度创业理论开创以来，有关制度创业理论的文献研究日益剧增，很好地解释了"能动性嵌入悖论"，开拓了新的研究领域。

转型经济所导致的制度变迁不仅会改变成熟场域中利益相关者作用之间的关系（主要针对规制性制度和部分规范性制度），更会加剧新兴场域的成熟和演化（主要针对认知性制度和部分规范性制度），集中表现为制度空白和制度不完善。基于Fligstein（1997）及Maguire，Hardy & Lawrence（2004）所指出的新兴场域两大特征，根据发起制度创业时组织场域中的现行制度的两种情况——制度空白和制度不完善，本书将制度创业划分为两种类型——开拓型制度创业和完善型制度创业。

具体来说，开拓型制度创业是指能动主体（agency）构建场域主导性制度逻辑的制度创业过程。社会突变、技术中断、竞争的不连续性、可能扰乱社会建构的监管政策变化、场域层面的舆论和新思想的引入（Child，Lu & Tsai，2007；Fligstein，1997，2001；Greenwood，Suddaby & Hinings，2002；Holm，1995）通常会产生一个新兴场域，此时场域中缺少主导性的制度逻辑，即处于制度空白（institutional void）阶段，能动主体便更容易借助一系列手段来引入一个全新的制度，并逐渐使其成为场域内的主导性制度逻辑。开拓型制度创业的典型案例包括新能源汽车的发展（田志龙、谢青、陈小洪等，2015），Sun Microsystems公司让Java成为行业通用技术标准的案例（Garud，Jain & Kumaraswamy，2002），横店集团提出社团经济模式，中国直销行业的兴起（尹钰林和任兵，2009），欧洲委员会在全欧洲建立单一市场（Fligstein & Mara-Drita，1996），等等。

完善型制度创业是指能动主体改变现行场域内主导性制度逻辑的制度创业过程。这种类型的制度创业大多出现于具有多种异质性制度且程度较高的场域内，这些不同的制度之间具有较高的差异性，从而为制度创业创造了良好的条件。（Emirbayer & Mische，1998；Seo & Creed，2002；

Sewell，1992）那些处于场域边缘的主体由于并不参与主导性制度的制定，因此无法享受主导性制度所带来的利益，从而提出了有利于自己的制度逻辑。这种挑战场域内主导性制度而提出新制度主张的行为便是完善型的制度创业行为。完善型制度创业的典型案例包括北美防雷标准的修订（McGaughey，2013）、中国山寨手机的兴起（Lee & Hung，2014）、国家开发银行的地方融资平台建设（李新锐，2015）、吉利集团的民营企业造车计划（项国鹏、喻志斌和迟考勋，2012；黎常，2012）等。

三、浙商

现代意义上的浙商概念诞生于 1999 年，这一特殊的群体以其独特的经营方式和在全国的影响力，引起了媒体和社会的广泛关注。随后出现了一批研究浙商的著作，如《浙商论》（吕福新，2009）、《浙商制造》（杨轶清，2003）、《浙商之变》（徐王婴，2005）等，这些著作大多以描述性语言为主，尽管一定程度上刻画了浙商这一群体出现的历史因素和成功的要素，但与现代的科学研究仍有差距。浙江省社会科学重点研究基地——浙商研究中心的设立，学术研究刊物《商业经济与管理》对浙商研究的重点关注及吕福新等学者在《管理世界》《中国工业经济》等国内管理学和经济学权威研究刊物上陆续发表关于浙商的研究文章，都意味着关于浙商的探讨开始真正步入科学研究之列。这些研究吸收了早期相关著作中关于浙商崛起的现象描述，并付之于深刻学理分析和具有批判精神的前瞻性分析，从而逐渐形成了对浙商概念的学理性界定。

在现有关于浙商的定义中，以吕福新（2009）在其著作《浙商论》中的界定最为系统。吕福新（2009）在书中从三个角度对浙商进行了系统的界定：其一是从浙江的视野来看，浙商是浙江商人及其企业，是浙江的企业所有者和经营者；其二是从中国的视野来看，浙商是中国改革开放以来率先兴起的百姓商人，是当代中国市场经济的典型主体，是具有鲜明"个众"特性的商人群体；其三是从世界的视野来看，浙商是全球化背景下中国现代化的民商代表，是中国经济实现超越发展的民众代表。当然，尽管这一界定对于科学、系统地认识和了解浙商有着重要的意义，但更多仍只是对一类特殊的商人群体进行了学术上的归类，也就是说，这里的"浙商"更多只是一种特殊类型的研究对象。因此，项国鹏（2007）指出，选择一个兼具"多重合理性"和"逻辑自洽性"的"双重嵌入性"的视角来展开分析，可能有助于将研究焦点从浙商的主体属性转移到浙商的行为属性上，而这样一个转变对于构建浙商研究的一般化理论体系来说将更有价值。这从现有的关于浙商与浙江企业的研究中也可以得到证实，学者更多地开始从浙商的创业和企业经营行为中归纳出更为一般化的理论观点，从而丰富和拓展了现有的管理学理论体系。如姚明明、吴晓波、石涌江等（2014）通过对浙江的六家后发企业的探索性案例研究，探讨了商业模式设计及其与技术创新战略的匹配对后发企业技术追赶的作用机制；程聪、谢洪明、杨英楠等（2015）借鉴动态竞争理论中经典的觉察－动机－能力模型，通过对阿里巴巴和腾讯在互联网第三方支付平台及其相关业务领域的一系列竞争行为的案例研究，阐明了动态竞争中企业竞争行动的决策机制及其效果，并尝试构建了一个企业"攻击—回应"竞争行为的完整框架，拓展了动态竞争理论的研究。

第二章 —

文献述评

第一节　制度创业理论 [①]

一、制度创业的定义

在过去的十余年里，新制度主义学者对制度变革的关注不断增加。（Dacin，Goodstein & Scott，2002）制度创业逐渐成为制度变革的潜在解释。绝大多数关于制度创业的研究是基于 DiMaggio（1988）撰写的 *Interest & Agency in Institutional Theory* 一文中关于制度创业者的定义：当有着足够资源的有组织的行动者们发现他们有机会去实现他们所认为的具有高价值的利益时，新的制度便会产生。也就是说，制度创业者是

[①] 本节主要内容已发表，参见项国鹏、胡玉和、迟考勋：《国外制度创业研究前沿探析与未来展望》，《外国经济与管理》，2011 年第 5 期，第 1—8 页。人大复印资料《企业管理研究》2011 年第 9 期全文转载。

利用资源去创造新的制度或改变既有制度的行动者。(Garud, Hardy & Maguire, 2007) 制度创业者可以是组织或组织团体 (Garud, Jain & Kumaraswamy, 2002; Greenwood, Suddaby & Hinings, 2002)、个人或个人团体 (Fligstein, 1997; Maguire, Hardy & Lawrence, 2004)。

在 DiMaggio (1988) 提出的定义与制度创业后续研究的基础上, Battilana, Leca & Boxenbaum (2009) 在《美国管理学会年刊》(*The Academy of Management Annals*) 上发表了一篇系统、全面的关于制度创业的文章, 该文对制度创业的内涵进行了深入的阐述。Battilana 等人指出, 制度创业者一定是变革代理人, 但并非所有的变革代理人都是制度创业者。当行动者发起的是偏离型的变革且积极参与这些变革的实施时, 他们才可以被称为制度创业者。(Amis, Slack & Hinings, 2004; Battilana, 2006; D'Aunno, Succi & Alexander, 2000; Greenwood & Hinings, 1996) 也就是说, 制度创业者发起的变革一般都是打破在给定制度情景中用于组织工作的制度化范式的变革。这里所说的用于组织工作的制度化范式, 通常被称为一个制度逻辑 (Dobbin, 1994; Friedland & Alford, 1991; Scott, 1987, 2001; Suddaby & Greenwood, 2005; Thornton, 2002, 2004), 是对愿景目标和如何实现愿景目标的一个范围性共识。非偏离型变革在一个场域内是与制度相一致的, 而偏离型的变革则是去质疑、挑战甚至是彻底颠覆这些制度。

值得一提的是, 制度创业中的"制度"概念是新制度主义中的组织社会学派的制度研究内容, 他们认为的制度是现在普遍被学者接受的 Scott 于 1955 年提出的制度三维度: 规制性制度、规范性制度和认知性制度。规制性制度指的是政府、行业协会、专业机构等相关部门制定的规章; 规范性制度指的是社会普遍认可的价值观和道德观; 认知性制度指的是组织在社会当中的认可度和知名度。(曾楚宏、朱仁宏和李孔岳, 2008)

二、制度创业研究现状

张铭和胡祖光 (2010) 认为制度创业的研究大体上遵循"分析制度

创业动因—刻画制度创业主体—揭示制度创业过程"这个步骤。在项国鹏等（2011，2012）对国外制度创业研究进行了文献计量分析的基础上，这里进一步检索了2012—2015年的国内外制度创业研究文献，并将现有制度创业研究内容划分为制度创业动因、制度创业主体、制度创业过程和制度创业效果四大模块。相关文章统计如表2-1所示。

表2-1　制度创业研究内容分布情况

研究内容		数量（篇）	合计（篇）	比例
制度创业动因	场域	13	30	19.9%
	矛盾	9		
	综合因素	8		
制度创业主体	特质	26	40	26.5%
	位置	14		
制度创业过程	阶段	4	77	51%
	策略	61		
	模型	12		
制度创业效果	制度创业外部性	4	4	2.6%
合计数		151	151	100%

注：作者根据文献统计得出。

（一）制度创业动因

尽管从制度创业定义来看，谋求个人利益常常被认为是制度创业的主要动因，但以场域作为分析单元的制度创业理论坚持整体主义方法论，因而在现有制度创业动因研究中难觅个体行动主体的活动踪迹。目前，学者们主要从场域外部及场域内部来探寻制度创业动因。

1. 场域外部

基于场域外部的研究主要集中出现在制度创业理论研究的第一阶段，即1988—2000年前后。（郭毅、殷家山和周裕华，2009）这一阶段的研究普遍强调场域外环境压力的作用，认为经济与政治危机、技术创新等场域外部因素是制度创业的主要动因（Fligstein & Mara-Drita，1996；Hargadon & Douglas，2001）。目前，强调环境压力作用的学者并未放弃这一观点，坚持从场域外环境中寻找制度创业动因，如环境危机（Wijen & Ansari，2007）、信息技术革命（Wang & Swanson，2007）等。

Battilana 等（2009）将动荡和危机视为场域层次制度创业的一种关键诱因，主要有社会与政治危机（Fligstein & Mara-Drita，1996；Greenwood，Suddaby & Hinings，2002）、自然环境恶化（Phillips，Lawrence & Hardy，2000；Wijen & Ansari，2007；Child，Lu & Tsai，2007）、经济环境变化危机（Haveman & Rao，1997；Durand & McGuire，2005）和技术发展危机（Hargadon & Douglas，2001；Garud，Jain & Kumaraswamy，2002；Wang & Swanson，2007）。这些因素导致的社会突变、技术中断、竞争的不连续性、扰乱社会建构的监管政策变化、场域层面的舆论和新思想的引入都可能会为制度创业的出现提供外部有利因素。

现行场域中制度的异质性和场域的制度化程度也可能会诱发制度创业的生成。首先，已有研究明确表明，现行场域中多重制度的存在会为行动者主观能动性的发挥创造有利条件，从而促成制度创业。（Clemens & Cook，1999；Sewell，1992）这里所说的制度异质性，是指不同制度安排特征的差异化程度。（Battilana，Leca & Boxenbaum，2009）这种异质性可能会引起制度不兼容，从而诱发制度的内部矛盾，进而触发行动者的反弹，使他们与现有的制度安排保持一定的距离。（Emirbayer & Mische，1998；Seo & Creed，2002；Sewell，1992）暴露于矛盾中的制度安排中的行动者因此不太可能理所当然地接受既有的安排，而更可能去质疑，因此他们极有可能偏离这些安排，进而诱发制度创业的产生。其次，场域中的现行制度是否已经成熟或是否已经被广泛接受，即制度化程度也会影响场域中的主体发起制度创业的意愿。（Tolbert & Zucker，1996）制度化程度越低，制度秩序中的不确定性就越高，这为战略行动提供了机会。（DiMaggio，1988；Fligstein，1997；Phillips，Lawrence & Hardy，2000）值得注意的是，迄今为止，大多数制度创业的实证研究均来自较少制度化及较高水平不确定性的新兴场域。（Déjean，Gond & Leca，2004；Garud，Jain & Kumaraswamy，2002；Lawrence，

Phillips & Hardy, 2004；Maguire, Hardy & Lawrence, 2004；Rao, 1994, 1998；Rao & Sivakumar, 1999）也有少数研究发现，高制度化水平的场域里可能也会产生制度创业（Beckert, 1999），但不可否认的是，相比于高制度化水平的场域而言，低制度化水平的场域更容易诱发制度创业。

此外，目前也有研究表明，其他行动者的行为可能会给同行创造场域条件，从而提供机会使其贸然地发起变革，进而成为制度创业者。（Delbridge & Edwards, 2008；Powell & Colyvas, 2008）项国鹏和黄玮（2016）从场域、资源和合法性三个层面入手分析了利益相关者影响行动者制度创业的过程，从而在一定程度上也支持了外部主体的行为可能会诱发行动者制度创业行为出现的理论。

把制度创业归因于场域外部因素的学者往往过分强调环境压力的影响，而忽视了制度创业者的主观能动性，难以有效解释"嵌入能动性悖论"，因此，他们的观点常常遭到质疑。（项国鹏、迟考勋和王璐，2011）

2. 场域内部

有些学者（Rao, 1994；Déjean, Gond & Leca, 2004）认为，从场域内部探寻制度创业的动因更加符合制度创业研究以场域为基本分析单元的前提，同时顾及了环境压力的作用与制度创业者的能动性，因而能够有效解释"嵌入能动性悖论"。这些学者从场域类型与场域内部的制度矛盾两个方面来探寻制度创业动因。

(1) 场域类型

组织场域可分为成熟场域与新兴场域。成熟场域的结构化程度较高，规则和组织角色也已确定，而新兴场域则是结构化程度较低的组织场域。（Fligstein, 1997）不过，基于场域类型探寻制度创业动因的学者并未达成共识，Fligstein（1997）及 Maguire, Hardy & Lawrence（2004）认为，由于新兴场域可为制度创业者带来较大的创业空间、较多的创业收益及较少的创业限制，所以，在新兴场域中更可能发生制度创业。但是，Beckert（1997）提出了不同的观点，他认为制度化程度较高的成熟场域不仅内部利益分歧更大，而且行动主体还可以清楚预期行动结果及其他利益相关者的反应，因而更易发生制度创业行为。Dorado（2005）则对以上两种观点进行了折中，认为当多样性与制度化程度都处于中等水平时，组织场域就会表现出机会透明的特点，因而更有可能发生制度创业。

　　然而，上述研究仅仅回答了哪种场域更有可能发生制度创业的问题，并没有真正从场域内部探寻制度创业的动因。相对而言，基于场域内部制度矛盾的研究做出了较为合理的解释。

　　(2) 场域内部的制度矛盾

　　基于场域内部制度矛盾的研究以 Seo 和 Creed 于 2002 年完成的研究最具代表性。他们认为场域内部的制度矛盾是场域制度化过程中产生的一种副产品，对行动主体的意识及行动都具有塑造作用，并且把制度创业归因于场域内部的制度矛盾，如合法性与效率之间的矛盾、制度与环境适应性之间的矛盾、制度间的不兼容性和利益错位。场域内部的制度矛盾会增强行动主体的变革意识，并且调动他们的主观能动性，从而驱使他们去挣脱制度规则与逻辑的约束，并从事制度变革活动。（Watson，2007）

（二）制度创业主体

　　制度创业是一种由不同利益相关者参加的集体行动，在其中发挥核心能动作用的主体被称为制度创业者（即这里所讨论的制度创业主体）。制度创业者是在组织场域形成过程中率先发现制度矛盾的潜在利用价值，动员资源、创立新制度并创造巨大收益的行动主体。（Yeung & Tung，1996；Peng & Luo，2000）制度创业者充当了把制度创业的可能性转变为现实的角色。（Peng，2005）制度创业的主体研究旨在回答哪些因素会驱动行动主体充当制度创业者。正如 Misangyi，Weaver & Elms（2008）所指出的那样，制度创业者可能是个人、组织或者是由个人或组织结成的联盟。因此，学者们主要把制度创业者分为组织和个人来研究。但总的来说，现有制度创业主体研究主要聚焦于组织，尤其是非营利组织。究其原因，一是西方国家非营利组织在公共事务治理和推动制度变革方面发挥了相当重要的作用；二是制度创业研究的基本分析单元是组织场域，因而更加关注行动主体之间的结构化关系。

1. 组织制度创业者

这方面的研究侧重于从组织所处的位置或社会地位来研究怎样的组织更有可能成为制度创业者。组织的社会地位是指组织在社会网络中所处的位置（Kiong & Yong，1998），由于制度创业理论以场域为基本分析单元，这里的组织社会地位是指组织在场域网络中所处的位置，它对组织的场域感知（Kiong & Yong，1998）和组织获取制度创业所必需的资源产生重要的影响（Lawrence，1999）。

有学者（Garud, Jain & Kumaraswamy，2002；Boxenbaum & Battilana，2005）认为，处于场域边缘或不同场域交界处的组织场域嵌入程度较低，但遭遇场域矛盾的概率较高，而且往往是现行制度的受害者，因而更有可能成为制度创业者。但也有学者（Greenwood & Suddaby，2006）持相反的观点，并且提出了跨越边界和边界位移这两个网络位置概念。跨越边界会导致制度矛盾并影响意识，而边界位移则会导致资源配置不均并影响公平性，这两种网络位置会通过制度矛盾的作用来降低处于网络中心位置的精英群体的嵌入性。因此，Greenwood & Suddaby（2006）认为处于场域中心位置的组织更容易成为制度创业者。

从组织社会地位入手探讨谁更有可能成为制度创业者的研究者认为，行动主体的意愿和能力是影响他们成为制度创业者的关键因素。Battilana（2006）指出，制度创业意愿取决于兴趣，而制度创业能力则取决于可支配资源。Levy & Scully（2007）更加明确地指出，处于场域边缘位置的组织更有意愿成为制度创业者，但处于场域中心位置的组织更有能力成为制度创业者。Perkmann & Spicer（2007）则认为，组织要想充当制度创业者，就必须具备政治、分析和文化技能。

2. 个人制度创业者

(1) 社会地位

个人视角的制度创业者研究所说的社会地位不但指个人所在组织的场域位置，而且还指个人在组织中的地位。个人制度创业者往往是组织中的领导者（Edwards & Jones，2008），在组织中的地位比较重要。

Maguire, Hardy & Lawrence（2004）认为，个人行动主体通过占

据主体位置（subject position），不仅能够从众多利益相关者那里获得合法性，而且还能够越过不同的利益相关者来获得资源。因此，占据主体位置的个人更有可能成为制度创业者。这里的"主体位置"不仅指在组织中担任的正式职位，而且还指个体行动主体在某一领域所具有的合法性身份。Battilana（2006）认为，个人的社会地位也是促进个人行动主体成为制度创业者的因素。地位较低的组织或社会团体场域嵌入程度较低，在现有制度安排中难以获益，所以，这类组织或社会团体的成员更有意愿成为制度创业者；个人如果与上流社会关系密切，在组织中享有较高的地位或在组织内部流动性较高，并且能够较长期地保持自己的地位，那么就能增强自己获取资源并推行制度变革的能力，因而更有可能成为制度创业者。

(2) 个人特质

个人特质视角的相关研究（Seo & Creed, 2002; Mutch, 2007）主要探讨个人反思和技能等问题，并且认为个人反思发生变化是个人进行制度变革的必要因素。Mutch（2007）把反思分为交谈反思（conversational reflexives）、自动反思（autonomous reflexives）、元反思（meta reflexives）及断裂反思（fractured reflexives）四种不同类型，并指出自动反思会驱使行动主体去体验环境中的结构性冲突并构思新的设想，因而处于这个反思层次的个体行动主体更有望成为制度创业者。Fligstein（1997）则从社会技能入手，指出制度创业者是那些掌握一系列社会技能的个人，并且把社会技能定义为行动主体通过塑造共同的信念和身份鼓励不同利益相关者进行合作并采取集体行动的能力。后来，Garud, Jain & Kumaraswamy（2002）又指出制度创业者掌握政治技能的作用也很明显，并且把政治技能细化为建立网络关系、谈判和利益协调。Maguire, Hardy & Lawrence（2004）则把制度创业者能力置于新兴场域来进行分析。他们认为，新兴场域中的制度创业者必须具备三种特定能力，即把制度变革理念付诸实践的能力、创建稳定的制度创业联盟的能力及充分理解利益相关者文化规则和管理实践的能力。与成熟场域相比，新兴场域对制度创业者的能力要求更高。

Perkmann & Spicer（2007）把反思看作一种分析技能，是制度创业者必须具备的技能之一，并且认为个人特质视角的制度创业者研究属于制度创业者技能研究的范畴。不过，他们俩的观点并没有被广泛接受，主要原因在于：一是过分强调个人技能，使得这种视角的研究有奉行个人主义方法论之嫌，显然与制度创业理论研究所秉承的整体主义方法论背道而驰；二是行动主体技能观大多对具体的行动策略进行事后总结，无法在事前有效预测制度创业者；三是过度强调行动主体的能动性，而忽视了制度环境对行动主体的制约。

在组织和个人制度创业者研究中，社会地位视角综合考虑了制度环境的制约性与行动主体的能动性，重视行动主体的社会性，并具有一定的行为预测力，因而更受学者们的青睐，是制度创业者研究中的主流。

（三）制度创业过程

制度创业过程研究旨在回答制度创业者如何通过影响利益相关者来为其倡导的新盈利主张争取合法性，也就是说，制度创业过程的研究任务是打开制度创业机制这只"黑箱"。制度创业者通常无法独立改变制度，必须通过缔结联盟、发展联盟与合作来实现自己的制度创业目标。（Fligstein，2001）此外，制度创业涉及利益、能动性和制度创业者角色等多种因素，因此，学者们基本认同制度创业过程是一个极其复杂的文化和政治过程。（DiMaggio，1988）Fligstein（1997）指出，制度创业活动会因场域类型（成熟场域和新兴场域）而异，因而现有研究也是围绕这两种不同场域展开的。

1. 成熟场域

Greenwood，Suddaby & Hinings（2002）把成熟场域制度创业过程分为沉淀不稳、去制度化、前制度化、理论化、扩散化、加强制度化等六个阶段。他们的观点得到了学界的普遍认同。但是，成熟场域制度创业过程研究视角呈现多元化的态势，由于不同视角的研究者对制度创业机制的认识各不相同，所以他们就构建了不同的模型来研究成熟场域制度创业过程问题。以下择要介绍几种相关模型。

（1）边缘场域位置模型

边缘场域位置模型由 Misangyi 等人于 2008 年提出。根据这个模型，处于边缘场域位置的行动主体在场域中往往地位较低，通常以挑战者的身份与在位者形成对立之势，并且还是现行制度的受害者；制度变迁是制度逻辑（institutional logics）、资源及处于场域边缘位置的行动主体之间互动的结果。Misangyi, Weaver & Elms（2008）认为制度创业者的首要任务就是彻底消除现行制度逻辑的影响，并且他们详细阐述了制度创业者的四种主要制度创业行动：一是创造新的制度逻辑并用其来指导具体的实践活动；二是弄清并努力获取制度创业所必需的资源；三是了解现行制度逻辑及其支撑资源；四是清晰界定新制度逻辑的边界，并且谋求象征性要素与实质性要素之间的匹配。改变制度逻辑最主要的方法是为众多参与者创造新的身份，明确参与者的集体身份能够促使创造新制度的社会行动主体的涌现，因而是制度变革的一个重要途径。制度创业者会依次通过诊断、预知和激励来创造这种集体身份，以使制度变革或制度创业实践合法化。

（2）中心场域位置模型

中心场域位置模型由 Greenwood 和 Suddaby 于 2006 年提出。他们通过纵向研究加拿大五大会计师事务所把新的混业经营组织形式引入高度成熟的会计师事务所组织场域的案例，结合运用网络理论和辩证理论构建了一个精英制度创业过程整合模型，以说明成熟行业组织场域精英企业是如何打破制度框架束缚来实施制度创业的。Greenwood & Suddaby（2006）认为，制度创业由如下两个因素驱动：首先，网络位置决定行动主体遭遇场域矛盾的程度，精英组织在分层化的成熟场域中处于场域的中心位置、边界桥接处（boundary bridging）或边界错位处（boundary misalignment），因而更加容易发现现行制度的失衡之处及可行的新制度安排；其次，现行制度的不兼容性和不适应性会导致资源和利益分配失衡，进而影响现行制度下的行动主体网络嵌入性，促使他们发现现行制度的矛盾所在，最终导致备选制度逻辑在场域成员中公开。有利的场域位置与公开暴露的制度矛盾会催生精英组织的变革动机，预想行动结果，并运用权力来进行集体动员，最终促成制度变迁。Wright & Zammuto

（2013）认为在成熟场域中，制度创业是行动主体利用在组织场域内的位置资源（知识长廊、合法权利、社会地位及离散资源）设置相应的策略（议程设定、故事建立、实证研究和企业的新组配），来为制度创业创造机会。Hung & Whittington（2011）阐述了在国家创新系统下制度创业过程实施的策略——FAN策略（frame，aggreate，networking），他们分别从行动焦点、基本资源和社交技能三个维度对各个策略进行了详细的阐述。Battilana，Leca & Boxenbaum（2009）认为制度创业过程主要分为两个方面：建立变革愿景和组成战略联盟。

2. 新兴场域

Maguire，Hardy & Lawrence（2004）有关加拿大艾滋病治疗促进组织的案例研究被认为是新兴场域制度创业过程研究的经典之作。他们通过案例研究总结了新兴场域制度创业的关键：一是占据主体位置以获得广泛的合法性，并建立与利益相关者的联系；二是通过实施说服策略与政治策略对新的实践进行理论化；三是通过在新实践与利益相关者的行为、惯例和价值观之间建立内在的联系以巩固新制度。以上三点实质上都说明了结盟在制度创业过程中的重要性。首先，制度创业者通常不可能在场域中有较高的地位，因此，说服拥有正式权力的行动主体加盟，与位于场域中心位置的行动主体建立良好的关系，是制度创业者获得主体位置的必由之路。其次，把新的实践活动理论化，要求制度创业者动用议价、协调和妥协等手段来与利益相关者达成共赢的局面，从而建立稳固的联盟。最后，新制度的最终确立是制度创业者与利益相关者深度合作的结果，因而也体现了结盟对于制度创业的重要性。

值得一提的是，新兴场域的结构化程度较低，制度创业通常是从无到有的制度化过程，因此，在新兴场域进行制度创业的关键应该是创造有推广前景的新制度。可惜，Maguire，Suddaby & Hinings 的研究却在一定程度上忽略了这个问题。

成熟场域和新兴场域制度创业的主要区别表现为前者往往是从旧到新的过程，而后者则通常是从无到有的过程。因此，成熟场域的制度创业过程应该包括 Greenwood 等人（2002）所提出的沉淀不稳、去制度化、前制度化、理论化、扩散化、加强制度化等六个阶段，而新兴场域的制度创业过程则主要包括理论化、扩散化、制度化三个阶段。

不管是在成熟场域还是在新兴场域，制度创业者在制度创业过程中都必须讲究策略，以便与利益相关者进行有效的互动。当然，这一点对于新兴场域制度创业尤为重要。（Maguire, Hardy & Lawrence, 2004）制度创业者会采取各种策略，包括说服策略（李雪灵、黄翔、申佳等, 2010）、社会关系网络利用策略（Khan, Munir & Willmott, 2007）、资源获取与利用策略（Phillips, Lawrence & Hardy, 2000）、文化策略（Rao, 1994）、理论设计策略（Boxenbaum & Battilana, 2005）等，来赢得利益相关者的认同，以保证新制度的确立和推行。

目前，制度创业过程研究主要针对成熟场域，而针对新兴场域的相关研究为数甚少。新兴场域蕴含着丰富的制度创业因素，应该成为制度创业过程研究的重要领域。（Maguire, Hardy & Lawrence, 2004）因此，我们认为后续的制度创业过程研究应该更多地关注新兴场域的制度创业过程问题。

3. 制度创业阶段划分

Perkmann & Spicer（2007）认为制度创业者在不同时期所致力的制度创业活动和目标也有所不同，因此对制度创业阶段的划分就显得十分必要。

制度创业的阶段划分，以Greenwood, Suddaby & Hinings（2002）的划分最具代表性，他们把新的思想融入制度创业的过程，认为受到外部事件的攻击（社会变动、技术革新等）时，现行制度会突然震荡，使得新主体进入这一场域，进行局部创业，这一阶段称为"去制度化阶段"，会催生新的理念，扰乱现有社会结构，并且带来变革机会。此时，组织进而开始动用各种资源，利用可行技术，开发新机会，这一阶段称为"前制度化阶段"。理论化新制度阶段是指详述新制度的因果联系，简洁地表达新制度的特征和结果。Tolbert & Zucker（1996）认为理论化新制度阶段包括工作详述和辩护。详述指的是对旧制度的失败进行解释，并且阐释新制度的优越性；辩护指的是为新制度提供合理的解释，论证新制度的正当性。新制度成形之后需要进行推广，包括扩散化和加强制度化两个阶段，扩散化是指组织针对特定的目标群体进行推广，加强制度化则是指在更大的范围内进行推广。

（四）制度创业效果

制度创业效果研究不同于制度创业结果研究，前者旨在考察制度创业的外部性问题，而后者是要知道制度创业是否取得了成功。坚持场域分析意味着制度创业主要是组织间重复互动的过程（Greenwood, Suddaby & Hinings, 2002），无论相关组织是否以营利为目的，均有可能产生不同的外部性。

1. 外部经济性或正外部性

现有制度创业研究中的行动主体多为非营利组织，它们开展制度创业活动并不是以营利为目的，化解社会问题并提高社会总福利往往才是它们实施制度创业的初衷。因此，现有研究较多关注制度创业的外部经济问题。例如，Wijen & Ansari（2007）研究了作为制度创业产物的《京都议定书》，尽管签订《京都议定书》的过程掺杂了不同国家之间的利益纷争，但签订《京都议定书》的最终目的是减少温室气体排放，以解决日益严重的环境问题，具有明显的正外部性。值得一提的是，非营利组织开展制度创业的目的本身就具有正外部性，而制度创业又具有易引发制度变迁的特点，因此，由非营利组织开展的制度创业活动往往具有双重正外部性。例如，Hiatt, Sine & Tolbert（2009）考察了非营利组织发起社会运动和开展去制度化活动为企业创造发展机会的情况。在他们的这项研究中，非营利组织 WCTU 所发起的美国禁酒运动不仅告知了人们酗酒的危害，推动了禁酒立法，而且也极大地推动了无酒精饮料企业（如百事可乐）的发展。

另外，尽管营利组织（如企业）开展制度创业活动的最终目的是营利，但它们开展的制度创业活动往往也会导致制度变迁，推动所在行业的转型升级，这可被视为制度创业的潜在外部经济。例如，在 Hargadon & Douglas（2001）的研究中，爱迪生为推广电力照明系统而开展制度创业活动的目的就在于营利，却产生了巨大的外部经济，大大推动了照明行业的技术升级。

2. 外部不经济性或负外部性

制度创业通常被认为是一种积极的变革，有利于人类和社会进步，但这并不能否认制度创业也存在外部不经济性。对营利组织来说，获得可持续竞争优势能够有效保证其长期盈利，而制度创业先行者获取的独特制度优势也有极高的使用价值，因此，这类组织往往会出于自利性考虑而设置制度障碍，从而独占制度优势。这极易催生基于制度优势的垄断性组织，不利于行业发展，这是制度创业外部不经济性的一个重要表现。然而，制度创业本身所固有的容易引发制度变迁的特点却导致制度创业者往往只能获取作为先行者的相对制度优势，难以获取垄断者的绝对制度优势。（Graud, Jain & Kumaraswamy, 2002）

非营利组织的制度创业活动也会产生潜在的外部不经济性。例如，Khan, Munir & Willmott（2007）分析了巴基斯坦限制使用童工制度的影响，结果发现新制度在产生积极作用的同时，也造成了许多负面效应，如巴基斯坦很多家庭收入急剧减少甚至家庭破裂、妇女压力加重等。在 Khan 等人的研究中，作为利益相关者的一般劳动者的利益并未得到切实保障，因此，制度创业的效果也与其初衷相悖。事实上，制度创业首先应该考虑利益相关者的利益及价值观（Leca & Naccache, 2006），因为缺乏广泛合法性支持的新制度即使能够创立也难以为继。

总体而言，制度创业由于具有如下特点而更多地表现出外部经济性。第一，容易引发制度变迁。制度是组织场域活动的黏合剂，会影响场域内部所有组织和个人的活动，因此，新制度的优越性并非由制度创业者独享，必然会惠及场域内的其他行动主体，从而带动整个场域支持制度变迁，提高整体福利水平。第二，尽可能获得合法性。场域中受益于现行制度的主要行动主体并不热衷于制度变革（Yeung & Tung, 1996），其他行动主体虽然更可能成为制度创业者，但难以占据绝对优势地位和获取制度创业所需的资源，因此，要想取得制度创业成功，就必须兼顾尽可能多的利益相关者的利益，以最大限度地取得合法性。当然，制度创业也可能由于制度创业者的自利性（Seung & Luo, 2001）或"好心做坏事"（Khan, Mumir &

Willmott，2007）而产生外部不经济性，这样的制度创业最终不可能取得成功，原因就是无法得到广泛的认同（Edwards & Jones，2008）。

现有的制度创业研究并没有充分重视制度创业效果问题，而更多地关注制度创业过程问题。尽管制度创业确实具有明显的外部性，但相关的深层研究却很少。因此，深入开展针对制度创业效果尤其是负面效果的研究无疑有利于完善制度创业理论研究。（Mair & Marti，2009）

（五）小结

制度创业理论毕竟是一种新兴跨学科理论，并且承担着繁重的理论建构与现实解释任务，因而还存在诸多尚需完善的地方。综前所述，现有制度创业研究主要存在以下不足：

第一，现有研究主要针对西方成熟市场经济，和我国这样的转型经济的新兴场域情境化有关的研究为数甚少。其实，新兴场域因其制度不稳定的特性而能孕育更多的制度创业机会，中国正在进行的巨大制度变革及民营企业的蓬勃发展预示着中国将成为发展制度创业理论颇具前景的实验场所，是开展制度创业研究的理想国家。

第二，现有研究主要关注组织尤其是非营利组织的制度创业，较少关注个体企业家作为制度创业者在推动场域合法性演化方面的作用，从而导致制度创业研究缺乏坚实的微观基础，难以解释企业在面对相同的制度障碍时做出不同战略反应的原因。

第三，现有研究很少纵向考察在组织场域不同发展阶段制度创业者所采取的不同策略（尹珏林和任兵，2009），因而难以反映制度创业者识别和合法利用制度创业机会的能动行为。

第二节　利益相关者理论

利益相关者的概念最早于 1963 年被提出，进而逐步形成利益相关者理论框架，研究发展至今先后被应用于管理学、社会学、法学等学科，取得了利益相关者理论在实证检验上的进步。本节将对利益相关者定义、界定及分类加以文献回顾，并且提出制度创业的利益相关者界定与分类维度。

一、利益相关者定义

Mitchell, Agle & Wood（1997）对 20 世纪 60 年代至 90 年代以来大约 30 种利益相关者的定义进行了总结，大体可以分为"同一企业间相互影响的关系"和"在某企业拥有共同利益"两个维度。20 世纪 60 年代至 80 年代中期主要从同一企业间相互影响的关系来分析利益相关者，认为只要是影响企业活动或受企业经营活动影响的个人或团体都是企业的利益相关者。这样就形成了狭义与广义的利益相关者定义。从狭义方面讲，以斯坦福研究所为代表，他们对利益相关者的定义是：对于企业来讲，存在这样一群利益群体，企业离开他们的支持，就无法生存（Clark，1988）。该定义是从利益相关者对企业是否存在重要影响这一狭义的角度出发的。广义的定义则以 Freeman（1984）出版的《战略管理：一种利益相关者的法》（*Strategic Management: A Stakeholder Approach*）一书为代表，Freeman 认为"一个组织的利益相关者是能够影响或被组织达成目标的任何群体或个人"，这一定义则考虑了组织与利益相关者的相互影响，将地区、政府部门、环境保护主义者等纳入利益相关者的研究范畴，扩大了利益相关者的研究范围。

20 世纪 80 年代中期以后，随着企业剩余索取权从专属股东所有的观点向利益相关者分享的观点转变，此时对利益相关者的定义则是从是否拥有某种权力、利益及是否承担了企业经营风险来阐释。以 Clarkson 为典型代表，他认为利益相关者就是对一个企业及其活动拥有索取权、所有权和利益要求的人。

20 世纪 90 年代后期至今，对利益相关者的认识的趋势是将企业利益相关者界定为那些与企业有一定的关系，跟企业拥有某种利益联系，并承担企业经营风险的个人或团体。（Clarkson，1995）

吴玲和陈维政（2003）在对国外利益相关者进行定义的文献总结中，

发现大多数国外学者认同利益相关者"受企业影响或影响企业"，凭"是否拥有某种相关利益，因而承担企业风险"来定义企业利益相关者。

国内学者也从 20 世纪末开始研究利益相关者理论在中国情境下的运用。万建华（1998）将利益相关者定义为"在某企业里享有一种或多种利益关系的个体或群体"。曾小龙（2001）认为利益相关者是指与企业有利益关系的行为主体，包括内部利益相关者及外部利益相关者，譬如股东、公司员工、债权人、社区、客户、供应商、政府、公会、合作伙伴及其他利益相关者。陈宏辉和贾生华（2003）认为企业利益相关者是那些在企业中进行了一定的专用性投资，并且承担了一定的风险的个体或群体，其活动能够影响企业目标的实现，或是受到企业经营影响。

综上所述，对利益相关者的定义，学者们有各自不同的理解，但是概念的不统一不利于利益相关者理论的深入研究发展。Rowely（1997）认为虽然没有统一的定义基础，但在利益相关者的划分上可以进一步理解其概念，对今后的利益相关者的理论研究与发展具有推进作用。

二、利益相关者分类

并不是所有的利益相关者对企业都是十分重要的，因此必须对利益相关者进行分类，按照对企业目标实现的影响程度来划分利益相关者的重要性等级。国内外学者普遍采用"多维细分法"，即从不同的维度来划分利益相关者，以期找出利益相关者在不同维度上的差异。国外比较典型的针对企业利益相关者的划分有以下这些：Freeman（1984）从所有权、经济依赖性和社会利益这三个不同的角度对企业利益相关者进行分类，并构建了权力和利益矩阵；Clarkson（1995）根据相关群体与企业的联系紧密程度将利益相关者分为主要利益相关者和次要利益相关者；Mitchell，Agle & Wood（1997）则根据属性评分法，首次运用量化的方式将利益相关者的合法性、权力性和紧急性三个属性进行评分，把利益相关者划分为潜在型、预期型和确定型。其中 Mitchell 的利益相关者划分方法操作性更强，因此得到普遍的关注。

如表 2-2 所示，国内学者也对利益相关者的分类进行了一定的研究，举例如下：陈宏辉和贾生华（2004）从利益相关者的主动性、重要性和紧急性三个维度将企业利益相关者分为核心利益相关者、蛰伏利益相关者和边缘利益相关者三大类；吴玲和陈维政（2006）从资源基础理论和资源依赖理论两个维度出发，将企业利益相关者分为关键利益相关者、重要利益相关者和边缘利益相关者三类。他们认为在不同的情况下，利益相关者的分类不是固定不变的，而是相互转化的，主要利益相关者有可能成为次要利益相关者，次要利益相关者在特殊情况下也可能转变为主要利益相关者。

表 2-2　国内外典型的利益相关者分类观点

研究者	细分维度	类型	利益相关者
Freeman（1984）	▲所有权 ▲经济依赖性 ▲社会利益	对企业拥有所有权的利益相关者	持有公司股票的经理人员、董事等
		对企业在经济上有依赖关系的利益相关者	经理人员、债权人、内部服务机构、雇员、用户、供应商、竞争者、管理机构等
		与公司在社会利益上有关系的利益相关者	特殊群体、政府领导人、媒体等
Clarkson（1994，1995）	承担的风险种类	自愿利益相关者	
		非自愿利益相关者	
	与企业联系的紧密性	主要利益相关者	股东、投资者、雇员、用户、供应商
		次要利益相关者	环境主义者、媒体、学者和特定利益集团
Mitchell, Agle & Wood（1997）	▲合法性 ▲权力性 ▲紧急性	潜在型利益相关者	
		预期型利益相关者	
		确定型利益相关者	
万建华李心合（2001）	▲合作性 ▲威胁性	支持型利益相关者、	股东、雇员
		不支持型利益相关者	竞争对手、环保部门
		边缘型利益相关者	公众、社区、公会
		混合型利益相关者	债权人、供应商、媒体
陈宏辉贾生华（2004）	▲主动性 ▲重要性 ▲紧急性	核心利益相关者	管理人员、员工、股东
		蛰伏利益相关者	供应商、用户、债权人、分销商和政府
		边缘利益相关者	特殊团体、社区
吴玲陈维政（2006）	资源基础理论资源依赖理论	关键利益相关者	管理人员、政府、股东、顾客
		重要利益相关者	员工、供应商
		边缘利益相关者	社区

续　表

研究者	细分维度	类型	利益相关者
盛亚 （2007）	▲权力 ▲利益	高度平衡型利益相关者	用户、高管、股东
		中间型利益相关者	员工、合作者、竞争者、政府等
		低度平衡型利益相关者	债权人
常宏建 （2014）	利益相关者活 动紧密性	内部利益相关者	
		外部利益相关者	

注：作者根据文献整理。

三、利益相关者理论在战略管理研究中的应用

"利益相关者理论"或"利益相关者思维"最早被提出来时主要是作为理解和完善三个相互关联的商业问题的一个新的切入点，即价值是如何被创造并交易的，道德和资本的关系及管理者对如何解决上述两个问题的思考。（Parmar，Freeman & Harrison，2010）但随着研究的深入，学者发现利益相关者理论的适用范围远不及此，它对于任何一个学科领域都有着重要的理论启示和实践指导意义，这在利益相关者理论和视角在诸如企业伦理、公司战略、金融、会计、管理和营销等一系列领域的广泛运用中也得到了证实。考虑到组织发起的制度创业主要为战略管理研究和制度研究的交叉领域，因此，本部分内容主要探讨利益相关者理论在战略管理研究中的应用，以期为利益相关者视角下的制度创业研究构建理论基础。

利益相关者理论在战略管理中的应用主要集中于利益相关者对组织绩效及组织战略的影响。

一方面，对利益相关者进行管理，维持好与利益相关者之间的关系对组织绩效有着重要的影响。作为战略管理研究的核心变量，组织绩效一直是学者研究的重点所在。利益相关者理论的研究者们也不断尝试寻找这一理论能提高组织绩效的证据。（Clarke，1998；Harrison，Bosse & Phillips，2010）从现有研究来看，强化利益相关者管理或构建和维持组织与利益相关者之间的良好关系是与更高的组织绩效存在相关性的。（Jones，1995；Parmar，Freeman & Harrison，2010）商业组织能够且应该为不同利益相关者的利益服务（Preston & Sapienza，1990），因为这些服务是与更高的财务绩效（温素彬和方苑，2008）、声誉（Fombrun & Shanley，1990）、组织绩效（Greenley & Foxall，1997）具有相关性的。Choi & Wang（2009）的研究则更强有力地证实了良好的利益相关者关系不仅能让企业获得很长一段时间的更优财务绩效，而且有助于绩效表现不佳的企业在短时间里提升绩效。

另一方面，如何借助一定的策略来维持与利益相关者之间的关系及利益相关者如何影响企业的战略制订和目标实现的过程也是现有研究重点关注的问题。在最初被提出时，利益相关者视角就预示了企业和利益相关者之间的双向关系。但大多数的研究仅关注了企业对利益相关者的管理，只有一些学者注意到了利益相关者对企业及其战略的影响。从更多近期的研究中开始发现学者对外部利益相关者如何影响企业战略的关注度逐渐上升。（Rodgers & Gago，2004；Scholes & Clutterbuck，1998；Sharma & Henriques，2005；Wright & Ferris，1997）关于利益相关者对组织层面结果变量影响的研究如表2-3所示。

表 2-3　利益相关者和组织层面结果变量的关系

学者	观点
Post, Preston & Sachs（2002）	互惠型利益相关者关系可以强化协作的财富创造能力，否则会限制未来财富生成的能力
Graves & Waddock（1994）	对消极结果的规避和降低风险可以创造更多可预期的稳定回报
Hill & Jones（1992）	将代理理论从股东拓展到利益相关者层面会激励管理者以更有效的方式统一管理利益相关者，从而获取财务目标
Freeman & Evan（1990）	借助多边合同的有效管理来增强适用性
Harrison & John（1996）	更强的组织灵活性
Fischer & Reuber（2007）；Puncheva（2008）	有助于获取良好的声誉，从而在市场中对潜在商业伙伴、雇员和消费者更具有吸引力
Barringer & Harrison（2000）	促进联盟、长期合约和合资的形成
Harrison, Bosse & Phillips（2010）	竞争优势的来源
Williamson（1975）	增加信任从而产生更少的交易成本
Post, Preston & Sachs（2002）	减少在创建和执行合约时的资源投入和消除提供保证及细致监控的需要
Harrison, Bosse & Phillips（2010）	利益相关者更有可能带来能够提升效率和诱发创新的有价值的信息
温素彬和方苑（2008）；纪建悦、刘艳青、王翠等（2009）	对财务绩效具有正向影响

学者	观点
盛亚和单航英（2008）	高度平衡型利益相关者对企业技术创新绩效有着显著正向影响，企业应采取不同的措施来满足其权力和利益要求
纪建悦和吕帅（2009）	利益相关者与企业价值之间存在着显著的相关性

资料来源：在 Parmar，Freeman & Harrison（2010）研究基础上整理而成。

　　此外，战略领域的学者还解释了利益相关者为何会对组织层面的一系列结果变量产生影响，从而明确了利益相关者发挥作用的内在机理。早期的利益相关者研究者，如 Dill（1975），Freeman & Reed（1983）检验了利益相关者对企业的影响力源于它们利益的属性和权力的来源。随后，Mitchell，Agle & Wood（1997）指出合法性、权力性和紧急性是决定管理者给予不同利益相关者关注度的重要因素。Freeman（1999）则基于资源依赖理论界定了四种类型的利益相关者影响战略：维持、利用、直接和间接。Frooman（1999）也开发了一个理论，通过企业与利益相关者之间的双向依赖关系预测利益相关者会利用何种策略。沿着这条路线，Coff（1999）检验了利益相关者从企业处获取经济租金的程度。Murillo-Luna，Garcés-Ayerbe & Rivera-Torres（2008）也提供了关于利益相关者影响企业决策能力的实证证据。

第三节　制度变迁、制度创业与浙商

　　中国已经改革开放近 40 年，这是一个宏伟而复杂的制度变迁过程。浙江本土的经济学者已经对浙商及浙江制度变迁做了非常深入的研究，得出了诸多精深之见。这块研究可以分为两类。一类是一般意义的对浙江制度变迁（浙江模式）的特性研究。例如，卓勇良（1998，2004）认为浙江制度变迁是"开放架构下的内生制度变迁"。他所指的内生制度变迁，是在大量利用外部要素的情况下推进的，已经不再是一种纯粹的内生制度变迁。首先，外生型制度变迁奠定了浙江内生型制度变迁的市场化环境。家庭联产承包责任制把农民从土地的束缚中解放出来，形成了以市场化为主要手段的创业主体，计划体制、价格体制、流通体制等体制改革为内生制度变迁构造了最初的市场化环境。其次，外生型制度变迁推进的难点为推进内生型制度变迁提供了条件。他还更加深刻地指出："浙江民间和政府以其特有的智慧，形成了制度变迁的优化战略。其最基本的特点是：积极避免与原有体制的正面冲突，努力以原有体制可以接受的方式，以生产力发展为优先，形成民间与政府的积极互动关系，在稳定的经济社会环境中，渐进地、快速地推进制度变迁。"（卓勇良，2004）

金祥荣（2000）提出"浙江模式"是一种准需求诱致型的制度变迁模式。他以"温州模式"的变迁和浙江的改革经验为例，实证分析了如何在解放思想的摩擦成本最小化的条件下，推进以准需求诱致型的制度变迁方式为主的改革，并适时向真正意义上的需求诱致型的制度变迁方式转换，在不同领域和不同阶段，根据改革的不同约束条件，选择多种制度变迁方式并存和渐进转换的改革道路，从而化解"诺思悖论"。方民生（2000）指出，浙江的巨变主要是以诱致型创新为主动力的制度变迁的结果。郑勇军（2001）主张，浙江的经验就在于"内源性民间力量推动经济发展"。史晋川、汪炜和钱滔（2004）把"浙江模式"概括为"一种内生的由民营化和市场化推进工业化和城市化的区域经济制度变迁和区域经济发展的模式"。

另一类是特殊意义上的对浙江制度变迁的典型性区域研究。集中体现在马津龙（1993）、徐明华（1999）、杜润生（2000）、史晋川（2004）等运用新制度经济学对温州区域制度变迁和经济发展的研究中。马津龙（1993）在研究股份合作企业时，首次尝试用新制度经济学的概念来分析"温州模式"的形成。徐明华（1999）运用过渡经济学对温州不同发展阶段的制度变迁进行了研究。杜润生（2000）应用自发次序理论来研究"温州模式"，认为温州经济是一种民办、民营、民有、民享的经济，因而也是一种自发、稳定、可持续发展的经济秩序。史晋川（2004）指出，"温州模式"是一种典型的利用民营化和市场化来推进工业化和城市化的区域经济社会发展模式。史晋川、汪炜和钱滔（2004）运用历史制度分析方法（HIA）对台州区域制度变迁和经济发展进行了研究，他们认为"台州现象"的基本特征可以概括为"民间诱致加政府增进的制度创新与经济发展模式"。

此外，浙商制度创业的例子也不胜枚举：李书福突破国家管制性进入壁垒，使吉利成为中国第一家获得轿车生产许可证的民营企业。徐文荣领导横店集团突破政府对企业经营的干预性壁垒，为横店集团积极争取经营自主权，通过制度创新，确立社团所有制，成为中国社团所有制的首创者、实践者。绿源领导者倪捷通过不断地争取电动自行车的合法地位，多次促使国家修改电动自行车标准，从而被尊称为"电动自行车行业斗士"。马云领导的阿里巴巴电商模式改变了消费者的购物习惯，通过商业模式创新使网购作为一种新的制度形式得以确立。

上述研究推出的共同结论是浙江制度变迁的动力源于民众，在地方政府的"积极的无为而治"的制度供给调控下，政府和民间的良性互动逐渐形成"自发拓展秩序"。陈建军（2003）通过设计企业家资源评价指标体系，得出浙江企业家资源非常丰盈的结论。杨轶清（2008）指出，从社会成员结构来看，浙商主要来源于农民。他引用有关调查数据证实，农民出身的浙商约占总数的八成，农民是浙商群体人力资本的最重要供应者。因此，浙商是民商。根据企业家理论和新制度经济学理论，可以做出这个推论：企业家的天然禀性使作为企业家的浙商成为浙江制度变迁的重要民间力量，构成制度变迁的"初级行动团体"和"次级行动团体"。所以，以浙商为研究对象，是以主体性视角来透视浙江制度的变迁，它也是在转型经济情境下研究民营企业制度创业机制的理想对象。

第三章
制度创业中利益相关者的界定和分类

第一节　利益相关者视角的制度创业研究

迄今为止，把利益相关者理论运用到制度创业研究的文献并不多见。但自从制度创业研究者将场域分析引入制度创业研究中后，越来越多的研究开始将焦点转向行动主体与环境的互动上来，讨论制度创业者是如何借助一系列策略来获取场域内成员的支持或对抗场域内成员的反对的。（郭毅、殷家山和周裕华，2009）因此，在利益相关者视角下探析制度创业者如何与场域内成员形成策略互动就显得十分重要，而且也是目前制度创业的研究重点。

虽然在国内外研究制度创业的文献中，对场域内利益相关者的分析不是很明显，但通过大量文献阅读也隐约可以找到对制度创业中利益相关者进行分析的踪迹。例如，Fligstein（1997）从制度创业者所使用的社会技能中，分别分析了对场域中的利益相关者应该使用的社会技能。Rao，Morrill & Zald（2000）也认为界定和重新界定组织场域中利益相关者的身份对于构建一个可持续的联盟至关重要，意思就是要在组织场域中识别利益相关者。Maguire & Hardy（2004）在分析制度创业的三大关键活动时，认为制度创业者首先要占据场域内的主导位置，因为该位置有广泛的合法性及众多利益相关者，在制度创业阶段，要将新制度与利益相关者的价值观及惯常行为紧密结合。Scully & Creed（2005）认为制度创业者在发起制度变革时首先要界定制度变革的支持者、敌对者及其他涉及制度变革的人。Greenwood & Suddaby（2006）分析了五大会计事务所在新组织构建时所遇到的场域内利益相关者的支持与否定，运用网络位置观和辩证理论揭示制度创业机制。尹珏林和任兵（2009）对中国直销行业的案例进行了研究，分析了制度创业者与组织场域内利益相关者的互动，从而揭示了场域的兴起和衰落。项国鹏、喻志斌和迟考勖（2012）在对吉利和横店集团的案例分析中，揭示了制度创业者与其利益相关者进行策略互动进而完成制度变革的过程。Jolly（2014）将印度风能源产业作为制度创业的研究案例，通过聚合策略来形成有利于制度创业的利益相关者关系网络，其中支持型的利益相关者来自技术经济网络成员及社会政治网络成员，而与之冲突的是传统型的能源产业的利益相关者。Lee（2014）通过对中国山寨手机的制度创业案例分析，指明制度创业者将社会底层的老百姓、相应的手机零件供应商及行业内的代表作为制度创业的支持者，从而获取相应的资源和支持，而将传统的手机制造商及相应的政府机构作为制度创业的反对者，从而实施相应策略来获取山寨手机的合法性。

综上分析，尽管不少研究中均提到了利益相关者在制度创业过程中的重要作用，但并无直接从利益相关者视角入手分析制度创业过程的研究。为了进一步构建从利益相关者视角分析制度创业的理论基础，本书将在下一章内容中重点分析将利益相关者纳入制度创业分析的必要性和重要性，主要从场域、资源和合法性三个要素中体现。

一、场域——利益相关者的"集聚区"

场域，是由一系列核心供应商、资源和产品的消费者、管制主体及生产相似产品或提供相似服务的其他竞争性主体所共同组成的。（DiMaggio & Powell，1983）在场域中，不断地会有行动者试图去夺取、排除和建立场域再生产机制的垄断地位并形成有效权力体系（Battilana，2006），这样一个过程会带来场域中成员的互动、冲突和争斗，从而促成共同的认知和价值观的形成，并在未来一段时间内作用于这些成员所嵌入的制度环境（尹钰林和任兵，2009）。此外，由于场域本身所具有的网络属性，场域中的成员间均表现出了一定程度的利益相关性。当涉及制度创业过程时，上面所说的利益相关性便会尤为明显。研究已经表明，制度创业者发起的多为偏离式的变革，这种类型的变革被定义为一种打破在给定制度情境中用于组织工作的制度化范式的变革（Battilana，Leca & Boxenbaum，2009；DiMaggio & Powell，1983）。用于组织工作的制度化范式，通常被称为制度逻辑（Scott，1987；Besharov & Smith，2014），是对愿景目标和如何实现愿景目标的一个范围性共同认识。也就是说，当行动者发起制度创业时，他对场域内的一个已被广泛认可的制度逻辑发起了挑战（Garud & Karnee，2003），这种挑战很可能会引起场域内其他行动者的广泛关注，因为这极有可能会影响或改变场域中既有利益的分配模式。以往关于制度创业的案例研究直接或间接证实了场域中一系列与制度创业者存在利益相关性的主体对制度创业过程的影响，如雇员、股东、竞争性组织、产品链上下游组织、政府、其他社会性团体等。（Greenwood & Suddaby，2006；Garud，Jain & Kumaraswamy，2002；Maguire，Hardy & Lawrence，2004）

因此，场域的构成决定了制度创业者行动环境的网络化特质，这种网络化特质源于场域中不同利益相关群体之间的互动关系，网络中的行动者遵循既有的、约定俗成的行为规范和制度逻辑。行动者的制度创业行为由于破坏了既有的场域制度逻辑，给场域内现行的结构和利益分配方式带来了冲击，从而引发利益相关者的行为干预。也就是说，场域的特质决定了行动者在制度创业过程中呈现出外部关联性，当行动者发起制度创业时，与行动者处于同一场域的利益相关者会受到其制度创业发起和实施的影响，从而采取相应的策略加以应对。当行动者的制度创业行为使利益相关者获利时，这样的策略可能表现为积极的、支持性的；而当行动者的制度创业行为使利益相关者利益受损时，这样的策略可能表现为消极的、抵抗性的。

二、资源——利益相关者的"利器"

从资源角度来看，应当将利益相关者纳入制度创业研究的原因有两个。一方面，利益相关者拥有能够影响制度创业过程的资源。一系列研究已经证实，利益相关者拥有物质资金（Greenwood & Suddaby，2006；Garud，Jain & Kumaraswamy，2002；Greenwood，Suddaby & Hinings，2002）、政治背景（Misangyi，Weaver & Elms，2008）、正式权威（Phillips，Lawrence & Hardy，2004）和社会资本（Maguire，Hardy & Lawrence，2004）等有形和无形的资源，而这些资源在帮助制度创业者说服其他行动者去认可和支持他所提出的制度创业主张时具有关键作用。制度创业者可以通过嫁接不同的利益相关者来集聚这些利益相关者手中拥有的分散性资源（Maguire，Hardy & Lawrence，2004），这也间接表明了利益相关者手中拥有的资源是制度创业者合法化创业主张的重要影响因素。

另一方面，制度创业者往往缺少实现创业主张合法化所需的资源。研究已经指出，由于制度创业者旨在改变现行制度或创造新的制度，所以相比于一般性的变革而言，他们往往面临着更严峻的挑战（Battilana，Leca & Boxenbanm，2009），因此他们所需的用于发起和实施变革、合法化新制度逻辑的资源也就相对更多。而当制度创业者所拥有的资源不足以去获取变革相关者的支持时，制度创业的过程往往会受到阻碍。另外，由于制度创业者用于实现制度创业主张合法化所需的资源往往是多样化的，而资源在利益相关者中的分布是分散的，所以制度创业者通常需要根据其所缺少的资源情况来确定重点接触或维护的核心利益相关者，如行业协会的成员和声誉资源、政府的资金和政策制定权资源、同竞争者的客户和市场控制权资源、行业专家的技术和知识资源等。（Garud，Jain &

Kumaraswamy，2002；尹钰林和任兵，2009）

三、合法性——来自利益相关者的认可

制度创业的最终目的在于获取合法性（legitimacy）。Suchman（1995）将合法性界定为一种普遍化理解或假定，即假定在社会建构的规范、价值、信念和身份系统中，由某个实体所进行的行动是有价值的、适当的。从定义上可以看出，行动者行为的合法性程度往往来自外部利益相关主体依据其行为是否符合社会制度和规范及行动者所具有的社会身份而做出的主观性评价。Scott（1995）将合法性划分为规制合法性、规范合法性和认知合法性三种类型，下面将进一步阐述这三种合法性类型与利益相关者之间的关系。

制度理论研究已经指出了各种"权威机构"——文化机构及政治机构——被社会赋予权力从而具有赋予行动者及其行为合法性的功能。（Scott，1995）这些文化和政治机构的具体形式可以是政府、专业机构和行业协会，它们对制度创业者的认可、证明、鉴定、资格认证或委托往往会成为其本身及行为具有合法性的重要标志。这种合法性是具有一定强制性的，通常表现为法律和法规。规范合法性源于社会道德规范、社会价值观、行业标准和惯例体系。研究已经证实了利益相关者能够给制度创业带来规范合法性上的约束或赋予制度创业者以规范合法性，如供应商（Peters，Hofstetter & Hoffmann，2011）、竞争者（Garud，Jain & Kumaraswamy，2002）、行业协会（McGaughey，2014）、宗教（Sidani & Showail，2013）等。认知合法性被定义为公众对某一事物的理解和认识程度，如果制度创业主张被公众广为接受，即获得了认知合法性。因此，认知合法性的赋予者便为社会公众。

从上述分析中可以得出，从合法性角度来看，将利益相关者纳入制度创业分析的理论依据可以总结为，利益相关者是合法性的直接评判者和赋予者。一方面，制度创业者会借助一定的策略，动员和游说具有特定合法性评判权力的利益相关者，获取创业主张的合法性，以确保制度创业过程能朝着其预定的方向发展；另一方面，一些利益相关者会根据制度创业主

张对自身既有利益及预期利益的影响，借助一定的手段和策略来赋予或否认制度创业者本身及其行为的合法性。

第二节 制度创业中利益相关者的界定

企业利益相关者是指那些影响公司目标实现，或者受公司目标实现影响的个人或团体。借鉴这个定义，本书把制度创业中的利益相关者定义为那些影响制度创业者建立并推广新制度或实践，或是受到制度创业者在制度创业过程中影响的个人或团体。

企业家制度创业实质上就是制度变迁的微观过程（Battilana，2009），而制度变迁会影响企业内外的利益相关者的既得利益。另外，越来越多的制度创业研究开始关注企业内部员工在变革方面的作用。（Battilana，2009）因此，本书从组织层面出发，分别从组织内部利益相关者和外部利益相关者角度来界定制度创业中的利益相关者。

国内外大量文献研究表明，企业内部利益相关者主要有股东、管理层和员工。（陈宏辉和贾生华，2004）而针对制度创业的外部利益相关者，现在大多数学者认为制度创业的过程其实就是合法性获取过程，其中组织合法性分为规制合法性、规范合法性和认知合法性。制度创业者从组织场域内不同的利益群体中获取合法性，因此可以认为这些利益群体便是制度创业中的外部利益相关者。

规制合法性来源于政府、专业机构和行业协会等相关部门所制定的规章制度。因此，制度创业者在打破旧制度、创建新制度时，必然会涉及和政府、专业机构、行业协会等不同群体的协商与谈判。在追求规制合法性的过程中，制度创业的利益相关者主要有国家部委、地方政府、专业机构、行业协会等。

规范合法性来源于社会的价值观和道德观。制度创业者追求规范合法性意味着他要被外界认可是在做"正确的事"。首先，在这一个过程中，制度创业实践要接受竞争者和供应商及社会媒体的监督与曝光。学术机构针对制度创业领域进行研究，发表了大量的学术论文，对研究人员而言，新制度的实践及制度创业领域的发展可以进一步推动科研发展。其次，企业产品或服务的消费者是制度创业行为的直接利益相关者，企业工艺流程的质量和安全认证必须得到消费者的认可。因此，在追求规范合法性的过程中，制度创业者所面对的利益相关者有：媒体、竞争者、供应商、学术机构、消费者等。

当制度创业者所创建的新制度或实践得到广泛的扩散并且被人们所广为接受时，它就具备了认知合法性，只有这时，它才得以重新制度化。这个阶段，制度创业者面对的利益相关者主要是社会公众。

因此，通过以上分析，可以界定出制度创业的外部利益相关者主要有国家部委、地方政府、专业机构、行业协会、媒体、竞争者、供应商、学术机构、消费者和社会公众。（如表3-1）

至此，可以得出制度创业的利益相关者有：股东、管理层、员工、国家部委、地方政府、专业机构、行业协会、媒体、竞争者、供应商、学术机构、消费者和社会公众。

表3-1 制度创业中的利益相关者界定

利益相关者类型	含义	组成	理论依据
内部利益相关者	组织内部影响制度创业实现的利益群体	股东、管理层、员工	Graud, Jain & Kumaraswamy（2002）；陈宏辉和贾生华（2004）；盛亚、单航英和陶锐（2007）
外部利益相关者	组织外部影响制度创业实现的利益群体	国家部委、地方政府、专业机构、行业协会、媒体、竞争者、供应商、学术机构、消费者和社会公众	Fligstein（1997）；Suddaby & Greenwood（2005）；奚艳燕（2014）

第三节 制度创业中的利益相关者分类维度

本节将从重要性、意愿性、合法性、合理性4个维度对制度创业中界定出的 12 种利益相关者进行分类。其中重要性是指组织的制度创业主张可能对各利益相关者产生的客观影响程度。制度创业中利益相关者受到制度创业影响的程度不同，产生的行为紧急程度也不同。对于利益影响小的利益相关者，在制度创业过程中，他们引起制度创业者关注的可能性比较低，而对于有严重冲突或是受益的利益群体来说，他们引起制度创业者关注的可能性比较高。（Driscoll & Crombie，2001；陈宏辉和贾生华，2004）

意愿性是指各利益相关者对组织的制度创业主张的意愿程度（反对、中立或者支持），是一种主观的态度。持反对或者支持意见的利益相关者都会引起制度创业者的关注，制度创业者在制度创业过程中运用话语策略和社会网络策略就是为了感化反对者及与支持者结成联盟来实现制度创业。（Suddaby & Greenwood，2005）

上述两个维度分别从制度创业中利益相关者遇到的客观情况及对此所反映出的主观态度进行了划分。然而，制度创业中的利益相关者会对组织的制度创业主张采取一定的实际行动，进而影响制度创业。因此，还需要从大量的研究文献中提取合法性及合理性这两个维度来分析利益相关者。有别于之前的研究学者对于合法性的定义，这里的合法性特指利益相关者的行为符合相关法律、规章制度；合理性特指利益相关者的行为受到社会道德观、价值观的认可。只有利益相关者具有一定的合法性和合理性，他们才有可能对制度创业施加一定的影响，才会引起制度创业者的重视。（陈宏辉和贾生华，2004；Lamberti，2011；Alsos，2011）制度创业中利益相关者分类维度的划分标准及理论依据如表 3-2 所示。

表 3-2   制度创业中的利益相关者分类维度

维度	含义	理论依据	测量题项
重要性	组织的制度创业主张可能对各利益相关者产生的客观影响程度	Driscoll & Crombie，2001；陈宏辉和贾生华，2004	制度创业主张对利益相关者的影响程度
意愿性	利益相关者主动影响制度创业行为的意愿程度（支持、反对或无作为）	Suddaby & Greenwood，2005；Child et al.，2007；项国鹏、李武杰和肖建忠，2009	利益相关者对制度创业的支持程度

续　表

维度	含义	理论依据	测量题项
合法性	利益相关者对制度创业所采取的行为（支持、反对或无作为）是否得到相关法律和规章制度的认可	陈宏辉和贾生华，2004；项国鹏、李武杰和肖建忠，2009；Lamberti，2011；Alsos，2011	利益相关者行为有相关法律制度及企业政策方面支持
合理性	利益相关者对组织制度创业所采取的行为（支持、反对或无作为）是否符合社会道德、价值观	陈宏辉和贾生华，2004；项国鹏、李武杰和肖建忠，2009；Lamberti，2011；Alsos，2011	利益相关者行为得到社会道德、价值观层面认可

资料来源：根据相关文献分析得出。

第四章

企业家制度能力与制度创业的表现形式

　　本章主要探讨制度创业中的两个重要方面——制度创业主体的能力特性与制度创业的表现形式，为后续的案例研究奠定更为坚实的理论基础。

　　正如 Battilana, Leca & Boxenbaum（2009）在研究中所指出的，能动主体在制度创业的发起和推进过程中往往起到了决定性的作用。从现有的关于制度创业的实证研究中可以发现，绝大多数制度创业主体是个体，或者是很大程度上体现了强烈的个体意志的组织（如新创企业、家族企业、核心领袖主导的社会组织等）。因此，尽管制度创业主体既可以是个体，也可以是组织，但以组织作为制度创业发起和推进对象的研究也大多高度强调其核心管理人员的关键性作用。也就是说，考察制度创业中的关键个体特性，尤其是能力特性，对于准确理解和把握整个制度创业过程是如何开始、推进并发展的具有重要作用。因此，本章探讨的重要内容之一是企业家制度能力。①

---

① 本章第一、二节对企业家制度能力的研究内容已发表，参见项国鹏、李武杰、肖建忠：《转型经济中的企业家制度能力：中国企业家的实证研究及其启示》，《管理世界》2009 年第 11 期，第 103—114 页。

与此同时，Battilana, Leca & Boxenbaum（2009）还指出，根据不同的划分依据，制度创业可能存在更多的表现形式。企业制度创业是指企业家领导组织率先发现制度矛盾中的潜在价值，通过影响组织场域中的利益相关者，实现制度创新，促使新的盈利主张合法化。其实质是企业家通过外部制度创新，使利益相关者接受新制度，获取合法性。根据企业家组织制度创业的着力点和企业家制度能力的作用对象，企业制度创业的表现形式包括市场创新、制度创新、组织创新、技术创新、商业模式创新。随着企业竞争所处环境的不确定性日益增强，商业模式创新逐渐成为现实中颇令人瞩目的制度创业形式，而且在信息经济背景下的应用前景越来越广阔。学术界对此也日益重视，例如，谢青和田志龙（2015）对新能源汽车商业模式创新进行了制度创业案例研究。因此，当下亟须加强对商业模式创新及其与制度创业之间的相关性的研究。因此，本章探讨的另一个重要内容是商业模式创新。

第一节　企业家制度能力的内涵

一、企业家制度能力概念提出的理论基础

必须指出的是，企业家制度能力是一个新的概念。徐飞和程志波（2009）指出，新概念的提出需要具备两个条件：一是要求新的概念来谋求突破现有理论难以克服的困境的办法；二是学术环境已经为新概念的提出创造了必要的理论基础。引言部分已经指出，在转型经济情境下，如何从企业家能力角度解答中国企业家制度创新行为已经成为现有理论难以克服的困境。下文将分析提出企业家制度能力概念的理论基础。

（一）转型经济中的企业家能力对企业成长的影响

企业家能力是促进企业成长的重要能力之一。相比发达市场经济国家稳定的制度环境，转型经济的中间制度性使企业成长面临较大的制度环境和市场环境的双重不确定性。（Droege & Johoson, 2007）较大

的制度环境不确定性要求企业家增强对制度环境的认知与开拓能力、对制度需求变化的预测能力并且要实施制度变革以促进企业成长。（Acs & Karlsson，2002；Luo, Zhou & Liu，2005；Batjargal，2005）汪伟和史晋川（2005）指出，中国转型经济中存在的管制性壁垒对企业家突破管制性进入壁垒，实施制度创新的能力提出较高要求。如果把企业家通过制度创新促进企业成长的能力称为制度能力，那么转型经济中企业家制度能力对于企业成长的作用不可被忽视。与此同时，较大的市场环境不确定性要求企业加强战略管理。（Tan，2007）这就对企业家战略能力提出了更高要求。可见，随着中国转型经济的推进，企业成长对企业家制度能力和战略能力提出了越来越高的要求。转型经济对企业成长的制度性影响催生了战略性影响，企业家制度能力对企业成长的作用机理很可能会影响企业家战略能力的作用机理。这说明在转型经济中研究企业家制度能力具有基础性价值。

（二）制度理论

这里的制度理论包括新制度经济学中的制度企业家理论和组织社会学的新制度学派中的组织合法性理论。两者是互补关系。（Scott，1995）Peng（2003）就曾结合两者，研究制度变迁中的企业战略选择。

1. 制度企业家

制度企业家是制度变迁的关键主体。戴维斯和诺斯（1994）认为，任何一个制度变迁中的初级行动团体的成员至少得是一个熊彼特意义上的企业家。在制度变迁情境下，制度企业家通过实施制度创新来打破制度障碍，促进企业成长。（张曙光，1999，2005；Dieleman & Sachs，2008）周其仁（1997）、陈湘舸（1998）都强调了制度企业家才能是企业家实现制度创新的力量源泉。制度企业家的企业家能力结构不同于一般企业家。李稻葵等人（2006）认为制度企业家不仅应该具备传统企业家的能力，而且要具有处理企业和政府、社会公众的关系的能力，从而能够在商业活动过程中促进市场制度发展。制度企业家理论从行为主体角度对企业家制度能力研究提供了有力支撑。

2. 组织合法性

组织合法性（organizational legitimacy）是组织社会学中的新制度学派的重要概念。（周雪光，2003）它是指当各种制度安排、社会规范等成为社会公众广为接受的事实之后，就会形成规范人和组织行为的制度环境，导致组织趋同。由于组织合法性理论用于解释组织和环境的关系，所以逐渐形成了制度视角和战略视角的研究。（曾楚宏、朱仁宏和李孔岳，2008）在获得组织合法性的认识上，制度视角认为组织的地位是被动的，但是战略视角认为组织的地位是主动的，组织可以通过管理者所设计的组织合法性，战略主动地适应环境、选择环境和操纵环境。（Suchman，1995）本文采用了战略视角下的组织合法性理论。由于企业创业过程其实就是获取合法性的过程，所以战略视角的组织合法性理论在企业创业研究中的应用日益广泛。（Aldrich & Foil，1994；Tornikoski & Newbert，2007）从中国现实来看，能否打破制度约束并获得组织合法性同企业家创业成败息息相关。（杜运周、任兵、陈忠卫等，2008）所以，组织合法性理论为企业家制度能力研究提供了行为识别和目的指向。

由此可见，尽管现有研究没有提出企业家制度能力的概念，但已经从不同方面论述了企业家制度创新行为。上述理论在企业家制度能力研究中的角色是：转型经济所要求的企业家能力是行为动力，制度企业家是行为主体，组织合法性是行为目标。它们围绕企业家创业活动，和制度紧密相连，具有内在的逻辑自洽性。因此，本研究提出的企业家制度能力的概念，具备一定的理论基础。

二、企业家制度能力的界定和维度

张旭昆（2007）指出，制度可以从多个角度来定义，制度分类也没有定则，制度定义和分类角度的确立同研究者的研究目的密切相关。在这种情况下，为了清晰界定企业家制度能力并明确其内涵，把握制度的基本内涵就显得尤为重要。制度的基本内涵是人类相互交往的规则使人们的行为更具可预测性并由此促进劳动分工和财富创造。（柯武刚和史漫飞，2002）其次，还要明确制度的分类。根据本节研究内容，借鉴李建德

（2000）对组织内外部制度的划分，这里把制度分为企业外部制度和企业内部制度。企业外部制度指规制整个企业行为，调节企业之间关系的规则；企业内部制度指调节企业成员在实现组织目标过程中的责、权、利的分配的规则。

（一）概念界定

企业家制度能力是指企业家通过制度创新，突破企业创业过程中的外部制度性约束和（或）内部制度性约束，以促进企业成长的能力。它包括企业家外部制度能力和企业家内部制度能力。具体维度参见表4-1。

表4-1　企业家制度能力的维度分析：理论依据、含义及举例

维度	维度确立的理论依据	含义	举例
维度1：企业家外部制度洞察能力			
EIC101 发现制度缺口	田志龙、高勇强和卫武（2003）；卫武（2006）	发现政策法规或行业标准中阻碍创业的不合理内容	倪润峰在发现政府对彩电的价格管制这项制度缺口之后，与银行合作，绕道降价，促进了彩电价格市场化
EIC102 发现制度真空		发现政策法规或行业标准的制度空白，激发创业行为	徐福新于1996年察觉当时尚处中国电信业务领域的制度空白地带的"小灵通"业务前景
维度2：企业家外部制度创新的执行能力			
EIC201 适应环境	吴敬琏（2003）	采取符合当前政策法规、行业标准的方式，使创业行为合法	20世纪八九十年代，如李书福创办的吉利这样的民营企业为谋生存求发展，采取"带红帽子"等变通性制度安排行为来获得政府认可
EIC202 私下实践	高勇强（2007）	私下实践创业行为，等待政府的事后承认	在信息产业部的压力下，徐福新领导"小灵通"迅速发展，最终获得政府的正式认可

维度	维度确立的理论依据	含义	举例
EIC203 游说沟通	田志龙、高勇强和卫武（2003）；卫武（2006）	直接游说政府官员，为合法实施创业行为争取政治理解	徐文荣为了给横店集团争取经营自主权，在产权制度上激发企业创业激情和创业能力，积极游说横店乡政府官员，终于得到了当地官员的支持
EIC204 政治关联		积极响应政府号召，做适合政治环境的事情，间接地争取政府对创业行为的支持	徐文荣领导横店集团从事城镇建设、精神文明建设等，间接推进社团经济制度的贯彻
EIC205 参政议政		获取人大代表、政协委员、政府顾问等政治身份，参与政策法规制定，为合法实施创业行为争取政治资源	徐文荣、李书福、倪捷、黄鸣等企业家拥有各级人大代表或者政协委员的政治身份
EIC206 行业活动		直接沟通行业组织，为合法实施创业行为争取行业标准支持	2004年4月，中国自行车协会即将公布新标准，绿源电动自行车有限公司总经理倪捷联合全国电动自行车厂商向标准委提出紧急要求，反对新标准出台，并争取到标准委支持
EIC207 舆论造势		形成舆论氛围，间接影响政府和行业组织，争取政策法规、行业标准等对创业行为的支持	为了进入汽车制造行业，李书福积极利用新闻媒体的力量，为打破民营企业不能造车的产业管制性壁垒奋力奔走，影响政策制定
EIC208 舆论倡导	Suchman（1995）；Zimmerman & Zeitz（2002）	利用舆论工具，向社会公众倡导新的价值观、消费观，使公众理解并接受创业行为	针对消费者对电动交通工具的陌生状态，倪捷创办电动自行车科普读物《绿源》，积极倡导"推动绿色交通，倡导健康生活"的价值观
EIC209 社会形象	Elsbach & Sutton（1992）	经营公共关系，塑造良好形象，间接地使创业行为被公众接受	吴炳新领导三株公司在主流报刊刊登形象文章、首创专家义诊模式，塑造良好形象
EIC210 广告宣传	Shepherd & Zacharkis（2003）	通过广告手段提高企业知名度，使公众熟悉创业行为	赵新先为了消除混乱不堪的胃药市场给消费者造成的认知约束和信任障碍，举办学术报告会并首创出租车灯箱广告和明星代言广告，使"三九胃泰"这个新产品成为利润支柱

续　表

维度	维度确立的理论依据	含义	举例
EIC211 培训教育	Aldrich & Fiol（1994）	利用教育和培训公众，传播专业知识，提高企业知名度，使公众熟悉、接受创业行为	为了推广互联网商业模式，张树新创办的瀛海威在各大新闻媒体开设专栏，普及网络知识，传播网络文化。王永民创建的王码电脑公司通过举办讲座推广五笔字型技术
维度3：企业家内部制度洞察能力			
EIC301 发现内部制度缺口	参照 EIC101 而确立	发现企业产权制度、公司治理结构、组织管理制度对创业的约束	李书福、南存辉发觉家族企业产权制度对企业发展的束缚
维度4：企业家内部制度创新的执行能力			
EIC401 改革产权制度	顾文涛、王以华、李东红等（2008）	改革企业股权结构，使其更加多元化，为创业决策的科学化奠定基础	南存辉突破阻力，稀释家族股份
EIC402 优化公司治理		明确股东会、董事会、监事会的权利、义务，制订有效的经理人激励约束机制，为成功创业提供治理保证	朱德坤领导的小天鹅股份有限公司运用独立董事及其配套的三票否决制度，在公司决策等方面发挥了重要作用
EIC403 改革管理制度		改革人事、研发、生产、销售等正式管理制度，为成功创业提供管理保障	太阳神董事长怀汉新在 1990 年大胆创新内部用人制度。德力西总裁胡成中在 1996 年前后就已经建立了企业内部管理条例、程序文件和标准，使各项管理制度化、程序化、规范化
EIC404 创新企业文化	陈传明（1995，1999）	企业文化是企业的非正式管理制度，通过培育企业文化，使其从"软管理"角度促进创业成功	海尔集团成功发展的一个重要原因是创造了具有鲜明特色和强大渗透力的企业文化，而"张瑞敏就是海尔文化的源头"

　　企业家外部制度能力的概念解析要从企业外部制度的构成入手。Scott（1995）指出，制度有三个支柱：规制性支柱、规范性支柱及认知性支柱。这三个支柱就构成了制度的三个基本组成部分。Kshetri（2007）在研究中国制度变迁对企业家精神的影响时指出，制度包括规制性制度、规范性

制度和认知性制度。鉴于 Kshetri（2007）所分析的制度和本书所指的企业外部制度的内涵一致，这里就沿用该观点。规制性制度是指政府、行业协会、专业机构制定的具有强制执行特征的正式规则；规范性制度是指社会价值观、道德规范；认知性制度是代表社会公众对特定事物的知晓程度的知识集合。因此，企业家外部制度能力是指企业家通过外部制度创新，突破创业过程中的规制性制度约束、规范性制度约束和认知性制度约束，获取规制合法性、规范合法性和认知合法性，以促进企业成长的能力。

企业家内部制度能力的概念剖析要从企业内部制度的构成入手。企业制度的主要框架由企业产权制度、治理结构、企业组织管理制度和企业社会责任制度四部分组成。（顾文涛、王以华、李东红等，2008）企业产权制度和企业治理结构是协调企业和所有者、经营者的利益关系的规则，两者可以整合；企业社会责任制度涉及企业和外部利益相关者之间的关系，它会和企业外部制度产生交叉。因此，这里所理解的企业内部制度包括企业产权制度和组织管理制度。企业产权制度是企业资源配置，权利和利益分配的规则，组织管理制度是规范企业内部生产和经营活动的规则。基于这些认识，本研究得出企业家内部制度能力是指企业家通过内部制度创新，突破创业过程中的企业产权制度约束和组织管理制度约束，优化内部管理效率，以促进企业成长的能力。

根据以上对企业家制度能力的界定，可以这样认为：在企业创业过程中，只要存在外部制度性约束和内部制度性约束，就为企业家外部制度能力和内部制度能力提供了展现机会。中西方企业都如此。国外相关研究显示，即便在相对完善的西方市场经济体制情境下，企业家制度能力也存在。但是，由于制度环境不确定性程度的差异，西方发达国家企业家制度能力对企业成长的作用机会及影响和转型经济国家的企业家制度能力的作用及影响不可同日而语。像中国这样的转型经济国家正在进行的各个层次的正式制度变迁和非正式制度变迁为企业家施展制度能力提供了更丰富的机会、更强劲的动力和更丰厚的回报。中国企业产权制度改革（包括国有企业产权制度改革和民营企业的追求合法化产权制度的曲折历程）是中国市场经济体制改革的重要内容，而且企业产权制度改革必然要求公司治理结构与组织管理制度也相应改革。由此可见，相对于中国这样的转型经济大国，西方完善的市场经济体制环境难以为企业家施展制度能力（尤其是外部制度能力）提供宽阔的舞台，从而使企业家制度能力的研究缺乏现实基础，这可能是西方相关文献没有出现企业家制度能力这个概念的情境性原因。因此，企业家制度能力研究倾向于特定情境研究（徐淑英和欧怡，2008），它从制度层面表现了中国转型经济情境对企业家能力的本土化要求。对于中国学者来说，正如 Scott（1995）所指出的那样，身处这些"原始试验"之中，有必要研究企业家如何拒绝旧制度，确立新制度，发展新能力。

还要进一步指出的是，企业家制度能力是制度理论和企业家能力理论的整合性产物。Oliver（1997）整合制度理论和资源基础论，提出资源资本和制度资本是企业获取可持续竞争优势所不可或缺的要素。Peng（2001）认为制度理论和资源基础论的整合对于转型经济条件下的企业战略研究颇具指导价值，但是这种整合机制是未知的（Peng，2003）。提出企业家制度能力是基于这些前期研究的理论探索。

第二节　企业家制度能力的实证分析

一、研究设计

（一）样本来源

借鉴贾良定、唐翌、李宗卉等（2004）在研究愿景型领导时所用的取样方法，本研究选择有关中国企业家的案例性出版物作为主要数据来源。Eisenhardt（1989）和罗伯特·K.殷（2004）指出，虽然出版物本身存在偏见，但只要出版物是思考性的，就可以作为学术研究的素材。Langley，Kakabadse & Swailes（2007）指出，在探索性研究的初始阶段，研究者可以利用出版物作为信息源。

（二）保证二手资料可靠性的措施

在利用出版物这种二手资料时，应该设法保证其可靠性。综观国外优秀学术期刊上发表的利用二手定性数据转化为定量数据的论文，其作者为了保证资料的可靠性，对二手资料来源的把关很严格，一般选择有影响力的出版物（Lee & James，2007）、上市公司年报（Nadkarni & Narayanan，2007）、富含公共信息的行业性杂志（Chen & Miller，1994；Langley，Kakabadse & Swailes，2007）等。鉴于研究主题，上市公司年报和行业性杂志都不是理想的选择。所幸国内关于企业家创业和成长的出版物比较丰富，因此比较适合作为资料来源。

为了尽量保证二手资料的可靠性，本研究采取了以下措施。首先，通过网络在本书第一作者所在单位的图书馆馆藏书目中用"企业家""总裁""首席执行官""老板""总经理""董事长"等关键词进行检索，选出备选图书。然后，根据研究内容和目的来确立案例筛选标准。案例筛选的标准包括：① 企业家对企业成长具有很强的控制权，企业行为实质上是企业家行为的组织化外显；② 企业创建时间或者关键发展时期应该在 1978 年改革开放之后，保证企业成长处于转型经济情境之中；③ 案例描述比较清晰，能够反映企业创业过程中企业家制度创新行为的目的和手段，以符合企业家制度能力的维度分析要求；④ 案例信息比较充分，以保证研究变量能够编码，如果某些案例信息不充分，必须能够通过检索优秀学术期刊，浏览企业网站加以信息补充和比对。根据这些标准，在备选图书中加以筛选。最后，根据凯西·卡麦兹（2009）关于扎根理论对文本分析的要求，结合图书的思考性、信息量等做出终选。但确实，这个过程不可避免地带有主观性。

经过层层过滤，最终从《大败局Ⅰ》《大败局Ⅱ》《浙商制造——草根版 MBA》《中国著名企业首席执行官》《与 100 名老板对话（二）》《财智人物》和《大逆转》等出版物中选择了 17 个案例。另外，还从优秀学术论著、企业内部出版物、新闻报道等渠道增补了 4 个案例，分别是首推"小灵通"的徐福新（高勇强，2007）、广东华帝的黄启均（王宣喻、李新春、陈凌，2006；陈凌，曹正汉，2007）、江苏双良的缪双大（刘小玄和韩朝华，1999）和浙江绿源电动自行车的倪捷。

（三）数据编码

数据编码采用双盲方式，对每个案例使用利克特 7 点刻度进行编码。编码组成员包括主持人和 2 名编码人员。为保证编码过程的科学性，编码人员按照内容分析方法和企业家制度能力的 18 个变量进行编码。

1. 效度保证

首先是概念效度。它得以保证的重要因素是理论基础。在前文的分析中，企业家能力理论、制度理论等理论的整合为企业家制度能力奠定了理论基础。其次是编码效度。保证编码效度的重要方法是每个编码成员必须清晰理解每个变量的含义，并且取得共识。由于编码组成员都参与了前期研究工作，所以对各变量的含义有较清晰的理解。主持人还对各个测项在案例中的表现形式进行了举例说明，并将之附在每个测项之后，供编码人员参考。

2. 信度保证

信度保证包括三个阶段。第一，统一打分标准与尺度。尽管参与编码的人员对测项有比较清晰的理解，但在打分标准与尺度上仍然可能不一致，所以为统一打分标准与尺度，编码过程通过多阶段的递进形式进行。先进行尝试性编码。主持人提出 3 个较经典的案例，要求编码人员在一天之内阅读这些案例并打分。第二天进行比对和分析。再由主持人对各项打分进行仔细审查。对于完全一致和方向一致的测项，主持人给出其意见，编码人员进行讨论，得到一致认可的尺度；对于与方向冲突的测项，3 人共同讨论，分析冲突出现的原因，再推出一致认可的尺度。第二，预编码过程。采用双盲方法对 21 个案例企业家进行预编码。得到的结果是：完全一致率为 32.01%，方向一致率为 27.51%，方向冲突率为 40.48%。对于方向性一致的，取均值作为测项得分；对于方向性冲突的，由主持人组织编码人员共同讨论，达成共识。第三，正式编码。经过上述准备工作，正式编码结果比预编码结果在一致性上有了较大提高，完全一致率为 41.8%，方向一致率为 48.41%，方向冲突率为 9.79%。

二、数据分析

(一)变量的多维尺度分析

本研究运用 SPSS 16.0 统计软件中的多维尺度分析方法，以变量间的欧氏距离为依据，描述各变量之间的相似程度，并将 18 个变量映射到二维坐标的 4 个区间内。图 4-1 显示了企业家制度能力的 18 个变量之间的相似程度，反映了样本企业家的企业家制度能力类型，分别是：① 企业家外部正式制度创新能力；② 企业家外部非正式制度创新能力；③ 企业家内部制度创新能力；④ 未命名。

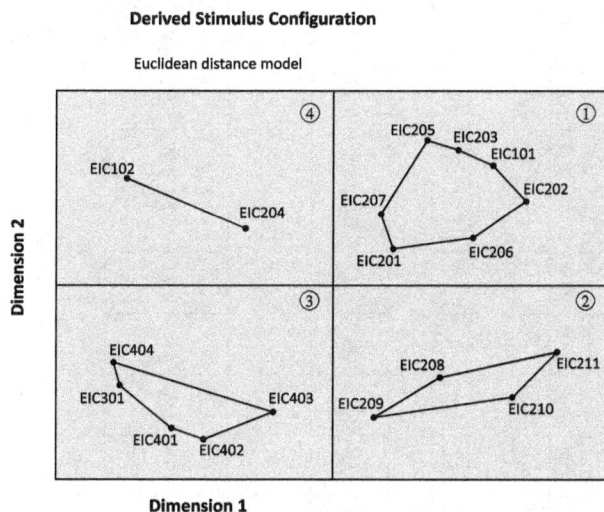

Derived Stimulus Configuration

Euclidean distance model

图 4-1　变量的多维尺度分析

(二)聚类分析过程

首先使用层次聚类法进行分析，根据树状图的形状和聚类系数确定最佳聚类数目。然后，以层次聚类得到的各类别的变量均值为原始聚类中心，进行 k-mean 聚类。得到的 4 个类别中仅有一个企业家调整了类别（黄启均从原来的第 3 类调整到第 4 类），变化率为 4.76%，这说明聚类结果可信。(见表 4-2)

表4-2　运用利克特7点刻度编码数据对企业家类型的各组均值和各变量均值的方差分析

企业家类型	代表企业家	EIC101 制度缺口	EIC201 适应环境	EIC202 私下实践	EIC203 游说沟通	EIC205 参政议政	EIC206 行业活动	EIC207 舆论造势	①组均值	EIC208 舆论倡导	EIC209 社会形象	EIC210 广告宣传	EIC211 培训教育	②组均值	EIC301 内部制度	EIC401 产权制度	EIC402 公司治理	EIC403 职能管理	EIC404 企业文化	③组均值	EIC102 制度真空	EIC204 政治关联	④组均值	F	Sig.
		①外部正式制度创新能力								②外部非正式制度创新能力					③内部制度创新能力						④未命名			制度能力间的类型间方差分析	
全面性制度创新企业家	李书福 徐文荣 倪润峰	5.67	5	4.67	6.33	4.33	5.17	5.33	5.21	5.33	4	3	4.67	4.25	5.33	5.67	5	6	4.67	5.33	2.33	2.67	2.50	9.094	0.001
规制性制度创新企业家	倪捷 徐福福新 缪双大	5.33	4.67	5	6.17	4.33	6	5.33	5.26	3	3.33	4	3	3.33	3.67	2	2.33	3	2.67	2.73	2	2.33	2.17	24.860	0.000
认知性制度创新企业家	张树新 黄鸣 吴炳新 王永民 赵新先 梁庆德	2.5	3.67	2.5	3.17	2	2.58	3.83	2.89	5	4	6	5.83	5.21	3.33	2.67	2.5	2.5	3.17	2.83	2.33	2.17	2.25	15.024	0.000
内部制度创新企业家	张瑞敏 南存辉 周厚健 黄启均 朱德坤 怀汉新 韩召善 陈伟荣 胡成中	2.78	2.56	1.89	3.06	2.89	3.72	2.56	2.78	2.67	4.11	2.67	2.22	2.92	5.22	4.78	5.11	5.44	5	5.11	1.67	2.67	2.17	21.407	0.000
企业家类型间的方差分析 F		17.34	8.82	13.7	18.7	4.17	15.6	12.27	62.813	11.7	0.5	15.6	18.08	29.550	5.02	9.34	22.7	15.23	7.11	31.320	1.51	0.354	0.246		
sig.		0.000	0.001	0.000	0.000	0.002	0.022	0.000	0.000	0.000	0.692	0.000	0.001	0.000	0.014	0.001	0.000	0.000	0.003	0.000	0.248	0.790	0.863		

三、数据分析结果的理论阐释

（一）企业家制度能力类型

企业家外部正式制度创新能力包括 7 个变量：制度缺口、适应环境、私下实践、游说沟通、参政议政、行业活动和舆论造势。这种能力的作用对象是正式的规制性制度，体现企业家通过政治行为影响政府制定政策法规或者影响行业组织确立行业标准，打破创业的规制性制度约束，争取规制合法性的能力。

企业家外部非正式制度创新能力包括 4 个变量：舆论倡导、社会形象、广告宣传和培训教育。前两个变量的作用对象是非正式的规范性制度，后两个变量的作用对象是非正式的认知性制度。这体现了企业家利用舆论工具宣传新的价值观、消费观和企业商业模式，使公众理解并接受创业行为，打破创业的规范性制度约束和认知性制度约束，争取规范合法性和认知合法性。

企业家内部制度创新能力包括 5 个变量：内部制度、产权制度、公司治理、职能管理和企业文化。这种能力的作用对象是企业内部制度，体现企业家通过内部制度创新，打破创业的内部制度约束，优化内部合作秩序，提高管理效率。

另外，制度真空和政治关联聚为一类，但它们在理论上并未体现出共性。它们聚成一类的原因是各种企业家在这两个变量上的得分都较低。

（二）企业家类型及对企业成长的作用模型

1. 全面性制度创新企业家

全面性制度创新企业家的制度能力的类均值中，外部正式制度创新能力值为 5.21，外部非正式制度创新能力值为 4.25，内部制度创新能力值为 5.33，未命名值为 2.50，方差检验的 F 值为 9.094。企业家外部制度创新能力和内部制度创新能力分值很高，表明这类企业家打破创业中的规制性制度约束和内部制度性约束的能力很强。企业家代表是李书福、徐文荣、倪润峰。图 4-2 是他们对企业成长的作用模型。

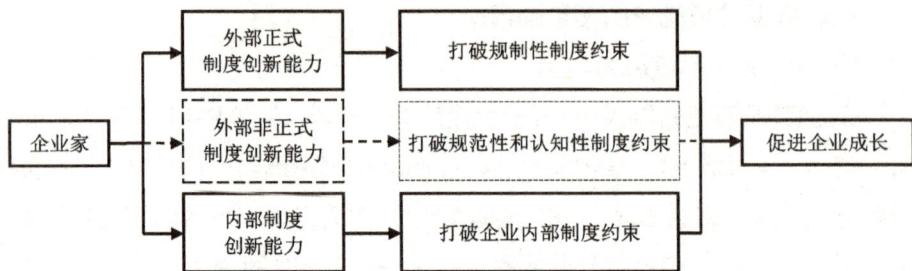

图 4-2　全面性制度创新企业家对企业成长的作用模型

1997 年，李书福敏锐地察觉到汽车制造行业蕴藏着丰厚的利润，但是要想进入该行业必须突破产业管制。为了打破创业约束，李书福的外部制度创新行为主要表现在以下方面：第一，游说沟通政府官员，争取支持。典型事例是时任浙江省副省长的叶荣宝为吉利获得合法身份上下奔走。第二，以私下实践方式赢得竞争时机的优先权。1998 年，李书福在临海市征地 850 亩，名义上是造摩托车，实际上是筹建吉利豪情汽车工业园区。第三，舆论造势。李书福积极利用新闻媒体的力量，为打破民营企业不准造车的制度壁垒摇旗呐喊，影响政策制定。最终国家放松了汽车生产管制，目录管理制改为公告制，吉利成为中国首家获得轿车生产资格的民营企业，获得了成功创业所需的规制合法性。李书福的外部制度创新行为还产生了外部经济性影响。截至 2004 年 5 月，中国有 15 家非国有企业获准进入汽车制造业。在企业内部制度创新方面，李书福察觉到四兄弟之间"亲兄弟，不算账"的产权制度对企业创业的负面影响，决定改造家族企业产权制度，引进高级职业经理人，优化了产权结构和公司治理机制。在李书福的领导下，2002 年，吉利进入全国企业 500 强，名列浙江省百强企业第 28 名。2005 年，吉利在香港成功上市。2007 年，吉利被纳入国家部委公布的 2007—2008 年国家部委、国家机关汽车协议供货项目。

2. 规制性制度创新企业家

规制性制度创新企业家的制度能力的类均值中，外部正式制度创新能力值为 5.26，外部非正式制度创新能力值为 3.33，内部制度创新能力值为 2.73，未命名值为 2.17，方差检验的 F 值为 24.860。企业家外部正式制度创新能力分值最高，表明这类企业家打破创业中的规制性制度约束的能力很强。企业家代表是倪捷、徐福新、缪双大。图4-3是他们对企业成长的作用模型。

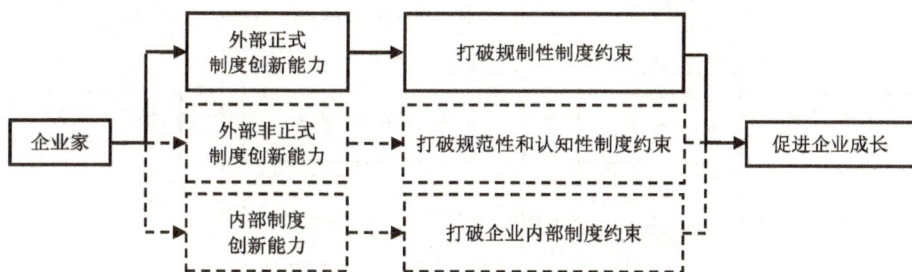

图4-3 规制性制度创新企业家对企业成长的作用模型

2003年，福州市政府发布通告，禁止销售电动自行车。在126家企业的支持下，倪捷领导绿源启动法律程序抗争，得到了社会舆论的强大支持，有力地推动了电动自行车行业的发展。2004年，预计国家标准委员会拟出台的电动自行车标准将严重影响电动自行车行业的发展，绿源联合全国约150家电动自行车厂商向标准委发出紧急要求，反对新标准出台。之后新标准被发回协会重新修改，绿源为整个电动自行车行业的发展赢得了宝贵时间。除了通过法律途径和行业活动等方式突破创业中的规制性制度约束之外，倪捷还积极通过舆论造势，例如参加中央电视台《实话实说》栏目，在各大报纸媒体大量发表文章，促使政府和社会公众日益重视电动自行车发展。倪捷的外部制度创新行为为绿源，乃至整个电动自行车行业发展获取了规制合法性，创造了发展空间。绿源逐渐成长为现代化世界级电动自行车生产企业，2009年1月入选2008年影响世界的中国力量品牌500强排行榜。

3. 认知性制度创新企业家

认知性制度创新企业家的制度能力的类均值中，外部正式制度创新能力值为2.89，外部非正式制度创新能力值为5.21，内部制度管理能力值为2.83，未命名值为2.25，方差检验的 F 值为15.024。分值最高的是企业家外部非正式制度创新能力，表明这类企业家打破创业中的认知性制度约束的能力很强，为他们所扮演的产业启蒙者角色提供了企业家能力支撑。企业家代表是张树新、黄鸣等。图4-4是他们对企业成长的作用模型。

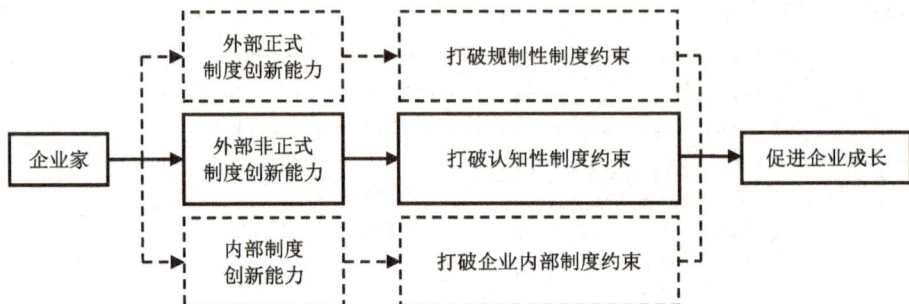

图4-4 认知性制度创新企业家对企业成长的作用模型

1995年的中国互联网产业还是新兴产业。张树新创建的瀛海威公司通过培训教育和广告宣传担当起了市场启蒙者角色：开办了民营科教馆；在各大新闻媒体开设专栏普及互联网知识、传播互联网文化；提出"百姓网"概念。张树新基于网络信息技术的企业商业模式的认知合法化过程推广互联网概念，同时瀛海威公司也得到了迅猛的发展。尽管由于瀛海威公司盈利模式和战略方向上的错误，其高速发展仅维持了短短一两年时间，然而张树新却培养和发展了最初的中国互联网市场。

皇明太阳能集团董事长黄鸣被誉为"中国太阳能产业化第一人"。1995年前后，在国人不知太阳能为何物的情况下，黄鸣带领企业于1996年创办《太阳能科普报》，1997年起发动"科普宣传万里行活动"和"百城环保行活动"，每年在全国各地举办数万场次的太阳能科普展示、产品销售、服务咨询活动，使消费者认识和接受太阳能产品。

4.内部制度创新企业家

内部制度创新企业家的制度能力的类均值中，外部正式制度创新能力值为2.78，外部非正式制度创新能力值为2.92，内部制度创新能力值为5.11，未命名值为2.17，方差检验的 F 值为21.407。分值最高的是企业家内部制度创新能力。企业家代表是张瑞敏、南存辉等。图4-5是他们对企业成长的作用模型。

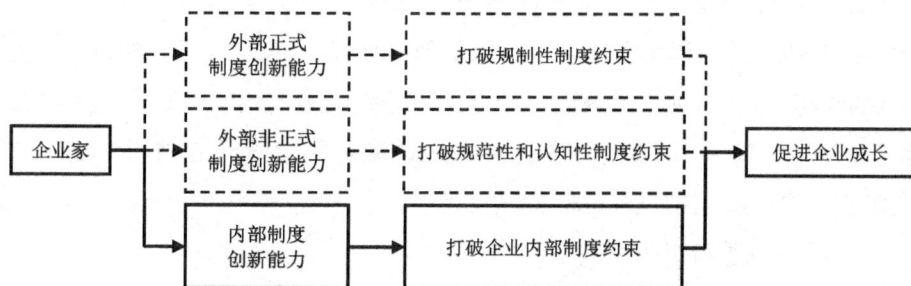

图4-5　内部制度创新企业家对企业成长的作用模型

民营企业创业过程中一般都会受到家族产权制度的困扰。正泰集团董事长南存辉以"温和革命"完成了卓有成效的家族产权改革。1991年，南存辉招进9名家族成员入股，使自身股权从100%降到了40%。紧接着南存辉开始用社会资本稀释家族股份，先后有38家企业成为正泰集团的私人股东，而南存辉的个人股份也被稀释到不足30%。南存辉还在集团内推行股权配送制度，其个人股份再度被稀释。正泰集团成功地从一家传统的家族企业转型为一个现代的"企业家族"。海尔是中国改革开放后迅速成长起来的成功企业典范，这在较大程度上归功于张瑞敏卓有成效的企业内部制度改革。从最初的砸冰箱事件开始，很多行为都鲜明地体现了张瑞敏的思想——把管理做好。在管理实践中，张瑞敏开创了具有鲜明特色的海尔管理模式，他的管理实践被一些国内外知名大学遴选为工商管理教学案例。

（三）导致四种企业家制度能力差异的因素

通过比较上述四种企业家的制度能力，并结合有关理论来分析导致企业家制度能力差异的因素是颇有意义的，可以从以下方面来探讨。

1. 企业家自身因素

企业家自身因素是导致四种企业家制度能力差异的重要因素，包括：企业家拥有的资源（卫武，2006），通过企业规模与经济实力、企业声誉、企业家的政治身份来衡量；企业家的社会技能（Fligstein，1997，

2001），通过企业家社会活动来衡量；企业家在组织场域（organiza-tional fields）中的地位（Maguire, Hardy & Lawrence, 2004），通过企业家在行业组织中的任职、业界影响力来衡量；企业家性格（张建君和张志学，2005）；企业家价值观；企业家对科学管理的重视程度。这些影响因素在案例中基本能够找到佐证。

2. 影响因素和企业家类型

综合前文分析，可建立图4-6所示模型。从图4-6来看，导致四种企业家的制度能力差异的因素除了企业家自身因素，还有企业家创业行为的类型：先动性创业和跟随性创业。前者更容易遭遇外部制度性约束和可能的内部制度性约束，如李书福、徐文荣、徐福新的创业行为受规制性制度约束，张树新、王永民的创业行为受认知性制度约束；后者更容易面临内部制度性约束。当企业家具备的各种制度能力能够打破相应的阻碍企业成长的制度性创业约束时（尤其当这种约束成为阻碍企业成长的瓶颈时），就会生成不同的企业家。当然，这个理论模型需要后续研究来验证。

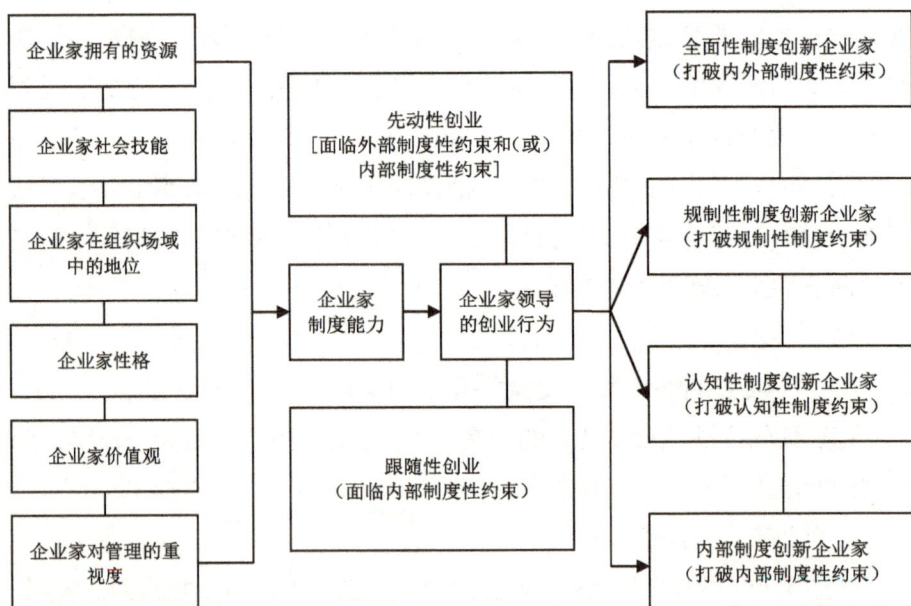

图4-6 企业家制度能力的影响因素和企业家类型

需要指出的是，有的企业家可能具有良好的企业家制度能力潜质，但缺乏发挥能力的机会和制度环境，有的被抑制甚至遭到扭曲。这和区域政策、区域文化有密切联系。以浙江为例，浙江顺应市场经济规律的区域政策设计和重商的区域文化为浙商兴起创造了良性的制度环境，以李书福、徐文荣等为代表的浙商制度企业家的制度创业行为为改革开放后浙江富有诱致性特征的制度变迁提供了充沛的民间制度创新活力。政府和企业家都是制度变迁中的重要"行动者"，随着中国市场经济体制的演进，如何为企业家制度能力的发挥创造互补性制度环境，是政府必须直面的现实问题。

四、结论

本节研究的一个关键结论是，企业家制度能力是转型经济中的企业家实施制度创业、打破制度性创业约束、促进企业成长的能力依托。通过对21个中国企业家案例的聚类分析，可以把企业家制度能力分为4类。在制度能力的强度表现上，企业家表现出不同的主导性能力。根据主导性企业家制度能力，可以把21位中国企业家分为4种，并初步确立他们对企业成长的作用模型。在制度创业机制研究中，企业家制度能力将发挥重要的能动作用，后续案例分析章节会加以深入研究。

第三节　制度创业表现形式

由于制度变迁与技术进步的双重影响，企业创业环境的不确定性越来越强，商业模式创新作为一种制度创业的表现形式（例如阿里巴巴集团，本书第六章将加以分析），不仅在实务界颇受青睐，而且也正在成为创业学界与战略学界的一个研究焦点。

为了对商业模式创新有清晰深入的了解，首先需要对商业模式的国内外研究现状加以把握。[①]

[①] 本节内容已发表，参见项国鹏、杨卓、罗兴武：《价值创造视角下的商业模式研究回顾与理论框架构建——基于扎根思想的编码与提炼》，《外国经济与管理》2014年第6期，第32—41页。人大复印资料《企业管理研究》2014年第11期全文转载。

自 2000 年以来，随着以电子商务企业为代表的"新经济"的崛起，以"商业模式"为主题的研究越来越多。学者们从各自的研究视角出发，形成了商业模式研究的"丛林"。综观商业模式概念的研究，主要有以下三种视角。

第一，战略视角。从战略视角出发的学者认为，商业模式就是企业执行战略的过程，一个企业的商业模式联结着它的价值主张，以识别并细分市场，指定收入形成机制，定义价值链结构，创造和获取利润。正如 Casadesus-Masanell & Ricart（2011）及 Sinfield, Calader & Mcconnell（2012）所指出的，商业模式由管理选择的集合及这些选择的结果构成。

第二，经营系统或组织内部结构视角。持此观点的学者认为，商业模式是企业的经营系统或结构。该视角来源于企业资源基础观（RBV）及"结构 – 行为 – 绩效"（SCP）的分析范式。Zott & Amit（2001）认为，商业模式可以被描述为交易集或活动系统，它决定了企业与顾客、合作者、卖家如何"行商"的过程。

第三，价值创造视角。Porter（1985）的价值链框架强调企业层面的价值创造。价值链分析、识别出企业活动，并从这些活动中提取经济含义，探究对价值创造有直接影响的主要活动，活动的价值影响通过其对绩效的影响来反映（Zott & Amit，2001）。Zott & Amit（2001）认为，商业模式是价值创造的分析单元。商业模式通过利用商业机会，描绘内容、结构及交易治理来创造价值。价值创造视角着眼于商业模式的职能，把商业模式与企业的目标结合起来，便于理解商业模式中价值定义、价值创造与传递及价值获取之间的逻辑关系。（张敬伟和王迎军，2010；Teece，2010）

深入理解商业模式需要综合考虑以上三种视角。（Chesbrough，2010；Morris, Webb, Fu, et al., 2013）三种视角中，价值创造角度的研究最广泛，影响最大（Zott & Amit，2001；Chesbrough，2007；Johnson & Christensen，2008；Teece，2010；Gambardella & McGahan，2010；Casadesus-Masanell & Ricart，2010；原磊，

2007；王琴，2011；魏江、刘洋和应瑛，2012），这为从价值创造视角研究企业商业模式创新提供了坚实的理论依据。更为重要的是，制度创业的结果是生成新的创业主张，这往往会创造新的价值，因此这个视角的研究与制度创业的关联最为密切。

企业要想在激烈的竞争中立于不败之地，必须构建符合企业特点的、不易被模仿的商业模式。价值创造视角的商业模式研究可以回答德鲁克的老问题：谁是客户？客户价值是什么？同时，还可以回答每个管理者都关心的基本问题：我们如何赚钱？什么样的潜在的经济逻辑可以解释我们如何在一定的成本水平上，为顾客传递价值？（Magretta，2002）厘清以上几个问题，价值创造视角研究可以为构建具有核心竞争力且不易被模仿的商业模式提供理论指导。

综观国内商业模式的综述研究，主要可以分为以下四类：第一类是商业模式与战略的关系研究。持该观点的学者认为商业模式不同于战略，商业模式描述的是企业的经营形态，而战略是改变或者维持这种形态的方案。（张敬伟和王迎军，2011）第二类是商业模式表达模型研究。学者们通过提炼出相应的商业模式表达模型，试图揭示商业模式的内在机理。（王雪冬和董大海，2013；张敬伟和王迎军，2010）第三类是商业模式构念的本质及学科属性研究。持该观点的学者认为，商业模式的学科属性是以实践为导向的应用学科，其任务是认识企业商业创新的本质，并探索企业商业创新的规律。（王雪冬和董大海，2012；龚丽敏、江诗松和魏江，2011）第四类是创新创业视角下的商业模式研究。该视角下的学者认为，商业模式的开发与实施对创业企业具有非常重要的价值。（王伟毅和李乾文，2005；王鑫鑫和王宗军，2009；云乐鑫、薛红志和杨俊，2013；王雪冬和董大海，2013）

上述研究有助于国内学术界把握商业模式研究状况并加以深化，但是价值创造视角的商业模式研究的综合评价尚为鲜见。Zott & Amit（2010）认为，价值创造视角的商业模式研究有利于增进对商业模式的动态性、系统性的认知。价值创造视角的综述研究不同于以往。首先，商业模式与战略关系的研究并不支持战略视角的观点，但该研究未指出如何实施具体的商业模式。在该观点的基础上，价值创造视角的研究可为如何构建具有核心竞争力、不易被模仿的商业模式提供理论指导。因此，商业模式与战略关系的研究同价值创造视角的研究在观点上是一致的。其次，商业模式表达模型研究包含价值创造视角的研究，价值创造视角的研究是商业模式表达模型研究在价值创造视角下的深化。再次，与构念的本质及学科属性研究相一致，价值创造视角的研究同样可以为探索企业商业创新的规律做贡献。但两种研究的着眼点不同，前者着眼于商业模式的学科属性，后者着眼于商业模式的内部机制。最后，价值创造视角的研究深化了对商业模式内部机制的认识，有利于进一步深化理解商业模式创新创业研究。

另外，商业模式研究的诸多问题尚未达成共识，亟须一种基于文献的客观评价方法来明确研究现状。蔡莉、单标安、朱秀梅等（2011）从资源视角着手，使用扎根理论方法，对创业研究文献进行了综合回顾。借鉴这种研究方式，采用扎根理论方法梳理国外商业模式主流研究文献，有利于更加客观地构建价值创造视角下的商业模式研究理论框架。通过对大量发表在国际顶级期刊的相关论文的编码分析，本研究共得到了价值三维度、商业模式设计主题、商业模式治理、价值网络和价值创造动机这五个相关研究主题。

一、价值三维度的相关研究

价值三维度的相关研究主要从价值主张、价值创造和价值分配与获取这三个层面展开。

价值创造视角来源于 Porter（1985）的价值链框架。价值链框架共分四个步骤进行，即定义战略单元、识别关键活动、定义产品、决定活动价值。价值链分析探究对价值创造有直接影响的主要活动。活动的价值影响，通过其对绩效的影响来反映。主要活动包括产品创造、国内后勤、操作、国外后勤、营销和服务。Porter 将价值定义为：消费者愿意为公司提供给他们的产品、服务所支付的价格。根据 Zott & Amit（2001）的定义，商业模式是通过利用商业机会，描绘内容、结构及交易设计、治理来创造价值的逻辑。商业模式的各个要素共同作用于价值创造和价值获取

过程。（Johnson & Christensen，2008）

　　商业模式的总目标是实现价值主张，价值创造是途径，价值分配和获取是最终归宿，价值三维度完成了价值的一个循环。企业组织在实现了价值分配和获取之后，根据下一阶段的价值主张（新阶段的价值主张可能发生变化，也可能保持不变，动态的商业模式需要不断地调整其价值主张），重新进行价值创造、价值分配和获取活动。

（一）价值主张

　　在利益相关者理论中，价值是联结管理者与利益相关者的纽带，它告诉管理者该如何行商及价值创造与价值获取过程是怎样的。（Freeman et al.，2004）价值主张反映了核心企业商业模式的总目标，包括为利益相关者创造价值，满足顾客需求，创造消费者剩余，并满足合作商的利益诉求。价值主张确定了顾客的损益，是商业模式与顾客联系最紧密的模块。（Anderson，Narus & Van，2006）Demil & Lecocq（2010）认为，商业模式是组织变革与创新的工具。他们构建了一个 RCOV 框架，综合考虑资源、能力、组织结构、收益、成本与价值主张之间的相互作用关系。Verwaal，Commandenr & Verbeke（2009）强调价值主张中资源的权变性。Anderson，Narus & Van（2006）研究了价值主张的实现过程中的成本控制与管理问题。企业社会责任是属于广义价值主张的一部分，Husted & Allen（2007）用企业社会责任的可视度、匹配度与自愿性来考察企业社会责任的价值创造活动，研究企业社会责任是如何被整合进公司流程，创造资源和能力，以实现高绩效和提高企业竞争优势的。此外，Casadesus-masanell & Zhu（2013）研究了市场参与者之间的竞争及商业模式选择。

（二）价值创造

　　价值创造的潜力取决于四个独立的设计主题，分别是效率、补充、锁定和以新颖为中心的商业模式设计。从商业模式分析单元的视角，可以把商业模式分成"内容、结构和治理"，通过开拓机遇来创造价值。（Zott

& Amit, 2001）根据价值基础观，价值获取与附加价值密不可分。附加价值产生于企业与竞争者共用一个客户的情形，它是维护关系稳定和供应商利润率的驱动因素。Chatain（2010）将价值创造、附加价值分为两个部分，分别考察其对绩效的影响。研究发现，有相似能力的供应商可能会得到不同的经济回报，不同的竞争者构成情况成为企业获得不同经济回报的重要原因。Landau & Bock（2013）认为企业可以通过垂直整合商业模式单元创造价值。Priem（2007）分别研究了消费体验、消费者学习、模仿能力、成功的创新等因素对价值创造的影响。Husted & Allen（2007）研究发现，企业社会责任所占比重越大，对价值创造的贡献越大，企业社会责任的可视化也会促进价值创造。此外，Fjeldstad & Ketels（2006）研究了交易服务的价值创造逻辑。

（三）价值分配与获取

价值获取是价值三维度中的最后一环，通常存在于最小机会成本之中。由于风险降低会带来价值损耗，公司的目标是减少该损耗，从而在价值获取中选择合适的战略。（Seth，2002）James et al.（2013）认为，分类定价会影响价值获取机制。Casadesus-Masanell & Llanes（2011）认为，开放商业模式会导致更高的价值获取。此外，价值分配的通用框架需要考虑如何在竞争中进行价值分配以避免或减少商业模式被模仿（MacDonald & Ryall，2004）。竞争优势的作用同价值创造一样，共同作用于价值分配与获取过程。企业竞争优势是保证一个企业商业模式不会轻易地被其他企业模仿的变量。竞争优势与价值创造同样重要，前者可以避免或减少其他企业的模仿，后者直接为价值分配与获取过程服务，二者都是价值分配与获取过程的支持与保证。

价值三维度研究是围绕"价值主张—价值创造—价值分配与获取"这条主线进行的，它诠释了商业模式的价值创造视角，揭示了商业模式运营的内在机理。价值三维度有"来"有"去"，揭示了商业模式从何而来——价值主张。商业模式的总目标即满足利益相关者的价值主张，从顾客支付中获取利润。价值三维度揭示了商业模式到哪里去——价值分配与获取。只有完成了价值获取的商业模式才是有效的商业模式，才能持续为企业带来价值，保持竞争优势。作为价值主张和价值分配与获取之间的纽带，价值创造是商业模式之魂，价值创造机制反映了一个企业的商业模式的核心竞争力，也反映了一个企业的商业模式不同于其他竞争者的地方。因此，价值三维度研究也常常作为企业商业模式研究的基础。然而，在价值三维度相关研究框架下，现有研究仍显不足。首先，现有文献并不能很好地解释价值创造的机制是什么；其次，商业模式本身是跨越企业边界的（Zott & Amit, 2007; Itami & Nishino, 2010），但现有文献缺乏跨层次的研究；最后，现有商业模式文献对价值获取机制的研究仍然偏少。

二、商业模式设计主题相关研究

商业模式设计主题描述了活动系统内价值创造的来源。（Amit & Zott, 2010）Zott & Amit（2007）提出了两个关键的商业模式设计主题，即以效率为中心和以新颖为中心的商业模式设计，并研究了在资源禀赋的调节作用下，商业模式设计主题对企业绩效的影响。研究发现，商业模式设计主题与企业绩效呈正相关关系，其中以新颖为中心的商业模式设计与绩效的关系尤其显著。并且，以新颖为中心的设计主题对企业绩效的正向影响并不随时间的变化而改变。分析结果的同时，研究还指出，企业尝试同时进行以效率为中心和以新颖为中心的商业模式设计时，往往得不到预期的效果。这大概是因为企业的资源禀赋有限，同时进行以新颖为中心和以效率为中心的商业模式设计将使资源不能达到最佳配置，影响商业模式对绩效的贡献。此外，商业模式还包含其他设计主题，包括"锁定"设计（尝试保留股东）和"补充"设计（强调物资、活动、资源或技术集）。（Amit & Zott, 2001）

据 Amit & Zott（2001）所述，商业模式就是企业通过商业模式设计主题和治理，与利益相关者共同创造价值（价值网络），进而提高绩效的过程。商业模式设计主题与商业模式治理都是围绕价值创造服务的，是价值创造的手段。商业模式设计主题相关研究框架是价值创造视角下的一个研究分支，为公司层面的价值创造服务。

不同于价值三维度对商业模式运营机理的关注，商业模式设计主题研究更侧重于运营过程，研究怎样的商业模式设计更利于管理者操作。然而，现有对商业模式设计主题的研究偏少且较为零散。

三、商业模式治理相关研究

根据 Zott & Amit（2007）的研究，商业模式设计元素包括内容、结构和治理三部分，商业模式治理是其中的执行阶段。

（一）知识管理

知识管理研究包括知识转移、知识价值等方面。Mason & Leek（2008）在供应网络管理的研究中发现，动态商业模式可以促进组织学习，表现为公司内部的知识转移。动态商业模式帮助组织识别关键因素，指明合适的知识类型和知识转移机制。Ceccagnoli & Jiang（2013）从买卖方关系的视角研究许可出让的前提条件。假定供应商的知识转移能力会促进许可的出让，而其知识转移能力又能够在实践中通过学习不断得到增强，买卖双方是否能够达成许可合作，就需要综合供应商的知识转移能力和买方的吸收能力来考量。Gambardella & McGahan（2010）研究了为获得许可证而进行的商业模式设计。Priem（2007）认为，消费者的学习行为会提高消费经验，消费者知识水平越高，越有可能选择其他供应商（Chatain，2010）。

（二）企业内部管理

企业内部治理是商业模式治理的关键，它包括关系治理、成本管理、能力管理等多种过程。Holcomb，Jr. Holmes & Connelly（2009）发现管理能力会影响资源生产力，公司资源质量会调节管理能力与资源生产力之间的关系。Landau & Bock（2013）认为企业可以通过垂直整合商业模式单元、减少治理机制以创造价值。Sarkar et al.（2009）研究了在资产多样性的协调下能力管理与关系治理间的关系。Landau & Bock

（2013）研究了管理效率与商业单元治理及绩效的关系。Priem（2007）认为，减少消费者成本的过程，就是价值创造的过程。在Grahovac & Miller（2009）的研究中，资源成本是模仿创新的障碍。此外，Verwaal, Commandeur & Verbeke（2009）还研究了企业转换成本与外包决策之间的关系。

（三）服务创新

服务创新是指能够让用户感受到的创新的服务形式。企业可以通过新的技术形式、新的理念，为顾客提供新的服务。服务创新是价值创新的补充（Möller, Rajala & Westerlund, 2008），服务创新与生产效率、企业成本息息相关（Verwaal, Commandeur & Verbeke, 2009）。

（四）战略创新

战略创新立足于企业现状，联系未来的发展方向，通过不同于以往的创新的战略形式，为企业创造及获取价值服务。Ceccagnoli & Jiang（2013）研究了许可决策与企业知识转移能力之间的相互作用机制。Verwaal, Commandeur & Verbeke（2009）认为，外包决策过程需要考虑资源与交易属性，其中，生产效率优势与外包决策正相关，资产特异性与外包决策负相关，转换成本与外包决策负相关。Zott & Amit（2008）研究了产品市场战略与商业模式的不同搭配对绩效的影响。

商业模式治理同样是为价值创造服务的。（Zott & Amit, 2001）商业模式设计主题侧重于设计，而商业模式治理更侧重于执行。商业模式治理是价值创造视角下的又一个研究分支，为公司层面的价值创造执行提供依据的相关研究来源于"内容、结构和治理"的商业模式设计元素。商业模式治理研究的是，由谁来实施商业模式，如何实施。

四、价值网络相关研究

价值网络理论是价值创造视角在理论上的延伸。作为对价值链理论的补充，价值网络理论认为，合作和竞争是企业成功所不可缺少的两个方面。（Brandenburger & Nalebuff，1996）价值网络理论更加强调利益相关者的重要性，倡导价值共创的双赢局面。

价值传递过程不同于一些国内学者的理解。如欧阳桃花（2013）等学者认为商业模式包括"价值定位、价值构造、价值传递和价值获取"，张敬伟（2010）在对商业模式研究的综述分析中，更是把价值传递与获取看作同一个过程。但在本研究的文献梳理和聚焦编码中可以发现，价值传递与价值创造其实是两个并列的过程，价值传递来自价值主张，直接影响绩效，与价值三维度是完全不同的研究路径。

（一）结构视角研究

结构视角研究主要关注商业模式单元、组织结构等因素是如何实现价值获取的。根据 Seth（2002）的研究，在跨边界的价值获取中，企业结构与价值损耗之间存在着正相关的关系。Casadesus-Masanell & Llanes（2011）指出，开放的商业单元在为用户提供免费商业模式的同时，搭载了更多数量的用户，从而可以通过附加服务，实现价值获取。Landau & Bock（2013）对管理能力与结构特性间的关系做了分析。

（二）关系视角研究

关系视角研究主要关注市场参与者之间的相互作用关系，以及关系特征对价值创造的影响。Chatain（2010）在分析中发现，客户知识、供应商附加价值、供应商能力优势等因素，都会影响购买者和供应商关系。其中，供应商附加价值会促进买卖双方关系向更好的方向发展；有能力优势的供应商，与购买者关系更稳定；顾客购买区域越大，与供应商关系越不稳定；竞争者市场范围越大，购买者和供应商关系越不稳定。Bridoux，Coeurderoy & Durand（2011）在动机系统的研究中发现，只有当个体类型与动机系统的类型达到最佳匹配时，才可以达到最高绩效。价值网络相关研究是以上几种研究在价值网络中的串、并联，它偏重于从价值网络层面研究关系特性、结构特性、战略创新、服务创新、竞争优势、价值创造等的相互关系。然而，在价值网络相关研究框架下，服务创新的作用、影响机制仍不明朗。

五、价值创造动机相关研究

（一）动机机制

Bridoux, Coeurderoy & Durand（2011）比较了三个动机系统（个人货币动机、慈善合作及遵守纪律的合作系统）中不同的混合雇员动机与集体价值创造过程。研究发现，在慈善动机或有序合作动机系统中，若混合动机机制效率高于价值差异，将获得最大产出。

（二）动机类别与市场参与者特征

根据 Svejenova, Planellas & Vives（2010）的研究，不同的财富动机及个体兴趣构成了不同的个体商业模式。Bridoux, Coeurderoy & Durand（2011）分析了不同的动机系统与个体类型的匹配情况。他们发现，动机系统能够创造的集体价值，取决于企业劳动力混合动机的函数，即动机系统与个体类型的匹配状况。

价值创造动机的研究从动机视角对个人价值创造的机制进行了分析，是价值创造视角下的另一个研究分支。然而，价值创造动机相关研究框架的现有研究最少，仅有 Svejenova, Planellas & Vives（2010）和 Bridou, Coeurderoy & Durand（2011）从个体角度分析了个体动机与动机系统的匹配状况。

六、结论

各个主题从不同的研究角度涵盖了商业模式研究的各个方面，构建了价值创造视角下商业模式研究的综合框架（图4-7）。整合的研究框架包括了价值创造视角下商业模式的五个主题，价值创造是五个主题的核心。价值三维度相关研究框架是价值创造视角的核心，以"价值主张—价值创造—价值分配与获取"作为主线，着眼于价值创造的内部机制。Zott & Mitt（2007）认为商业模式设计主题通过作用于价值创造过程来改变企业绩效。商业模式治理指由谁来实施这些活动，如何实施。（Zott &

Mitt，2010）商业模式治理包括企业内部管理和知识管理两部分，二者共同作用于服务创新和战略创新。商业模式设计主题和商业模式治理相关研究框架是价值创造的手段，前者偏重于设计，后者偏重于治理。在价值创造视角下，价值三维度相关研究框架侧重于研究机理，而商业模式设计主题和商业模式治理相关研究框架更侧重于执行。价值创造视角来源于价值链理论，价值网络理论是在价值链理论基础上的深入。价值链理论注重竞争，价值网络理论注重竞争与合作。因此，价值网络相关研究框架是价值创造视角的理论基础。最后，价值创造动机相关研究框架从动机角度分析了参与者的价值创造机制，是价值创造视角在组织行为学方向的深入。价值创造视角下的各个研究框架分别通过价值创造、服务创新与战略创新研究作用于绩效研究；企业绩效研究又会反作用于各个研究主题，形成新的研究框架，各个研究框架再分别作用于企业绩效研究，从而形成螺旋形的循环作用过程。

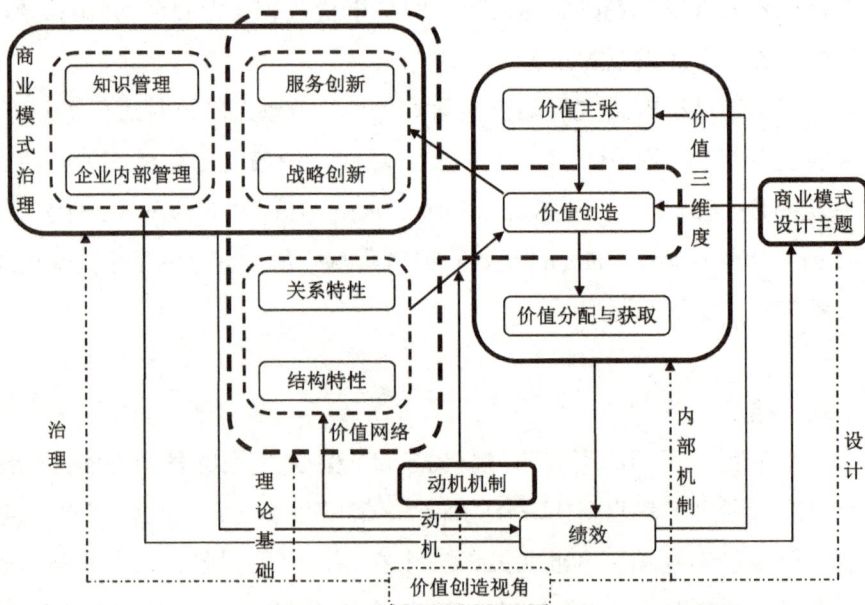

图4-7 价值创造视角下商业模式研究的综合框架

第四节　商业模式创新与合法性 [①]

消费者需求变化、互联网技术进步、产业脉动速度加快，以及"双创"战略、供给侧制度改革下的中国情境制度创新（魏江、李拓宇和赵雨菡，2015），提高了创业活跃度，加速了创业企业进行商业模式创新的步伐，涌现了一大批依靠商业模式创新来创造辉煌的新创企业，如滴滴出现、小米科技、虾米网等。然而，与高涨的创新创业热情相背离的是，新创企业在新进入缺陷和资源禀赋有限的双重约束下（Bruderl & Schussler，1990），"死亡率"居高不下。实践中，嵌入特定社会情境和制度环境中的新创企业商业模式创新，既要进行交易活动创新，又要面对社会化的制度结构。经济理性研究者认为商业模式创新通过突破顾客价值主张、运营模式、价值获取创造先动优势（Zott & Amit，2007），反映了企业如何运营并为利益相关者创造、传递价值的因果关系（Demil & Lecocq，2010；Osiyevskyy & Dewald，2015）。制度范式研究者强调组织创新须承袭制度一致性（Elsbach，1994），合法性有利于新创企业获得重要战略资源（Zucker，1987；Hargadon & Douglas，2001）。可是现有文献对新创企业商业模式创新的制度情境及其间关系的认识却不足。

商业模式创新与组织合法性、新创企业成长的关系到底是怎样的？制度理论经过几十年的发展，合法性的获取早已不再局限于对规则和仪式的遵从（Meyer & Rowan，1977）及制度环境对组织的同构（DiMaggio & Powell，1983），而是更多地将组织创新视作能够操纵和部署的唤起性符号，以积极纳入合法性（Tornikoski & Newbert，2007）。后期制度研究者将合法性视为可操作性资源（Zimmerman & Zeitz，2002），这种可操作性资源可以通过有计划的战略行为操纵外部受众的感知，从外部环境主动萃取（Tornikoski & Newbert，2007）。而商业模式创新正是企业层面的战略性架构范式创新（Schlegelmilch，2003），能洞察顾客需求，非狭隘地"竞合"跨界整合资源、勾稽规则，谋取合法性的制度逻

[①] 本节内容已发表，参见罗兴武、项国鹏、宁鹏等：《商业模式创新如何影响新创企业绩效？——合法性及政策导向的作用》，《科学学研究》2017 年第 7 期，第 1073—1084 页。

辑，为利益相关者创造新财富的同时形塑和操纵环境（Hamel，2000）。因此，本研究认为，新创企业的成长很大程度上取决于商业模式创新企业的交易规则建构及此过程中合法性的获取，合法性居间起到传导作用。

中国转型经济情境下，市场和制度是影响中国社会经济的双重力量。（蔡莉、单标安、朱秀梅等，2011）新创企业商业模式创新过程，是一个集政治、经济、文化等因素为一体的复杂创业过程（Hughes，Lang & Vragov，2008），面临市场准入、资金短缺、人才缺乏等瓶颈问题，社会化的制度结构要求企业商业模式创新密切关注针对制度环境的相关政策（Gerasymenko，De Clercq & Sapienza，2011）。在新商业模式的推广过程中，企业高管认知行为与组织政治行为往往是交织在一起的。（Narayanan Zane & Kemmerer，2011）新创企业商业模式创新与政策导向的交互可能会对企业取得合法性与成长产生帮助。

故而，本节整合商业模式与制度理论，深入剖析了商业模式创新如何通过合法性的传导及政策导向的情境机制作用于新创企业绩效，从而打开商业模式创新到企业绩效的"黑箱"，为中国新创企业的创新探索提供参考和建议。

一、理论基础

（一）商业模式与商业模式创新

前期研究对 2001—2014 年期间管理学界公认的 AMJ、AMR、ASQ、JM 等 12 个外文顶级期刊有关商业模式的文献进行了编码和提炼，得出价值主张、价值营运、价值分配与获取是商业模式价值创造视角的核心逻辑。价值主张是总目标，价值营运则是价值实现路径，价值分配与获取是创新的最终归宿，印证了商业模式创新过程是战略方向、运营结构与经济逻辑的统一。（Morris，Schindehutte & Allen，2005）此外，研究中发现商业模式创新中价值创造的驱动可以归纳为交易属性和制度属性动因，如表 4-3 所示。因此，本节认为商业模式是描述价值主张、价值营运、价值分配与获取等活动连接的架构，商业模式创新是企业改变价值创造与价值获取的逻辑，通过新的交易结构与新的制度建构进行价值创造的过程。

表 4-3 商业模式创新交易视角与制度视角

视角 / 维度	商业模式交易结构	商业模式制度建构
表征	交易活动体系	制度规则体系
属性	新颖性、锁定性、互补性、效率性	一致性、持续性
效应	交易实现与价值创造	价值支撑与行为固化
动因	以商业模式创新释放经济价值	以商业模式创新克服制度障碍
载体	业务经营与交易创新	组织管理与制度创新
目的	获取竞争优势，提高利润	获取合法性，持续营利
理论基础	资源基础观、资源依赖观、价值链理论、交易成本理论	制度基础观、组织合法性、新制度主义

数据来源：本节整理。

交易视角下，商业模式是关于企业如何创造价值的总体逻辑（Teece，2010），是关于制造和产品创新的新故事（Magretta，2002），是生产收入、获取利润的营利模式（Zott & Amit，2008）。商业模式创新是商业模式研究的根本目的，是新创企业应对市场变化，获得企业竞争优势的极具经济价值的重要形式（Zott & Amit，2007）。商业模式创新通过"NICE"框架，即新颖性（熊彼特创新）、锁定性（稳固战略网络）、互补性（锚定资源基础）和效率性（降低交易成本）进行交易活动创新，释放经济价值。（Zott & Amit，2008）

制度视角下，嵌入既定社会环境中的商业模式创新，成功与否不仅在于交易活动体系能否获取竞争优势，还取决于其制度规则能否获得合法性。商业模式是活动主体间的关系治理（Zott & Amit，2008），是企业对交易活动进行的客观结构化设计（Casadesus-Masanell & Ricart，2011），是创新意图实现制度安排的集合（罗珉，2009）。新创企业的商业模式是创业者与利益相关者进行意义建构和意义赋予共同作用的结果。（Grimes，2012）商业模式创新通过交易制度设计、规则建立，产生结构塑造效应（李东、王翔、张晓玲等，2010），适应、对接社会化制度结构，突破合法性约束，为企业带来一致性（内、外部匹配性）（Hamel，2000）和可持续性（动态适应性）（Casadesus-Masanell & Ricart，2011），使价值创造网络各方利益相关者实现利益均衡，减少博弈成本，积极参与价值创造，使价值获取也得以重复实现。

（二）组织合法性

合法性作为新制度主义最重要的行动逻辑和核心命题（Scott，1995），是一种在既有社会体系建构的信念、规范、价值和标准中，对组织行动的接受性、适当性和合意性的社会整体判断（Suchman，1995），更是一种"资源中的资源"，合法性的寻求有助于帮助组织全面获取可调动的资源，促进组织成长（Oliver，1991）。在合法性领域，制度学派是站在整个社会的角度"朝里看"，强调"合法性机制"（用于解释组织趋同）所体现出的制度力量对企业的影响，组织发展应遵从外部环境的制度逻辑，合法性主要是对制度环境压力的被动回应（Meyer & Rowan，1977），主张通过竞争性同构（competitive isomorphism）和制度性同构（institutional isomorphism）来获取合法性，如进行行业内部的合法性模仿，争相聘请资深人士做高管，利用标杆效应等达到组织趋同（DiMaggio & Powell，1983；Deephouse & Suchman，2008）。而战略学派站在组织的角度"往外看"，侧重组织主观能动性的发挥，合法性获取是企业适应和改变制度环境的过程，主张通过战略性行为来使组织合法化（Zimmerman & Zeitz，2002），如采取战略联盟、企业社会责任（CSR）行为、制度创业和跨国经营等（Tornikoski & Newbert，2007）。并且，有些学者意识到合法性虽然意味着组织被制度环境所接受（Kostova & Zaheer，1999），但并不能被所有公众接受（Pfeffer & Salancik，1978），而是取决于关键利益相关者的合法性认可，即符合关键利益相关者的行为规范、价值观和期望（Ashforth & Gibbs，1990），这也为战略学派创造性和变革性地获取合法性提供了理论支持。

二、研究假设
（一）商业模式创新与新创企业绩效

企业商业模式创新过程是一个显著的"破坏性创新"过程，本质在于变革原有的商业经营模式以创造更多价值，获取企业竞争优势。

（Markides，2006）王炳成和许长宇（2010）认为资产先占、技术领先和转换成本3种先行者优势，是破坏性创新商业模式成长中的关键要素，资产先占可以取得比后来者更多的地理位置、原材料、品牌声誉等资源，技术领先使先发企业可以利用商业模式的隔离机制获得更高的生产效率或投入—产出方式，转换成本则使消费者在不同商业经营模式转换间付出代价从而产生对先行者的依赖（Trout & Ries，1988）。企业商业模式创新的先动性往往构成某种程度的竞争事前限制，使创新租金不会轻易被成本抵销。（罗珉，2009）故而，商业模式创新能够促进企业战略转型和变革，是改善企业绩效的重要因素。（Amit & Zott，2001）Zott & Amit（2007）通过收集190家欧美上市创业企业的数据，证实了商业模式设计与创业企业绩效的关系，结果显示新颖中心型商业模式设计显著正向影响创业企业绩效。王翔、李东和张晓玲（2010），文亮、何继善（2012）等的研究考察了商业模式与创业企业绩效的关系，认为商业模式创新是企业竞争优势与绩效的重要来源。据此，本节提出如下假设：

H1：商业模式创新能够显著改善新创企业绩效。

（二）商业模式创新与合法性

如果用一个更加完整的理论视野来审视商业模式，我们认为，即使剔除掉市场环境威胁的感知能够减弱对新商业模式认知层面的抵触，商业模式创新作为一种复杂的创业活动，也不一定会陷入"合法性悖论"。"NICE"交易属性内化于商业模式创新活动当中，有助于增强企业产品或服务的市场竞争性（Amit & Zott，2001），而企业竞争性的增强又将正向影响合法性提升（杜运周、张玉利和任兵，2012）；同时，一致性（Hamel，2000）与可持续性（Casadesus-Masanell & Ricart，2011）的制度属性要求则使得商业模式创新的行为过程本身蕴含了合法性策略，即要求通过获取合法性制度安排，保障交易营利活动的连续性。交易创新决定组织的营利模式，为制度合法性提供经济基础，制度合法性的获取又将有助于战略资源的获取，减小交易中的不确定性，两者相互作用，共创价值。

作为一种架构性范式创新，商业模式创新有助于企业构建系统性竞争优势（Osterwalder & Pigneur, 2011），这种企业与上、下游伙伴及客户价值分配与获取的系统性规则体系安排，有助于组织合法性的获取。事实上，商业模式创新最易于获取客户和投资机构这两个新创企业最为依赖的利益相关者的认可（杜运周、张玉利和任兵，2012），从而突破"创新者窘境"。商业模式创新作为具备主动性的市场导向型创新，在新顾客的开发、新交易的达成和新市场的开拓上的表现毋庸置疑（Zott & Amit, 2007；Aspara, Lamberg & Laukia, 2011），科技进步的一日千里和市场环境的瞬息万变也提高了顾客对新的商业模式的接受度和认知度（Gerasymenko,Clercq & Sapienza, 2015）。在吸纳风险资本（VC）时，新创企业可以通过商业模式或创业故事表达自己的合法身份（Malmstrm,Johansson & Wincent, 2015），而企业创业板 IPO 招股说明书往往会披露企业的商业模式，体现了商业模式创新商业逻辑的专用型资产和产业层面的制度资本（Navis & Glynn, 2011）。为此，本节提出如下假设：

H2：商业模式创新能够正向影响新创企业合法性水平。

（三）合法性的中介作用

商业模式创新中的制度合法性不能仅仅作为隐含的存在而被忽视，制度视角下的企业商业模式的创新活动，也是企业克服制度障碍，建立交易规则制度优势的过程。根据制度基础观，企业商业模式创新的过程是企业与制度环境的互动过程。（Peng, 2002）新制度主义和组织合法性理论的合法性机制就是企业创新商业模式的行动逻辑，不仅要求组织遵从外部制度环境，而且鼓励企业发挥能动性（Suchman, 1995），正式制度和非正式制度交互助推企业商业模式创新。因此，商业模式会形成结构塑造效应（李东、王翔和张晓玲，2010），支撑和固化组织创新的行为价值，为企业带来内、外部匹配的一致性及熊彼特租金追逐的可持续性，获得顾客、投资者等利益相关者的合法性认可，建构交易体系的制度优势。

合法性能够为新创企业带来可信性和可靠性，有利于克服新创弱性。（Tornikoski & Newbert, 2007）外部投资者会因为合法性增强对新创企业未来绩效的预期，降低对风险的预期。（Certo & Hodge，2007）而且，合法性的获取有助于资源的动员与整合（Zimmerman & Zeitz，2002），相较于低合法性组织，高合法性组织能以更合意的条件获得高质量的资源（Deephouse & Suchman，2008）。此外，受利益相关者认可的合法性本身可以视为一种资源，其对企业绩效的影响丝毫不亚于人力、工艺、技术、资本等其他企业资源（Suchman，1995）。

故而，我们推断，新创企业商业模式创新可以赋予企业以合法性，主动打破制度环境约束，获得顾客、投资者等关键利益相关者的认可，克服新创弱性，进而形成企业异质化的核心能力，为企业拓展更多的成长空间。基于此，本节提出以下假设：

H3：合法性在商业模式创新和新创企业绩效之间起到中介作用。

（四）政策导向的调节作用

政策导向是指企业依据相关政策信息引导，调整企业经营行为，以期实现组织目标。（陈启杰、江若尘和曹光明，2010）政策导向在我国企业体制改革过程中起着重要的作用。Tang & Tang（2012）认为中国制度环境存在独特性，一方面市场逐步开放，引入竞争机制，计划经济向市场经济转型，另一方面，计划经济制度依然深深影响着整个社会经济，政府发挥着重要的引导作用。Narayanan, Zane & Kemmerer（2011）认为管理者的意义给赋、建构、上谏等认知行为，在其新商业模式推广过程中是与政治行为交织在一起的。与新创企业经营相关的政策是企业外部制度环境重要的组成部分，组织因素与情境因素的交互作用能够更好地解释复杂情境中的合法性的内生机制。

政策导向在某种程度上可以视作企业的经营战略（陈启杰、江若尘和曹光明，2010），而商业模式创新正是以战略分析与选择作为前提条件与逻辑起点的（Zott & Amit，2008）。因此，转型经济背景下商业模式的价值主张与政策导向的契合就显得尤为重要。当政策导向程度高时，组织与政策联结因素多，会强化企业价值主张、网络构建与市场运营等商业模式创新的内容，增加适应社会环境的能力（Cheng，2014），获得更多利益相关者的认可，提升组织合法性。相反，当政策导向程度低时，企业对客观环境的政策感知程度低，企业收集、吸收到的政策信息少，企业商业模式创新得不到政策的有力支持，企业运营无规可依、无章可循，导致降低顾客认知，减弱组织合法性。因此，由于中国转型经济下企业的市场机制与政策机制呈现出共存性与互补性特征（魏江、李拓宁和赵雨菡，2015），高政策导向的企业能够关注到与制度环境更密切的联系，获得政府在融资、产业规划、人才吸引等方面的更多支持，取得更多利益相关者认可，使交易模式外显为制度优势。故本节提出以下假设：

H4：政策导向在商业模式创新与合法性之间起到调节作用。

（五）企业政策导向与合法性的综合作用

商业模式创新来源于对市场机会的把握，对于常常被忽视或难以模仿的资源（Amit & Zott，2001）来说，着眼于竞争有利于挖掘顾客的隐性需求，提高资源的利用效率，形成技术和存量资源的整合能力的正反馈效应，并以此为基础来获得企业竞争所需的资源配置——"异质性"（罗珉，2009），故而商业模式创新对于新创企业竞争活动所需资源的获取具有重要意义。同时，前面的阐述已经表明，在不同的政策导向水平下，企业商业模式创新的实施合法性是存在显著差异的：在高政策导向的新创组织中，企业商业模式创新是以创业活动合法化推进及创业绩效高额回报为导向的，企业更容易收集、吸收政府政策引导的信息，增进市场创新与制度环境的联结，形成利益相关者认可的经营战略和市场运营模式，从而使企业愈加通过商业模式创新来推动组织合法性策略的制订和实施，促进新创企业绩效提升。可是，在低政策导向的新创组织中，由于企业对政府政策的感知与反应能力低下，享受不到政府在融资、产业规划、人才吸引等方面政策的溢出效应，这对与制度环境的交互、新商业制度的安排是不利的，进而影响企业整体合法化战略的制订和实施，降低创业活动的整体绩效。基于上述考虑，本节提出以下假设：

H5：商业模式创新与政策导向交互效应促进新创企业绩效通过合法性中介作用来实现。

根据以上论述，构建如图 4-8 所示的理论模型。

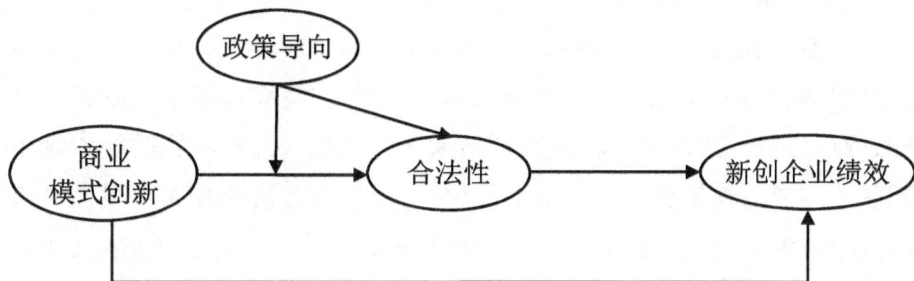

图 4-8 理论模型

三、研究方法

（一）研究样本

1. 样本选择

为了生存和竞争，新创企业由于受新进入缺陷和资源禀赋有限的双重约束，十分重视商业模式创新和资源的动员与整合，组织合法性体现得比较明显。鉴于此，本节以新创企业为问卷调研对象，参考 McDougall & Robinson（1990）和 Li & Atuahene-Gima（2010）的研究，将新创企业界定为成立时间小于 8 年的企业。

2. 数据采集

本节的数据来源主要有两个渠道：研究团队及其朋友关系滚动取样，委托杭州的数据公司发放。问卷填写人员主要是创业者和企业管理团队核心成员。在 2016 年 3 月至 2016 年 6 月期间，通过上述两个渠道正式发放问卷，研究团队及其朋友关系滚动发放问卷给 140 家企业，回收 115份，其中有效问卷为 104 份；杭州数据公司利用其强大的企业库和学术研究数据调查经验，在杭州、宁波、上海、南京、广州、大连等地发放问卷 800 份，回收 692 份，其中有效问卷为 408 份。我们对两种不同来源的数据进行了整体偏差分析，对企业年龄、企业性质及员工人数做了独立样本 T 检验，发现两组数据并无显著差异，可以合并使用。因此，本节调研共获得 512 份有效问卷，有效问卷回收率达到 54.4%。

（二）变量度量

1.因变量：新创企业绩效

本节采用了 Li & Atuahene-Gima（2001）的新创企业绩效量表，包括投资回报率等 3 个营利性指标、净收益增长等 6 个成长性指标。对其进行 CFA 分析，按特征值大于 1 和最大方差法旋转提取到单因子（占总方差解释的 62.243%），并鉴于各指标高度相关，我们最终将其组合为单一绩效变量。CFA 分析显示拟合度非常好：$X^2/df=2.781$，$RMSEA=0.059$，$GFI=0.978$，$AGFI=0.950$，$TLI=0.978$，$CFI=0.988$。而且，新创企业绩效的 $Cronbach's \ \alpha$ 为 0.923，题项最小的因子载荷为 0.64，具有良好的信度和收敛效度。

2.自变量：商业模式创新

本节借鉴 Zott & Amit（2007）的研究，设计了"提供新颖的产品、服务和信息的组合"等 8 个题项。经测量，商业模式创新的 $Cronbach's \ \alpha$ 为 0.930，题项最小的因子载荷为 0.70，具有良好的信度和收敛效度。

3.合法性

本节借鉴主流的做法，通过利益相关者认可来测量，采用了杜运周等（2012）提出的合法性量表的"顾客高度评价"等 7 个题项。经测量，合法性的 $Cronbach's \ \alpha$ 为 0.962，题项最小的因子载荷为 0.73，具有良好的信度和收敛效度。

4.政策导向

本节沿用了 Flack, Heblish & Kipar（2010）针对创业企业设计的政策导向量表，该量表包括"政府部门为创业融资提供了优惠政策"等 3 个题项。经测量，政策导向的 $Cronbach's \ \alpha$ 为 0.924，题项最小的因子载荷为 0.86，具有良好的信度和收敛效度。

上述题项均采用利克特 7 点量表来度量，1 表示"非常不同意"，7 表示"非常同意"。

5.控制变量

企业年龄用企业成立至问卷回收之间的年限差来度量，并取对数。企业规模按员工数分为"50 人以下""50—150 人"等 6 类，赋值为 1 至 6

的定序变量。企业股权、行业性质设置为虚拟变量。市场环境反映了企业创新行为中市场的兼容性和竞争性（Miller & Friesen, 1983），我们采用了 Miller & Friesen（1983）的量表，用主成分法提取出了环境包容性指标（Cronbach's α 为 0.822）、环境竞争性指标（Cronbach's α 为 0.824）。

（三）量表构念效度

为了检验本节中商业模式创新、合法性、政策导向、新创企业绩效、环境等变量之间的区分效度及各个量表的相应测量参数，本节采用 AMOS21.0 对上述变量进行 CFA 验证性分析，比较所有变量所构成的替代模型及全因素模型之间的拟合效果。结果表明，六因素模型相较其他替代模型，各项拟合度指标更优，X^2=2222.60，df=1023，$RMSEA$=0.048，TLI=0.933，CFI=0.939，具体见表 4-4。这说明，本节的调研问卷具有较好的区分效度，再加上 Harman 单因素检验显示第一因子的方差解释量只为 37.59%，进一步证实了本研究共同方法偏差影响不严重。

表 4-4　测量模型比较

模型	X^2	df	ΔX^2	$RMSEA$	TLI	CFI
六因素模型	2222.60	1023		0.048	0.933	0.939
五因素模型：合并 IBM、OL	3838.55	1029	1615.95**	0.083	0.844	0.854
五因素模型：合并 IBM、PO	3916.68	1029	1694.08**	0.084	0.840	0.850
五因素模型：合并 PO、OL	5013.45	1029	2790.85**	0.097	0.780	0.793
四因素模型：合并 IBM、PO、OL	6382.84	1038	4160.24**	0.101	0.706	0.722
二因素模型：合并 IBM、PO、OL、MME、CME	8415.62	1043	6193.02**	0.120	0.598	0.614
单因素模型：合并所有构念	9564.13	1044	7341.53**	0.145	0.552	0.563

注：** 表示 p<0.01；IBM 表示商业模式创新；PO 表示政策导向；OL 表示合法性；MME 表示环境包容性；CME 表示环境竞争性。

四、实证研究

（一）描述性统计分析

在实证检验之前，需要对研究变量进行描述性统计分析，具体如表

4-5 所示。结果显示，商业模式创新与合法性（$r=0.578$，$p<0.01$）和新创企业绩效（$r=0.560$，$p<0.01$）为显著的正相关关系，政策导向与合法性（$r=0.424$，$p<0.01$）和新创企业绩效（$r=0.411$，$p<0.01$）为显著的正相关关系，合法性与新创企业绩效（$r=0.554$，$p<0.01$）也为显著的正相关关系，表示变量间的关系基本与前面的理论假设相符合，但尚需进一步借助回归分析来检测假设。而且，核心变量的 AVE 平方根均大于该变量与其他变量的相关系数（Fornell & Larcker，1981），表明各项指标具有良好的区别效度。此外，进一步考察样本所处环境时发现，环境包容性（4.48）和环境竞争性（5.04）较强，均超过均值（4），与中国情境下的"双创"战略、供给侧改革下的创业氛围比较吻合。

表 4-5　各主要变量的均值、标准差和相关关系

变量	1	2	3	4	5	6	7	8	9	10
1 企业年龄	1									
2 企业规模	0.027	1								
3 民营企业	−0.019	0.060	1							
4 技术产业	−0.088*	0.046	−0.083	1						
5 环境包容性	0.022	0.015	0.002	0.237**	1					
6 环境竞争性	0.080	0.069	0.022	0.092*	0.499**	1				
7 商业模式创新	−0.041	0.112*	−0.057	0.389**	0.566**	0.261**	(0.78)			
8 合法性	0.003	0.137**	0.023	0.157**	0.519**	0.361**	0.578**	(0.89)		
9 政策导向	0.007	0.053	−0.047	0.108*	0.460**	0.195**	0.396**	0.424**	(0.89)	
10 新创企业绩效	−0.016	0.168**	0.045	0.228**	0.491**	0.187**	0.560**	0.554**	0.411**	(0.75)
均值	1.86	1.86	0.74	0.63	4.48	5.04	4.60	4.85	4.65	4.15
标准差	0.54	0.79	0.44	0.48	0.92	0.94	1.09	0.80	1.15	0.86

注：$N=512$；** 表示 $p<0.01$，* 表示 $p<0.05$；对角线上括号里的数值为 AVE 值的平方根。

（二）假设检验

本节采用多元回归模型来检验主效应、中介调应和调节效应，如表 4-6 所示。各模型的 VIF 值最大的为 2.137，表明多重共线性问题不严重。尽管如此，本节在分析交互效应前仍对自变量和调节变量进行了中

心化处理。模型 4 呈现了控制变量对新创企业绩效的影响，加入自变量商业模式创新后，模型 5 显示商业模式创新显著正向影响新创企业绩效（β=0.395，$p<0.001$），即假设 H1 成立。

表 4-6 变量间回归分析结果

变量	合法性			新创企业绩效							
	模型1	模型2	模型3	模型4	模型5	模型6	模型7	模型8	模型9	模型10	模型11
企业年龄	-0.017	-0.004	-0.000	-0.014	-0.002	-0.007	-0.001	0.001	0.000	0.001	0.003
企业规模	0.119**	0.076*	0.070*	0.159***	0.120***	0.110***	0.097***	0.095***	0.094**	0.114**	0.095**
民营企业	0.015	0.034	0.037	0.046	0.063	0.040	0.052	0.058	0.058	0.067	0.057
技术产业	0.034	-0.081*	-0.052	0.111**	0.009	0.097*	0.034	0.040	0.039	0.031	0.045
环境包容性	0.445***	0.216***	0.123*	0.506***	0.303***	0.327***	0.237***	0.197***	0.194***	0.222***	0.189***
环境竞争性	0.129***	0.140***	0.140***	-0.087*	-0.077	-0.139***	-0.120***	-0.111***	-0.111***	-0.074	-0.112***
商业模式创新		0.444***	0.394***		0.395***			0.120***	0.121***	0.351***	0.245**
合法性						0.404***	0.260**	0.246**	0.247***	0.183***	0.270***
政策导向			0.195***				0.305***	0.279***	0.274***	0.077*	0.130***
商业模式创新 *政策导向			0.127***							0.077*	0.043
合法性 *政策导向									0.012		
R^2	0.299	0.418	0.460	0.287	0.380	0.401	0.435	0.445	0.445	0.407	0.447
ΔR^2		0.118***	0.042***		0.094***	0.021***	0.034***	0.000	0.000		0.040***
F	35.963***	51.616***	46.382***	33.844***	44.195***	48.194***	48.321***	44.732***	40.198***	38.275***	40.446***
VIF (max)	1.401	1.844	2.089	1.401	1.844	1.683	2.007	2.073	2.137	2.089	2.116

注：N=512；*** 表示 $p<0.001$，** 表示 $p<0.01$，* 表示 $p<0.05$；VIF 表示方差膨胀因子，表中呈现回归方程最大值。

根据温忠麟、张雷和侯杰泰（2006）的研究，模型 2 显示，商业模式创新显著正向影响新创企业合法性水平（β =0.444，p<0.001），即假设 H2 成立。模型 6 显示，合法性对新创企业绩效的影响达到显著水平（β =0.404，p<0.001）。同时加入商业模式创新与合法性进行回归分析后，比较模型 5、7 可以看出，商业模式创新对新创企业绩效的影响减弱（β =0.260，p<0.01），而合法性对新创企业绩效的正向影响依然显著（β =0.305，p<0.001），因此，研究验证了合法性在商业模式创新和新创企业绩效之间起到部分中介作用，假设 3 得到验证。而且，从模型 3、10 和 11 可以看到交互项效应的变化（β =0.077，p<0.05；β =0.043，n.s），表明合法性在商业模式创新与政策导向的交互效应和新创企业绩效之间起到完全中介作用，H5 得到了初步验证，但有必要对这种交互作用进行进一步检验。

关于调节效应分析的检验将控制变量、自变量、调节变量、乘积项等依次加入将合法性作为因变量的回归方程中，模型 3 表明，政策导向在商业模式创新与合法性之间起到显著的调节作用（β =0.127，p<0.001）。这表明，新创企业政策导向程度越高，商业模式创新与合法性之间的关系就越显著，即假设 H4 成立。为了更直观地呈现这种调节作用，本节根据 Cohen, Cohen & West（2003）的方法，以高于均值一个标准差和低于均值一个标准差为基准绘制了不同企业政策导向情境下商业模式创新与合法性实施关系的差异，交互效应图如图 4-9 所示。

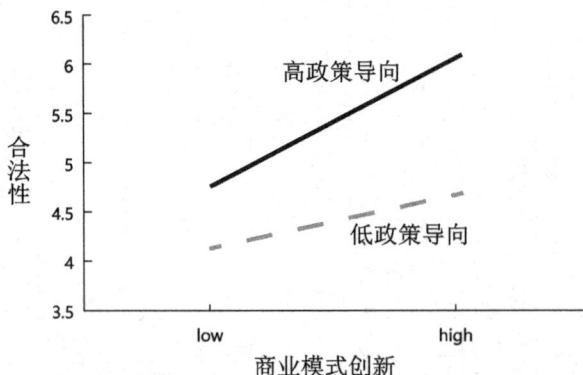

图 4-9　不同政策导向情境下商业模式创新与合法性实施关系的差异

（三）中介调节模型验证

以往的研究都是对中介效应和调节效应分开进行检验，事实上中介模型有三条路径，即阶段一为自变量→中介变量，阶段二为中介变量→因变量，直接效应为自变量→因变量，可能同时受到调节变量的影响。鉴于此，本节借鉴 Edwards & Lambert（2007）的调节路径分析方法（moderated path analysis approach）以精准地细描变量间的复杂关系，从整体上验证中介调节模型。具体说来，其一般分析框架包括两个回归方程：

方程1：$M = a + a_X X + a_Z Z + a_{XZ} XZ + e_M$

方程2：$Y = b + b_X X + b_M M + b_Z Z + b_{XZ} XZ + b_{MZ} MZ + e_Y$

其中 M 为中介变量合法性，Y 为因变量新创企业绩效，X 为自变量商业模式创新，Z 为调节变量政策导向，XZ 为自变量和调节变量的交互项，MZ 为中介变量和调节变量的交互项。回归分析后系数如表 4-7 所示。

表 4-7 参数估计

调节变量	a_X	a_Z	a_{XZ}	R^2	b_X	b_M	b_Z	b_{XZ}	b_{MZ}	R^2
政策导向	0.290***	0.137***	0.069***	0.454***	0.191***	0.294***	0.098**	0.033*	0.009	0.447***

注：N=512；表中系数皆为非标准系数估计值；*** 表示 $p<0.001$，** 表示 $p<0.01$，* 表示 $p<0.05$。

利用表 4-7 中的参数，进行简单效应（simple effect）分析，计算出不同政策导向水平下直接效应、间接效应和总效应的相关系数及其差异值。直接效应阶段一、阶段二系数的显著性遵循简单斜率检验，差异的显著性等同相应交互项的显著性检验；间接效应、总效应系数及其差异的显著性检验使用 bootstrap 法。具体结果见表 4-8。

在表 4-8 中，我们可以看到，在不同政策导向水平下，企业商业模式创新对合法性的影响存在显著差异（$\beta = -0.158$，$p<0.001$）。政策导向水平高时，商业模式创新对合法性的影响很强（$\beta = 0.369$，$p<0.001$），而政策导向水平低时，商业模式创新对组织合法性的影响减弱（$\beta = 0.211$，$p<0.01$）。从而进一步验证了 H4 的假设，即政策导向在商业模式创新和合法性之间起到显著的调节作用。

表 4-8　简单效应分析

调节变量	商业模式创新 (X) → 合法性 (M) → 新创企业绩效 (Y)				
	阶段		效应		
	第一阶段 P_{MX}	第二阶段 P_{YM}	直接效应 P_{YX}	间接效应 $P_{YM}P_{MX}$	总效应 $P_{YX}+P_{YM}P_{MX}$
低政策导向（−s.d.）	0.211**	0.284**	0.153**	0.060	0.213**
高政策导向（+s.d.）	0.369***	0.304**	0.229**	0.112**	0.341**
差异	−0.158***	−0.020	−0.076	−0.052*	−0.128*

注：*** 表示 $p<0.001$，** 表示 $p<0.01$，* 表示 $p<0.05$；P_{MX} 代表商业模式创新对合法性的影响，P_{YM} 代表合法性对新创企业绩效的影响，P_{YX} 代表商业模式创新对新企业绩效的影响；高政策导向表示均值加 1 个标准差，组织公正性低表示均值减 1 个标准差。

从表 4-8 所示的间接效应看，在不同水平的政策导向情境下，合法性在商业模式创新与新创企业绩效之间的中介作用机制是存在显著差异的（$\beta=-0.052$，$p<0.05$），即 H3 得到检验：当政策导向水平较高时，合法性对于商业模式创新和新创企业绩效的中介作用显著（$\beta=0.112$，$p<0.01$），而当政策导向水平较低时，合法性对于商业模式创新和新创企业绩效的中介作用并不显著（$\beta=0.060$，n. s）。并且，从表 4-8 中的总效应来看，不同水平的政策导向情境下，商业模式创新对新创企业绩效的整体影响也存在显著差异（$\beta=-0.128$，$p<0.05$）。经上述分析，商业模式创新与政策导向对新创企业绩效的间接效应得到了检验，即验证了假设 H5：商业模式中创新与政策导向交互效应对新创企业绩效的影响机制需要通过合法性的中介作用来实现。

五、结论

本节根据对文献的回顾，结合中国情境，探索性地提出以合法性为中介变量，以政策导向为调节变量的商业模式创新对新创企业的绩效影响机制模型，并根据 512 家新企业的调研数据进行了检验。实证结果表明：商业模式创新能够显著促进合法性及新创企业绩效的提升；合法性部分中介商业模式创新与新创企业绩效的关系；政策导向在商业模式创新与合法性之间具有调节作用；商业模式创新与政策导向的交互效应经由合法性间接影响新创企业绩效。

　　本节研究具有以下方面的理论贡献。首先，本节整合了商业模式理论和制度理论，提出并验证了商业模式创新正向影响合法性，以及商业模式创新通过合法性部分中介的传导作用影响新创企业绩效关系的理论。商业模式创新理论一直强调通过挖掘消费者等市场开拓手段展现交易创新性对于新创企业绩效的重要性，但是并未考虑到新创企业成长过程中的合法性约束及商业模式创新战略对合法性获取的重要影响。（Zimmerman & Zeitz, 2002；Aspara, Lamberg, Lankia, et al., 2011）本节揭示了商业模式创新经由合法性影响新创企业绩效的传导机制，发现在推行"双创"战略的中国情境下，市场交易机会蕴含的创新性和效率性本身构成了其合法性的来源，商业模式创新制度视角的结构塑造效应与组织合法性呈现出内在一致性，这在一定程度上拓展了 Osterwalder & Pigneur（2011）提出的商业模式被视为商业策略在概念和结构上的实施的研究。

　　其次，本节发现并证实了商业模式创新对于合法性的正向作用比较依赖于企业的政策导向，从而丰富并完善了关于商业模式创新和组织合法性的权变关系观。这一发现部分回应了 Li & Atuahene-Gima（2001）关于转型经济背景下政府和投资者对新创企业成长具有重要影响的研究，又进一步阐述了高政策导向水平将促进企业商业模式创新发挥的观点，并且这种发挥是通过影响组织合法性来实现的。此外，政策导向对于合法性促进新创企业绩效提升的调节作用并不显著（由表 4-6 中的模型 8、9 可知），但也凸显了企业政策导向对推进创业创新活动的重要作用。

　　最后，本节探讨了商业模式创新与政策导向互动对新创企业绩效产生的影响，拓展了创业研究中关于商业模式创新研究的深度和广度。研究表明，商业模式创新发挥受到政策导向程度高低的影响，而且这种影响是通过组织的合法性间接实现的。这说明，创业组织的合法性具有情境性，在不同水平的政策导向条件下，即使是相同的商业模式，其受到利益相关者的认可程度也会存在差异，从而能够较为全面地评价新创企业成长过程中商业模式创新、政策导向、合法性与企业绩效之间的复杂关系。

第五章 —
研究设计

第一节　研究方法

本书采用的研究方法除了规范分析法、数据统计法、历史分析法、比较分析法之外，主要还包括案例分析法和扎根理论法。

由于本研究属于理论建构的探索性研究，不是理论验证性研究，因此适合采用案例研究法，这种方法在揭示制度创业的具体机制上有着独特的优势（Maguire，Hardy & Lawrence，2004）。鉴于本书的研究内容及学术界对加强多案例研究的呼吁，宜采取整体性多案例研究设计方法。同时，本书对案例的分析采用扎根理论方法。扎根理论方法是一种质性研究方法，目的是从详实的资料中从下到上地构建理论，它运用逻辑、归纳、演绎、对比、分析等方法，螺旋式地提升概念及概念间关系的层次，最后发展成理论。（Glaser & Strauss，1967）其主要以备忘录的方式对资料予以记录、比较而得到验证。

在扎根理论中，对实证资料进行逐级编码是最重要的一个环节。编码是对收集到的经验资料进行辨析并赋予概念的过程。学界普遍将扎根理论的编码分为三个步骤，分别是开放性编码、主轴编码和选择性编码。（陈向明，1999）

开放性编码，就是将收集来的资料进行分解，针对资料反映的现象，不断比较其异同之处，将观察到的现象贴上标签，进行概念化，进而将概念进行范畴化的过程。这个过程中，研究者要对资料进行逐词、逐行、逐个事件的分析，要不断提出问题，比较数据的异同之处，并根据归纳出的概念、范畴来对资料进行抽取采样，进一步收集资料，再将从新的资料里提炼出的范畴和原有资料里的进行比较，从而发展出主要范畴。

主轴编码，就是在范畴与范畴之间建立连接，用以表明范畴与范畴之间存在的逻辑关系。（文军和蒋逸民，2010）这些关系主要包括因果关系、过程关系、结构关系、功能关系等。扎根理论运用经典的分析工具典范模型来完成范畴间的连接。典范模型包括因果条件、现象、中介条件、行动脉络、结果等方面。这几个方面有助于将范畴分为主范畴和次范畴，并建立逻辑连接。在运用典范模型的过程中，关键是要厘清范畴间的联系，分清主次关系，在这个过程中，这些关系要反复得到资料的验证。

选择性编码，是指在系统分析的概念类属中选择一个核心范畴，将该范畴与其他范畴联系起来，研究者通过描述现象的故事线来梳理和发现核心范畴，把核心范畴与其他范畴系统地连接起来并收集新的资料验证其间的关系，从而建立起完整的扎根理论。

本书收集研究案例的相关事项，以 word 文档格式记录，建立资料数据库，然后将数据库资料的所有文件导入质性编码软件 QSR NVivo 10.0（图 5-1 为 NVivo 质性软件分析流程图），采用扎根理论方法的基本原理，比较与持续分析根植于二手数据的收集与一手访谈资料的结合，利用扎根理论三阶段的编码分析，即利用开放性编码、主轴编码、选择性编码将资料数据所观察到的现象概念化，再将概念范畴化，进而连接范畴之间的逻辑关系，构建民营企业制度创业机制模型。

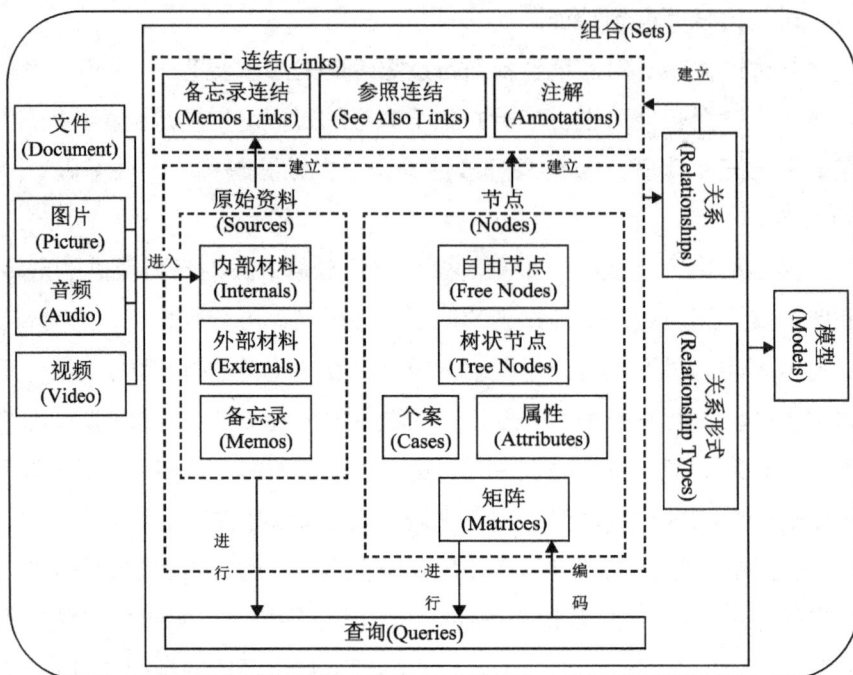

资料来源：张维修，2010。

图 5-1   NVivo 质性软件分析流程图

第二节   案例选择

根据研究问题和研究目的，为了避免直观判断产生的误差及提高研究的效度，本书在选取研究样本时，考虑到案例企业的典型性、案例信息的详实性、研究的便利性，因此选择了阿里巴巴集团、横店集团、绿源集团及吉利集团作为浙商制度创业研究对象，其中阿里巴巴集团和横店集团为完善型制度创业的典型案例，绿源集团及吉利集团为开拓型制度创业的典型案例。

一、案例企业的典型性

Eisenhadrt（1989）认为随机性选择案例是不必要的，也是不可取的，研究所选择的案例必须具有一定的典型性。典型性是案例必须具有的属性，表明该案例能够代表某一类现象或共同性质。本书的案例典型性体现在：马云创建并领导阿里巴巴集团突破了各种制度创业约束，首创全新的电子商务商业模式，开拓了中国电子商务市场，成为全球互联网巨头企业，属于开拓型制度创业；徐文荣领导横店集团突破政府对企业经营的管制性壁垒，为横店集团积极争取经营自主权，通过制度创新，确立社团所有制，成为中国社团所有制的首创者、实践者，属于开拓型制度创业；倪捷领导绿源集团推进了政府对电动自行车交通管理条例的优化，为了电动自行车行业的合法化而不懈努力，属于完善型制度创业；李书福领导吉利集团开创了民营企业也可以造汽车的先例，属于完善型制度创业。

二、案例信息的详实性

4个案例企业属于精英浙商，在国内乃至国外均有很大影响力，而且从创业至今已有十几年历史，深受媒体行业、学术机构的关注，案例信息充分，能够满足本研究之需。

三、研究的便利性

研究的便利性主要体现在以下两个方面：第一，调研活动的便利。作者与上述4个研究对象都在浙江省，而且与有关机构（例如阿里研究院）有研究合作关系，有利于展开实地调研。第二，公开资料获取的便利。上述4个研究对象深受国内外媒体关注，有多家学术机构对其进行研究，有利于研究资料的多样化获取及进行三角验证，提高研究信度与效度。

第三节　数据分析

一、数据来源

案例研究数据来源的特点在于它可以使用不同来源的数据，更能为研究问题提供丰富的研究情境。Yin（2013）指出案例研究共有6种数据来源，分别是档案记录、文件、访谈、参与性观察、实物证据及直接性观察。本书研究的两个主要的研究内容是：第一，制度创业过程中利益相关者的界定和分类；第二，探索性地构建制度创业机制模型。因此，这里的数据来源应该包括两个部分。

在制度创业中利益相关者的界定和分类的研究问题上，由于研究数据获取的便利程度不同，所以对阿里巴巴集团及吉利集团利益相关者的界定和分类，本研究采用问卷调查的方法，数据来源于阿里巴巴集团和吉利集团高层、中层、基层管理者及普通员工，而针对横店集团和绿源集团的利益相关者分类，采用扎根理论对利益相关者进行编码，统计利益相关者在制度创业各个阶段的数据。

在采用扎根理论构建民营企业制度创业机制模型时，由于扎根理论需要大量信息，本研究注重案例信息的深度收集和跟踪收集，具体数据的选取采用一手访谈数据和二手数据相结合的方式。具体数据来源包括：与4家企业的管理层进行的半结构性访谈，中国期刊网上有关4家企业的重要文章及新闻报道，专题材料中或行业材料中选取的文章，从企业中获取的材料（包括4家企业的官方网站及相关书籍与文章、年度报告、公开发表的演说、内部刊物和其他文件），与4家企业相关的行业分析报告与案例分析报告，公共网站上（包括网易、搜狐、新浪等）的相关信息。

本研究使用不同的数据来源展示整个事件的丰富画面，并通过多种数据间的相互验证来确认新的发现，从而形成数据三角验证（详见表5-1），消除主观印象和偏见，提高研究的构念效度（毛基业和张霞，2008）。

表5-1 扎根理论主要数据来源

来源方式 企业	访谈	期刊 （学术型与应用型）	网站 （门户网站、企业官方网站、管理类网站）	书籍 （内部刊物）	研究性材料 （包括行业参考资料）
阿里巴巴	√	√	√	√	√
横店	√	√	√	√	√
绿源	√	√	√	√	√
吉利	√	√	√	√	√

资料来源：作者根据相关资料整理。

二、数据收集

数据收集遵循 Yin（2013）所提出的资料处理原则。原则一，使用多种数据来源。对于收集到的资料应该灵活组合、调整运用多种策略，这样有利于全方位考察问题，通过这些资料所构建的数据三角形能够使研究的绪论更具说服力，同时也能提高案例研究准确性。原则二，建立案例研究信息库。建立资料和证据库，包括案例研究的记录、案例研究的文献、图标材料与描述。依据原则二，本研究初步针对 4 家不同企业建立了信息库，并且根据不同的数据来源加以初步分类。原则三，组成一系列数据链。对于所要得出的结论成果，需要引用先前所建立的数据库。数据中的材料应反映实际情况，必要时需指出这些材料是在哪种情况下所收集的。

三、数据统计

本书采用定性研究与定量研究作为数据统计的基本方法。就制度创业中利益相关者的界定和分类研究而言，选择采用定量研究方法，从大样本问卷调查中获取相关数据。对于难以通过问卷调查获取利益相关者分类数据的问题，则采用扎根理论编码方法，构建制度创业机制所含的各项范畴。

针对 4 个案例公司在制度创业中的利益相关者问卷测量数据，采用 SPSS 统计软件对其利益相关者在各个维度上的得分进行描述性统计分析和配对样本 T 检验。

针对 4 个案例公司的制度创业机制，本研究采用扎根理论法对其资料进行编码分析，自下而上构建理论，旨在遵循科学的逻辑，通过归纳、演绎、分析比较等方法螺旋式提升概念及其关系的抽象层次，运用开放性编码、主轴编码、选择性编码来挖掘资料，识别范畴及范畴的性质和其间的逻辑联系（Glaser，1992）。为了保证数据处理的系统化、科学化及规范化，本研究采用 NVivo10.0 软件来完成数据编码的辅助工作。

第四节　分析框架

一、制度创业"三阶段"分析框架

根据 Greenwood，Suddaby & Hinings（2002）和 Child，Lu & Tsai（2007）划分制度创业阶段的观点，结合新兴场域特征，以创建变革基础、理论化新制度及新制度扩散阶段为基础，通过对转型经济中企业制度创业的历史分析，对其制度创业阶段进行划分，具体分析各个阶段的企业制度创业机制。

（一）创建变革基础阶段

创建变革基础阶段的研究针对企业在此阶段遇到了哪些利益相关者，哪类利益相关者更为重要，遇到来自利益相关者的哪些制度创业约束，进而又是采取何种制度创业策略获取相应的合法性的，以达成制度创业初步主张，建立了具体作用机制，如图 5-2 所示。

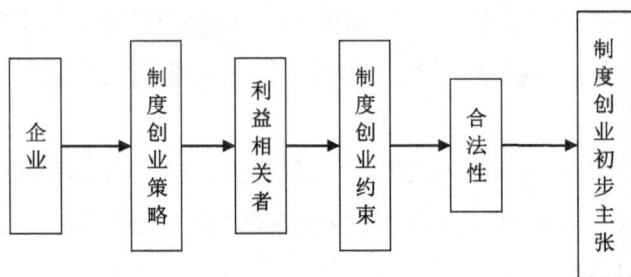

图 5-2　创建变革基础阶段的企业制度创业机制模型

（二）理论化新制度阶段

理论化新制度阶段的研究针对企业在此阶段遇到了哪些利益相关者，哪类利益相关者更为重要，面临来自利益相关者的哪些制度创业约束，又是采取何种制度创业策略向利益相关者阐述和完善新制度创业主张进而获取相应的合法性的，建立了具体作用机制，如图 5-3 所示。

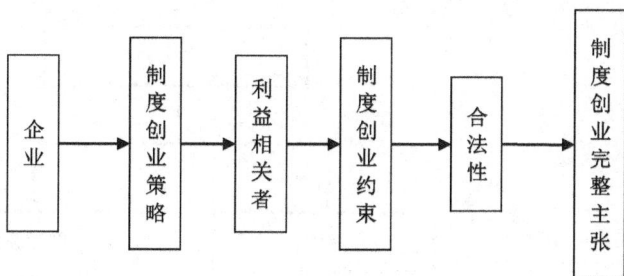

图 5-3　理论化新制度阶段的企业制度创业机制模型

(三)新制度扩散阶段

新制度扩散阶段的研究针对企业在此阶段遇到了哪些利益相关者,哪类利益相关者更为重要,面临来自利益相关者的哪些制度创业约束,又是采取何种制度创业策略获取相应的合法性进而使得新制度被广为接受的,建立了具体作用机制,如图 5-4 所示。

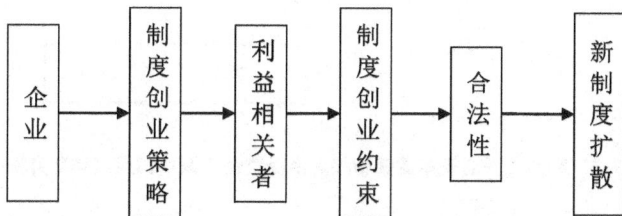

图 5-4　新制度扩散阶段的企业制度创业机制模型

二、总体分析框架

上文所阐述的是企业在各个阶段的具体制度创业机制,属于纵向分析。由于本书将制度创业类型分为开拓型和完善型,所以横向分析要具体比较两种制度创业类型的作用机制的异同,即两种制度创业类型在各个阶段面临的利益相关者、制度创业约束及所采取的制度创业策略、获取的合法性有何异同。因此，本书的总体分析框架如图 5-5 所示。

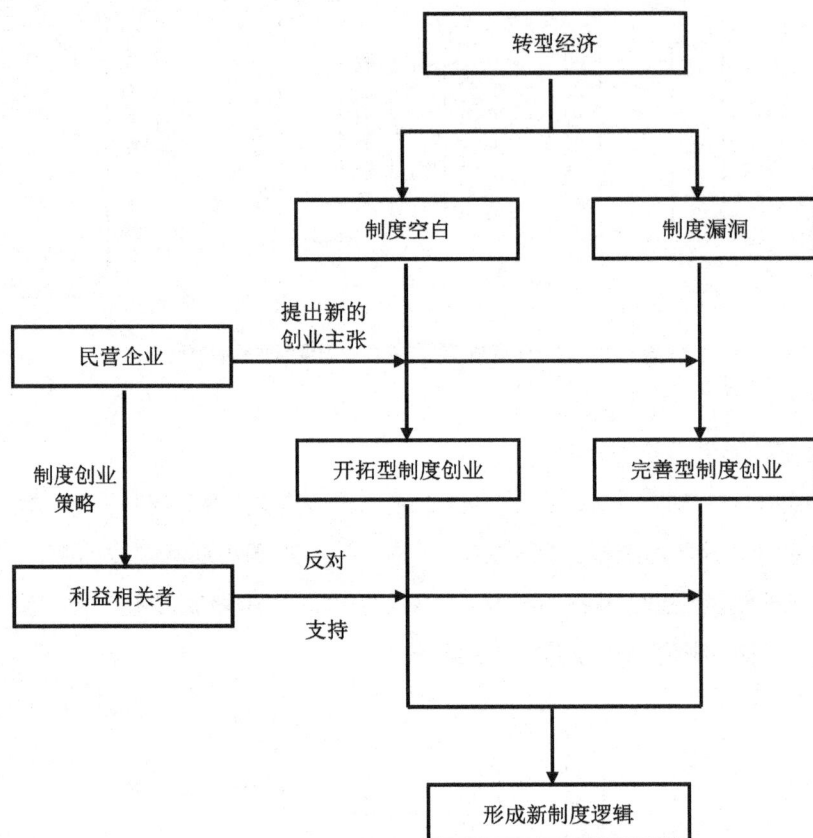

```
                    ┌──────────────┐
                    │   转型经济    │
                    └──────────────┘
                            │
              ┌─────────────┴─────────────┐
              ▼                           ▼
        ┌──────────┐                ┌──────────┐
        │  制度空白  │                │  制度漏洞  │
        └──────────┘                └──────────┘

                    提出新的
                    创业主张
  ┌──────────┐                              
  │  民营企业  │─────────────────────────────▶
  └──────────┘                              
       │                │                   │
 制度创业                ▼                   ▼
  策略            ┌────────────┐      ┌────────────┐
       │         │ 开拓型制度创业 │      │ 完善型制度创业 │
       ▼         └────────────┘      └────────────┘
  ┌──────────┐   反对                        
  │ 利益相关者 │──────────────────▶           
  └──────────┘   支持                        
                     │                   │
                     └─────────┬─────────┘
                               ▼
                      ┌────────────────┐
                      │  形成新制度逻辑   │
                      └────────────────┘
```

图 5-5　利益相关者视角的转型经济中民营企业制度创业机制研究框架

——————— 第六章 ———————

阿里巴巴集团案例研究 ①

第一节　阿里巴巴制度创业中的利益相关者

　　阿里巴巴集团以商业模式创新的形式，通过有效的组织制度创业策略，突破各种制度约束，为其首创的商业模式获取了合法性，从而成功实现制度创业。结合本书第四章的有关内容，阿里巴巴制度创业机制的核心是其以开创性的商业模式，节约了社会交易成本，逐步解决了中国商务活动中的顽疾——脆弱的社会信用，创造了巨大的经济效益和社会效益，为利益相关者创造了前所未有的新价值，符合制度创业理论与价值创造视角的商业模式创新理论的双重要求。

————————————————————

① 本章部分内容已发表，参见项国鹏、张志超、罗兴武：《利益相关者视角下开拓型制度创业机制研究——以阿里巴巴为例》，《科技进步与对策》2017 年第 2 期，第 9—17 页。

企业利益相关者是指那些影响公司目标实现，或者受公司目标实现影响的个人或团体（Freeman，1984），制度创业中的利益相关者是指那些影响制度创业者建立并推广新制度或实践，或是受制度创业过程中的制度创业者影响的个人或团体。

项国鹏、李武杰和肖建忠（2009）将企业家制度能力分为内部制度能力和外部制度能力。内部制度能力作用的对象是企业内部成员，外部制度能力作用的对象是企业家突破外部制度管制所涉及的利益相关者。企业家制度创业实质上就是制度变迁的过程（Battilana，2009），而制度变迁会影响企业内外部利益相关者的既得利益。另外，越来越多的制度创业研究开始关注企业内部员工在变革方面的作用。（Battilana，2009）因此，要从组织内部和外部两个方面来界定制度创业中的利益相关者。阿里巴巴集团（以下简称"阿里巴巴"）在制度创业过程中的内部利益相关者主要有股东、管理者和员工。从外部利益相关者来看，现在大多数学者认为制度创业的过程其实就是合法性获取过程，其中组织合法性分为规制合法性、规范合法性和认知合法性。制度创业者从组织场域内不同的利益群体中获取合法性，因此可以认为这些利益群体便是制度创业中的外部利益相关者。

规制合法性来源于政府、专业机构和行业协会等相关部门所制定的规章制度。制度创业者在打破旧制度、创建新制度时，必然会涉及和政府、专业机构、行业协会等不同群体的协商与谈判。因此，在追求规制合法性的过程中，制度创业的利益相关者主要有国家部委、地方政府、行业协会等政策制定者。（曾楚宏、朱仁宏和李孔岳，2009）阿里巴巴所发起的制度创业是以商业模式创新为表现形式的开拓型制度创业，当时国内并未出台专门针对电子商务的规范性文件，阿里巴巴早期的电商平台建设受到了消费者的广泛质疑。因此，阿里巴巴一直在推动国家部委相关部门对电商行业的立法。同样，地方政府的相关政策也对阿里巴巴电商平台的构建有着重要的影响，例如浙江省在 21 世纪初提出的以发展信息产业为核心的天堂硅谷计划在一定程度上对于阿里巴巴电商平台的建设来说是一个重大的政策利好。因此，国家部委和地方政府是阿里巴巴在规制性制度层面的利益相关者。

规范合法性来源于社会的价值观和道德观。制度创业者追求规范合法性意味着他要被外界认可。（曾楚宏、朱仁宏和李孔岳，2009）首先，在这一个过程中，制度创业实践要接受竞争者、供应商和社会媒体的监督与曝光。学术机构针对制度创业领域的研究，发表了大量的学术文章，对研究人员而言，新制度的实践及制度创业领域的发展可以进一步推动科研发展。其次，企业的产品或服务的消费者是制度创业行为的直接利益相关者，企业工艺流程的质量和安全认证必须得到消费者的认可。因此，在追求规范合法化的过程中，制度创业者所面临的利益相关者有媒体、竞争者、供应商、学术机构、消费者等。阿里巴巴开创电商模式时，例如最早的 B2B 模式，就遭到当时一些企业的质疑。要把企业的信息放到网上，并承接订单，完成交易，这样的模式让电商的卖方和买方有所质疑。阿里巴巴 B2B 模式遭到慧聪网、敦煌网的竞争，以及淘宝网与国内 C2C 巨头易趣曾有一场为期 3 年的商业战，因此竞争者也是阿里巴巴的利益相关者。各类媒体的报道及学术机构的科学研究在一定程度上也影响着阿里巴巴的合法性程度。阿里巴巴制度创业的合作银行和物流也影响着阿里巴巴电商模式的构建，银行赋予阿里巴巴电商平台支付的合法性与权威性使得参与者对平台更加信任。综上所述，在这个层面，阿里巴巴的利益相关者包括银行、物流机构、媒体、学术机构、电商买方、电商卖方、竞争者。

制度创业者所创建的新制度或实践得到了广泛的扩散并且被人们所广为接受时，它就具备了认知合法性。（曾楚宏、朱仁宏和李孔岳，2009）只有被社会公众接受时，阿里巴巴商业模式才得以重新制度化。这时，阿里巴巴制度创业者面临的利益相关者主要是社会公众。

通过以上分析，阿里巴巴制度创业的外部利益相关者主要有：国家部委、地方政府、银行、媒体、竞争者、物流机构、学术机构、电商卖方、电商买方、社会公众。

至此，可以用表 6-1 汇总阿里巴巴制度创业中的利益相关者。

表 6-1　阿里巴巴制度创业中的利益相关者

利益相关者类型	含义	构成
内部利益相关者	组织内部影响制度创业机制的利益群体	股东、管理者、员工
外部利益相关者	组织外部影响制度创业机制的利益群体	国家部委、地方政府、电商买方、电商卖方、银行、物流机构、媒体、竞争者、学术机构、社会公众

资料来源：作者自行整理。

第二节　阿里巴巴制度创业中的利益相关者分类

根据第三章的分类维度，从重要性、意愿性、合法性、合理性 4 个维度对阿里巴巴利益相关者进行分类。分类依据这里就不重复阐述。对阿里巴巴制度创业中利益相关者分类的实证研究主要通过问卷调查来获得数据。问卷发放的时间为 2014 年 12 月至 2015 年 1 月，发放对象为阿里巴巴集团员工、阿里巴巴 B2B 事业部员工、淘宝网员工、天猫网员工。问卷的内容主要为个人的基本情况（包括 5 个方面），以及分别从重要性、意愿性、合法性、合理性 4 个维度对给出的 13 种利益相关者进行排序。本次问卷调查共计发放问卷 100 份，实际收回问卷 90 份，问卷回收率 90%，其中有效问卷共 81 份，回收问卷有效率 90%。

样本的基本情况如下：从性别来看，男性 54 份，占 67%；女性 27 份，占 33%。从年龄来看，23—30 岁的共有 52 份，31—40 岁的共有 26 份，41—50 岁的共有 3 份，分别占样本数的 64%，32%，4%。

数据分析主要分为以下两个步骤：

一、阿里巴巴制度创业中利益相关者的四维度评分

在调查问卷的第二部分中，要求问卷填写者结合本企业的实际情况，对给出的 13 种利益相关者按照重要性程度、意愿性程度、合法性程度、合理性程度从低到高排序。回收后，再将排序转化为数值型数据，用

SPSS 21.0 进行描述性统计分析。

(一) 阿里巴巴制度创业利益相关者在重要性维度上的评分

从表 6-2 可以看出，阿里巴巴制度创业中利益相关者在重要性维度上的评分均值依次为：电商卖方（2.59）、电商买方（2.96）、竞争者（6.25）、物流（6.54）、股东（6.76）、地方政府（6.80）、银行（7.27）、员工（7.58）、国家部委（7.66）、社会公众（8.03）、管理者（8.08）、媒体（9.46）、学术机构（10.09）。

表6-2 在重要性维度上的评分均值的描述性统计

利益相关者	极小值	极大值	均值	标准差
电商卖方	1	11	2.59	2.35
电商买方	1	9	2.96	2.31
竞争者	1	13	6.25	2.87
物流	1	13	6.54	3.36
股东	1	13	6.76	3.31
地方政府	1	12	6.80	3.23
银行	1	13	7.27	2.94
员工	1	13	7.58	3.39
国家部委	1	13	7.66	3.96
社会公众	1	13	8.03	3.41
管理者	1	13	8.08	3.07
媒体	3	13	9.46	2.68
学术机构	6	13	10.09	2.54

注：$N=81$。

根据统计学要求，不能仅从表 6-2 的均值大小的排列得出某一利益相关者比另一个利益相关者更为重要的结论。（马庆国，2002）因此需要做进一步的统计检验，判断上述每两个利益相关者在维度上有没有显著差异。借鉴陈宏辉和贾生华（2004）的统计方法，本次调查使用了配对样本 T 检验。统计结果如表 6-3 所示。

表 6-3 在重要性维度上的评分均值差异的配对样本 T 检验结果

利益相关者	1	2	3	4	5	6	7	8	9	10	11	12
1 国家部委												
2 地方政府	0.86 (2.89)											
3 银行	0.39 (0.74)	-0.47 (-1.11)										
4 媒体	-1.80** (0.42)	-2.67** (-7.00)	-2.20** (-4.94)									
5 竞争者	1.42* (2.52)	0.56 (1.15)	1.02** (2.71)	3.22** (8.26)								
6 电商买方	4.70** (8.12)	3.83** (7.75)	4.31** (10.20)	6.51** (14.48)	3.28** (7.70)							
7 电商卖方	5.07** (8.25)	4.21** (8.23)	4.68** (11.20)	6.87** (15.06)	3.65** (8.88)	0.37 (1.713)						
8 学术机构	3.43** (-6.41)	-4.30** (-8.90)	-3.83** (-8.16)	-0.47 (-1.02)	-3.85** (-5.62)	-8.14** (-20.26)	-8.51** (-19.32)					
9 社会公众	-0.37 (-0.59)	-1.23* (-2.13)	-0.77 (-1.35)	1.43* (2.74)	-1.79** (-3.44)	-5.07** (-11.48)	-5.44** (-11.99)	3.06** (7.09)				
10 股东	0.90 (1.41)	0.04 (0.06)	0.51 (0.91)	2.70** (5.27)	-0.52 (-8.89)	-3.80** (-7.94)	-4.17** (-9.33)	4.33** (8.50)	1.27* (2.21)			
11 员工	0.09 (0.13)	-.78 (-1.18)	-0.31 (-.53)	1.89** (3.60)	-1.33* (-2.44)	-4.62** (-9.84)	-4.99** (-11.11)	3.52** (7.41)	0.46 (0.85)	-0.81* (-2.15)		
12 管理者	-0.42 (-0.65)	-1.28* (-2.19)	-0.82 (-1.50)	1.38* (2.55)	-1.84** (-3.382)	-5.12** (-11.46)	-5.49** (-12.59)	3.01** (6.96)	-0.05 (-0.09)	-1.32** (-3.21)	-0.51 (-1.22)	
13 物流	0.26 (0.44)	0.26 (0.44)	0.73 (1.42)	2.93** (5.20)	-0.30 (-561)	-3.58** (-8.49)	-3.95** (-9.38)	4.56** (9.50)	1.49** (2.80)	0.22 (0.42)	1.04 (1.97)	1.54** (3.65)

注：* 表示 $P < 0.05$，** 表示 $P < 0.01$。

表 6-3 中数据的含义是：未加括号的数据表示某一利益相关者与另一利益相关者在该维度得分的均值之差，括号内的数据是 T 检验值，如果均值之差通过了 95% 或 99% 的置信度检验，则标上 * 或 **。例如表中电商卖方与电商买方的重要性评分均值差异是 0.37，没有标上 * 号。

在本次统计中，把重要性维度的评分最大值定在 13 分，因此将评分值划分为 1—4 分、4—9 分、9—13 分三段，根据 13 种利益相关者的均值得分，结合配对样本 T 检验结果，可以用表 6-4 汇总阿里巴巴利益相关者在重要性维度上的得分。

表 6-4　在重要性维度上的阿里巴巴制度创业中利益相关者分类

维度＼评分	[1, 4)	[4, 9)	[9, 13]
重要性	电商卖方、电商买方	竞争者、物流、股东、地方政府、银行、员工、国家部委、社会公众、管理者	媒体、学术机构

需要说明的是，在表 6-4 中的几类利益相关者中，虽然国家部委与竞争者的均值差异显著，但是如果把竞争者与媒体和学术机构归为一类，其均值的差异更大，因此把竞争者放入评分结果为 4—9 分的区域。以下的结果也发生在评分在 4—9 分的其他利益相关者上。

就利益相关者所受的影响而言，阿里巴巴的制度创业行为对电商卖方和电商买方的影响最大。阿里巴巴在首创 B2B 电商模式时，让当时的一些传统企业可以在阿里巴巴 B2B 平台上发布自己的产品和企业信息，并且让国外的采购商到中国找到合适的供应商，拓展海外销售量。因此对电商卖方即供应商来说，阿里巴巴制度创业行为给他们带来的影响程度最大，而同处一个平台的另一方——电商买方可以更好、更大范围地寻找优质供应商，无论从产品或是价格方面都给采购商带来了重要的影响。另外，阿里巴巴制度创业给学术机构和媒体带来的影响程度相对最小，因为学术机构和媒体都属于第三方观察与评论机构，没有像电商卖方与买方那样直接参与电商运作。评分在 4—9 分区域的利益相关者，如竞争者、物流、银行、股东、员工、管理者、国家部委、地方政府、社会公众，都从中受到一定影响。

（二）阿里巴巴制度创业中利益相关者在意愿性维度上的评分

利用同样方法，对阿里巴巴制度创业中利益相关者在意愿性维度上的评分的描述性统计结果如表 6-5 所示，评分的均值越小，表明利益相关者越愿意参与阿里巴巴制度创业。配对样本 T 检验的统计结果如表 6-6 所示。

表 6-5　在意愿性维度上的评分均值的描述性统计

利益相关者	极小值	极大值	均值	标准差
管理者	1	12	3.28	3.29
股东	1	11	3.66	2.91
竞争者	1	13	3.92	3.77
物流	1	13	4.60	4.37
国家部委	1	13	5.13	3.41
地方政府	1	13	5.52	3.03
电商卖方	1	13	6.05	3.92
电商买方	1	13	6.15	3.71
员工	1	13	7.01	3.14
银行	1	13	7.65	3.70
媒体	1	13	8.03	3.26
学术机构	1	13	9.61	3.31
社会公众	1	13	10.35	3.00

注：$N=81$。

表 6-6 在惠顾性维度上的评分均值差异的配对样本 T 检验结果

利益相关者	1	2	3	4	5	6	7	8	9	10	11	12
1 国家部委												
2 地方政府	-0.39 (0.53)											
3 银行	-2.51** (-1.59)	-2.13* (-2.25)										
4 媒体	-2.91** (-3.42)	-2.52** (-3.67)	-.393 (-2.09)									
5 竞争者	1.12** (-.38)	1.60* (-0.73)	3.725** (1.38)	4.118** (3.28)								
6 电商卖方	2.04** (2.84)	-0.60 (3.15)	1.50* (6.99)	1.89* (7.26)	-2.22** (4.84)							
7 电商买方	-1.01* (2.62)	-0.54 (2.89)	1.60* (6.69)	1.99* (6.59)	-2.12* (4.68)	0.10 (-.120)						
8 学术机构	-4.48** (-7.47)	-4.09** (-8.161)	-1.96** (-8.16)	-1.57** (-6.37)	-5.69** (-8.31)	-3.46** (-20.26)	-3.56** (-19.32)					
9 社会公众	-5.21** (-3.96)	-4.83** (-4.60)	-2.70** (-3.03)	-2.31** (-1.38)	-6.43** (-4.12)	-4.20** (-14.98)	-4.30** (-14.97)	-0.74 (5.13)				
10 股东	1.48** (-.21)	1.86** (-0.51)	3.99** (1.50)	4.38** (2.64)	0.26 (-0.16)	2.49** (-7.28)	2.39** (-7.94)	5.95** (9.26)	6.69** (4.27)			
11 员工	-1.88* (-0.80)	-1.49* (-1.08)	0.64 (0.54)	1.03 (1.61)	-3.09* (-0.69)	-0.86 (-8.90)	-0.96* (-8.62)	2.60** (7.58)	3.34** (3.12)	-3.51** (-1.13)		
12 管理者	1.65** (-0.88)	2.24** (-1.17)	4.36** (0.65)	4.76** (1.61)	0.64 (-0.75)	2.86** (-11.46)	2.76** (-12.59)	6.33** (6.96)	7.06** (3.06)	0.38 (-1.47)	3.73** (6.69)	
13 物流	0.54 (2.10)	0.93 (-2.59)	3.05** (-0.98)	3.33** (0.24)	-0.68 (-2.51)	1.55* (-10.17)	1.45* (-10.41)	5.01** (5.87)	5.75** (1.15)	-.94* (-2.57)	2.41** (3.18)	-1.31* (-2.06)

注：* 表示 $P < 0.05$，** 表示 $P < 0.01$。

从表6-5中可以看出，阿里巴巴制度创业中利益相关者在意愿性维度上的评分依次为：管理者（3.28）、股东（3.66）、竞争者（3.92）、物流（4.60）、国家部委（5.13）、地方政府（5.52）、电商卖方（6.05），电商买方（6.15）、员工（7.01）、银行（7.65）、媒体（8.03）、学术机构（9.61）、社会公众（10.35）。

结合利益相关者在意愿性维度上的均值及配对样本 T 检验，可以得出表6-7。

表6-7　在意愿性维度上的阿里巴巴制度创业中利益相关者分类

维度 ＼ 评分	[1, 4)	[4, 9)	[9, 13]
意愿性	管理者、股东、竞争者	物流、国家部委、地方政府、电商卖方、电商买方、员工、银行、媒体	学术机构、社会公众

从表6-7可知，阿里巴巴制度创业中利益相关者在意愿性评分的结果上，得分为1—4分的利益相关者是管理者、股东和竞争者。根据二手资料并结合访谈资料分析可知，尽管阿里巴巴最早提出 B2B 商业模式，但在寻求融资时并不顺利，不过自从马云获得孙正义的2000万美元投资以进行融资后，雅虎开始主动与阿里巴巴洽谈，并以10亿美元的价格换取阿里巴巴40%的股权，这表明股东积极参与阿里巴巴制度创业的意愿性是相对较高的。竞争者也积极参与到与阿里巴巴的竞争中，例如 B2B 模式的电商平台敦煌网、慧聪网，以及与淘宝打了3年恶战的易趣网。而得分在4—9分的利益相关者，例如电商卖方和电商买方，他们在阿里巴巴创业之初还对电商平台的物流、支付安全及产品质量等问题有疑虑，因此不是十分主动地参与到阿里巴巴的商业模式的构建中。政府机构则由于缺乏对新事物的管理经验，在阿里巴巴创立电商平台时，曾一度任其自然发展，后来才逐渐加以引导与管理。针对电商这类新事物的出现，学术机构缺乏研究资料，几乎没有参与到阿里巴巴的制度创业中。社会公众也是如此，由于当时对互联网和 B2B 这一新兴商业模式的认知较为缺乏，社会公众并未广泛采用网购方式。

(三)阿里巴巴制度创业中利益相关者在合法性维度上的评分

阿里巴巴制度创业中的利益相关者在合法性上的评分直接影响利益相关者对阿里巴巴制度创业的印象,利益相关者针对阿里巴巴所采取的措施的合法性程度将影响阿里巴巴对关键利益相关者主体的判断,从而采取制度创业策略去影响利益相关者。按照同样方法,阿里巴巴制度创业中利益相关者在合法性维度上的评分如下表6-8所示。

表6-8 在合法性维度上的评分均值的描述性统计

利益相关者	极小值	极大值	均值	标准差
地方政府	1	13	2.30	3.71
国家部委	1	13	2.43	4.83
电商买方	1	13	3.03	3.13
电商卖方	1	13	3.28	3.18
银行	1	13	4.45	3.25
股东	1	13	4.68	3.67
管理者	1	13	4.77	3.77
员工	1	13	5.33	3.57
竞争者	1	13	5.60	3.37
媒体	2	13	9.67	3.16
社会公众	1	13	9.81	3.25
物流	1	13	10.78	3.84
学术机构	1	13	11.80	3.38

注:N=81。

从表6-8中可以看出,阿里巴巴制度创业中利益相关者在合法性维度上的评分依次为:地方政府(2.30)、国家部委(2.43)、电商买方(3.03)、电商卖方(3.28)、银行(4.45)、股东(4.68)、管理者(4.77)、员工(5.33)、竞争者(5.60)、媒体(9.67)、社会公众(9.81)、物流(10.78)、学术机构(11.80)。配对样本T检验的统计结果如表6-9所示。结合评分均值与配对样本T检验的结果,可以得出表6-10。

表6-9 在合法性维度上的评分均值差异的配对样本T检验结果

利益相关者	1	2	3	4	5	6	7	8	9	10	11	12
1 国家部委												
2 地方政府	0.13 (0.51)											
3 银行	2.02* (-1.47)	-2.15* (-2.15)										
4 媒体	7.14** (-4.15)	-7.37** (-5.16)	-5.22** (-3.72)									
5 竞争者	7.44** (-4.18)	-7.6** (5.05)	-5.45** (-4.24)	-1.15 (-0.65)								
6 电商买方	-0.73 (-0.40)	-0.70 (-0.67)	1.41* (0.934)	6.64** (4.54)	6.86** (5.17)							
7 电商卖方	-0.85 (-0.59)	-0.97 (-0.91)	1.16 (0.643)	6.39** (3.78)	6.61** (4.69)	-0.25 (-0.54)						
8 学术机构	-9.36** (-0.51)	-9.30** (-6.00)	-7.35** (-4.52)	-2.13* (-1.24)	-1.90* (-0.80)	-7.76** (-4.61)	-2.71** (-4.45)					
9 社会公众	-9.48** (-3.69)	-7.51** (-4.51)	-5.36** (-3.28)	-0.14 (-0.27)	0.09 (0.17)	-2.38** (-5.11)	-2.22** (-4.57)	0.49 (1.06)				
10 股东	-2.55** (-1.18)	-2.38 (-1.60)	-0.24 (-0.21)	4.99** (2.49)	-0.88 (2.68)	-0.65 (-1.11)	-0.50 (-0.85)	2.21** (3.80)	1.73** (2.94)			
11 员工	-2.90** (-2.32)	-3.03** (-2.87)	-0.89 (-1.70)	4.34* (0.99)	0.25 (1.25)	-1.6* (-3.10)	-1.45* (-2.92)	1.26* (2.06)	0.78 (1.32)	-0.95 (-2.46)		
12 管理者	-2.33* (-2.27)	-2.47** (-2.88)	-.33 (-1.53)	4.90** (1.03)	0.82 (1.30)	-1.54* (-2.59)	-1.39* (-2.45)	1.33* (2.09)	0.84 (1.39)	-0.89 (-2.72)	0.06 (0.19)	
13 物流	-8.45** (-3.73)	-8.47** (-4.46)	-6.34** (-3.49)	-0.91 (-0.79)	-0.79 (-0.43)	-2.75** (-5.07)	-2.60** (-5.05)	0.11 (0.17)	-0.37 (-0.62)	-2.10** (-3.92)	-1.15* (-2.49)	-1.00* (-2.53)

注：* 表示 $P < 0.05$，** 表示 $P < 0.01$。

表 6-10　在合法性维度上的阿里巴巴制度创业中利益相关者分类

评分 维度	[1，4)	[4，9)	[9，13]
合法性	地方政府、国家部委、电商买方、电商卖方	银行、股东、员工、管理者、竞争者	媒体、社会公众、物流、学术机构

从表 6-10 可以看出，评分为 1—4 分的利益相关者具有高合法性。地方政府和国家部委是政策法规的制定者，他们对阿里巴巴制度创业的反应理应受到阿里巴巴的重视。2000 年左右，浙江省提出天堂硅谷计划，旨在培养一批诸如阿里巴巴这样的互联网创业企业，并颁布了一系列扶持政策来推动这类企业的发展。与此同时，国家部委层面也颁发了一系列鼓励国家信息产业、互联网信息产业发展的指导意见。而电商卖方与电商买方则是阿里巴巴创业的直接影响者，他们也应该得到阿里巴巴的足够重视。评分为 4—9 分的利益相关者有银行、股东、员工、管理者和竞争者，他们在阿里巴巴制度创业中扮演合作者的角色，虽然有时也对阿里巴巴制度创业抱有质疑，但并未产生实质性影响。得分为 9—13 分的利益相关者有媒体、社会公众、物流、学术机构。媒体、社会公众和学术机构在阿里巴巴制度创业中多为评论性角色，其中不乏一些负面的新闻报道，因此阿里巴巴视其为合法性较低的利益相关者。

（四）阿里巴巴制度创业中利益相关者在合理性维度上的评分

阿里巴巴制度创业中利益相关者的合理性表现为当阿里巴巴带来新型电商模式时，无论在认知层面还是在规范性层面，都对利益相关者造成了一定冲击。例如，淘宝网刚刚推出司法拍卖平台时，就遭到一些机构的质疑。但是，这些机构的行为的合理性程度将决定阿里巴巴将其视为何种不同类别的利益相关者并采取相应的制度创业策略。阿里巴巴制度创业中利益相关者在合理性维度上的评分均值结果如表 6-11 所示。

从表 6-11 中可以看出，阿里巴巴制度创业中利益相关者在合理性维度上的评分依次为：电商买方（2.64）、电商卖方（3.59）、银行（5.28）、国家部委（6.08）、地方政府（6.38）、股东（6.70）、员工（6.93）、社会公众（7.03）、管理者（7.29）、物流（8.03）、竞争者（9.38）、媒体（9.78）、学术机构（10.09）。

表 6-11 在合理性维度上的评分均值的描述性统计

利益相关者	极小值	极大值	均值	标准差
电商买方	1	12	2.64	2.57
电商卖方	1	12	3.59	2.77
银行	1	13	5.28	3.59
国家部委	1	13	6.08	4.18
地方政府	1	13	6.38	3.77
股东	1	13	6.70	3.89
员工	1	13	6.93	3.78
社会公众	1	13	7.03	3.39
管理者	1	13	7.29	3.89
物流	1	13	8.03	3.68
竞争者	1	13	9.38	3.55
媒体	1	13	9.78	3.55
学术机构	1	13	10.09	3.21

注：$N=81$。

这里也需用配对样本 T 检验来判断每两个利益相关者的合理性均值差异是否显著，检验结果如表 6-12 所示。结合表 6-11 和表 6-12 的结果分析，把利益相关者在合法性维度上的得分结果填入表 6-13。

表 6-12　在合理性维度上的评分均值差异的配对样本 T 检验结果

利益相关者	1	2	3	4	5	6	7	8	9	10	11	12
1 国家部委												
2 地方政府	-0.28 (-0.89)											
3 竞争	-1.22* (-2.61)	-3.00* (-2.22)										
4 媒体	-3.70** (-3.94)	-1.57** (-3.45)	-0.47 (-1.23)									
5 银行	-1.89** (-3.24)	-1.67** (-2.84)	-4.03** (-1.51)	-4.50** (-0.23)								
6 电商买方	2.14** (3.44)	2.37** (4.29)	-6.67** (6.38)	-7.14** (6.99)	4.04** (7.76)							
7 电商卖方	1.49* (2.30)	1.72** (2.89)	-5.72** (4.96)	-6.19** (5.62)	3.39** (6.58)	-0.65 (-2.54)						
8 学术机构	-2.81** (-4.98)	-2.58** (-4.78)	-0.78 (-3.14)	-0.31 (-2.32)	-4.81** (-1.83)	-4.94** (-9.32)	-4.30** (-7.62)					
9 社会公众	-0.95 (-1.45)	-0.72 (-1.22)	-2.28* (0.48)	-2.75** (1.61)	1.95** (1.75)	-3.08** (-7.00)	-2.44** (-4.93)	1.86** (4.046)				
10 股东	-0.62 (-0.82)	-0.39 (-0.55)	-2.61** (0.88)	-3.08** (1.65)	-1.42** (1.92)	-2.76** (-5.44)	-2.11** (-4.29)	2.19** (3.55)	0.33 (0.52)			
11 员工	-0.85 (-1.07)	-0.62 (-0.84)	-2.38** (0.54)	-2.85** (1.33)	-1.65** (1.55)	-2.99** (-6.08)	-2.34** (-4.77)	1.96* (3.34)	0.10 (0.17)	-0.23 (-0.54)		
12 管理者	-1.20 (-1.52)	-0.97 (-1.30)	-2.03** (0.03)	-2.50** (0.81)	-2.00** (0.98)	-3.34** (-6.53)	-2.69** (-5.65)	1.60** (2.70)	-0.25 (-0.41)	-0.58 (-1.39)	-0.35 (-1.14)	
13 物流	-2.75** (-3.60)	-2.51** (-3.49)	-1.28* (-2.26)	-1.75** (-1.41)	-2.75** (-1.31)	-4.89** (-10.91)	-4.24** (-9.69)	1.46** (0.11)	-1.79** (-3.07)	-2.13** (-1.08)	-1.89** (-4.62)	-1.54** (-4.35)

注：* 表示 $P < 0.05$，** 表示 $P < 0.01$。

表 6-13　在合理性维度上的阿里巴巴制度创业中利益相关者分类

维度＼评分	[1，4)	[4，9)	[9，13]
合理性	电商买方、电商卖方	银行、国家部委、地方政府、股东、员工、社会公众、管理者、物流	竞争者、媒体、学术机构

　　根据上表分析的结果，评分为 1—4 分的利益相关者是电商卖方与电商买方，他们对阿里巴巴制度创业行为的反应是合理的。因为一般社会公众，尤其是作为直接参与阿里巴巴电商平台的利益相关者，他们当时对电子商务表现出近乎观望的态度。而评分为 9—13 分的利益相关者是竞争者、媒体、学术机构，他们对新事物的研究和报道有些是负面的。部分媒体为了提高新闻关注率，恶意诋毁阿里巴巴的商业模式；学术机构则从更加全面的角度要求阿里巴巴电商模式越来越规范；竞争者为了竞争需要而抵制阿里巴巴，例如易趣在淘宝刚上线时，全面遏制淘宝网的宣传推广。而评分为 4—9 分的利益相关者则是阿里巴巴的合作者，他们的态度与行为居于中间状态。

二、阿里巴巴制度创业中利益相关者的分类结果

　　根据各种利益相关者在各个维度上均值得分的结果，可以得出表 6-14。

表 6-14　阿里巴巴制度创业中利益相关者的分类结果

维度＼评分	[1，4)	[4，9)	[9，13]
重要性	电商卖方、电商买方	竞争者、物流、股东、地方政府、银行、员工、国家部委、社会公众、管理者	媒体、学术机构
意愿性	管理者、股东、竞争者	物流、国家部委、地方政府、电商卖方、电商买方、员工、银行、媒体	学术机构、社会公众
合法性	地方政府、国家部委、电商买方、电商卖方	银行、股东、员工、管理者、竞争者	媒体、社会公众、物流、学术机构

评分 维度	[1，4)	[4，9)	[9，13]
合理性	电商买方、电商卖方	银行、国家部委、地方政府、股东、员工、社会公众、管理者、物流	竞争者、媒体、学术机构

根据表6-14，分类结果如下。第一，核心利益相关者：至少3个维度的得分在4分以下。他们是阿里巴巴制度创业中突破制度约束、创建电商模式不可或缺的利益相关者，他们直接影响阿里巴巴制度创业的成功与否。这类利益相关者包括电商卖方与电商买方。第二，蛰伏利益相关者：至少3个维度得分在4分以上，9分以下。他们与阿里巴巴有密切的联系，是阿里巴巴比较重要的合作者，为阿里巴巴制度创业提供了一定资源，因此阿里巴巴必须使用一定的制度创业策略才能得到他们的支持。一旦其利益受损，有可能转为阿里巴巴制度创业的破坏者。这类利益相关者包括国家部委、地方政府、银行、竞争者、股东、员工、管理者、物流、社会公众。第三，边缘利益相关者：至少2个维度得分在9分以上。他们大多数情况下被动受阿里巴巴制度创业的影响，不直接参与到阿里巴巴制度创业中，游弋在阿里巴巴制度创业组织场域的边缘位置。这类利益相关者包括媒体与学术机构。

借鉴陈宏辉和贾生华（2004）的方法，为了进一步验证上述分类结果，并从总体上进行比较，需要计算出每一个利益相关者在重要性、意愿性、合法性和合理性维度上的综合得分，这里称之为综合相关度。记第i（i=1，2，3…13）个利益相关者的综合相关度为PX_i，该利益相关者在第j（j=1，2，3，4）个维度上的得分为V_{ij}，PX_i的计算公式为

$$PX_i = \frac{1}{4}\sum_{j=1}^{4} V_{ij},$$

由此生成13个新的变量，描述性统计结果见表6-15。

利益相关者综合相关度均值的评分结果依次为：电商买方（3.18）、电商卖方（3.28）、地方政府（6.22）、国家部委（6.46）、股东（6.53）、银行（7.05）、员工（7.11）、管理者（7.27）、竞争者（7.30）、物流（7.76）、社会公众（7.99）、媒体（9.38）、学术机构（9.81）。

表 6-15 阿里巴巴制度创业中利益相关者的综合相关度描述性统计

利益相关者	极小值	极大值	均值	标准差
电商买方	1.00	8.25	3.18	1.80
电商卖方	1.00	9.50	3.28	1.90
地方政府	1.75	12.50	6.22	2.41
国家部委	1.00	12.75	6.46	3.02
股东	1.25	13.00	6.53	2.53
银行	2.25	12.00	7.05	2.20
员工	1.75	13.00	7.11	2.39
管理者	2.25	12.00	7.27	2.39
竞争者	3.00	11.25	7.30	2.04
物流	1.50	13.00	7.76	2.44
社会公众	3.25	12.50	7.99	2.20
媒体	3.00	12.75	9.38	2.19
学术机构	4.75	13.00	9.81	2.04

同样对上述 13 个新变量进行配对样本 T 检验，以检验上述排序是否具有显著性统计意义。配对样本 T 检验结果如表 6-16 所示。检验结果表明，电商卖方与电商买方可以归为一类（综合相关度均值在统计意义上的 4 分以下），地方政府、国家部委、股东、银行、员工、管理者、竞争者、物流、社会公众归为一类（综合相关度均值在统计意义上的 4 分以上，9 分以下），媒体与学术机构可以归为一类（综合相关度均值在统计意义上的 9 分以上）。这一结果印证了这 13 类利益相关者确实可以分为核心利益相关者、蛰伏利益相关者、边缘利益相关者的结论。

表6-16　综合相关度均值差异的配对样本T检验结果

利益相关者	1	2	3	4	5	6	7	8	9	10	11	12
1 国家部委												
2 地方政府	0.24 (1.15)											
3 银行	-0.59 (-1.56)	-0.83 (-2.62)										
4 媒体	-1.92** (-5.99)	-2.15** (-7.22)	-1.33** (-4.419)									
5 竞争者	-0.83* (-2.128)	-1.07** (-2.90)	-0.25 (-.812)	1.08** (4.15)								
6 电商买方	2.28** (4.77)	2.03** (5.06)	2.86** (8.596)	4.19** (11.24)	3.11** (9.65)							
7 电商卖方	2.19** (4.42)	1.94** (4.71)	2.78** (7.825)	4.10** (10.02)	3.02** (9.04)	-0.09 (-0.59)						
8 学术机构	-3.35** (-8.27)	-3.59** (-10.18)	-2.76** (-8.335)	0.51 (-5.12)	-2.51** (-8.35)	-5.63** (-16.32)	-5.53** (-7.62)					
9 社会公众	-1.53** (-3.42)	-1.78** (-4.60)	-.94* (-2.511)	1.42** (1.05)	-0.69* (-2.12)	-3.81** (-7.00)	-3.71** (-10.72)	1.82** (6.63)				
10 股东	-0.06 (-0.12)	-0.31 (-0.66)	0.52 (1.205)	1.85** (3.99)	0.77 (1.75)	-2.76** (-5.44)	-2.25** (-6.15)	3.28** (7.55)	1.46** (3.49)			
11 员工	-0.65 (-1.16)	-.89 (-1.81)	-0.06 (-0.142)	1.27** (2.80)	0.18 (0.43)	-2.99** (-6.08)	-2.83** (-9.31)	2.69** (6.67)	0.88* (2.14)	-0.58 (-1.94)		
12 管理者	-0.80 (-1.52)	-1.05* (-2.24)	-0.21 (-0.46)	1.11* (2.36)	0.03 (0.07)	-3.34** (-6.53)	-2.99** (-8.89)	2.54** (5.88)	0.72 (1.70)	-0.80** (-2.87)	-0.16 (-0.71)	
13 物流	-1.29* (-2.34)	-1.54** (-3.22)	-0.70 (-1.57)	1.54** (1.30)	-0.46 (-1.09)	-3.57** (-9.01)	-3.48** (-9.69)	2.05** (4.11)	0.24 (0.60)	-1.22** (-3.27)	-0.65* (-2.20)	-0.49 (-1.97)

注：* 表示$P<0.05$，** 表示$P<0.01$。

第三节 阿里巴巴的制度创业阶段 [①]

一、阿里巴巴简介

1999 年，马云与他的初始创业伙伴在杭州创办了阿里巴巴，为中小型企业销售产品提供了贸易平台。2003 年 5 月，阿里巴巴投资 1 亿元建立了 C2C 模式的个人网上贸易平台——淘宝网。为了解决网上交易资金的安全问题，阿里巴巴于 2004 年 10 月建立了第三方支付平台——支付宝。2013 年，阿里巴巴集团重组为 25 个事业部，并于 2014 年 9 月在纽约证券交易所完成阿里巴巴集团整体上市，成为目前国内最大的电子商务交易平台和全球最大的网上贸易市场。

二、阿里巴巴制度创业阶段划分

结合文献综述中 Greenwood, Suddaby & Hinings（2002）提出的经典制度创业的阶段划分，将制度创业阶段分为 3 个阶段：创建变革基础阶段、理论化新制度阶段、新制度扩散阶段。创建变革基础阶段对应突然震荡、去制度化和前制度化阶段，主要任务是识别新制度变革前环境对制度创业者的影响，感受新震荡和提出新的制度。理论化新制度阶段对应 5 阶段中的理论化阶段，该阶段的主要任务是详细阐述新制度的因果联系及为新制度做出正当性解释。新制度扩散阶段对应 Greenwood, Suddaby & Hinings（2002）提出的经典制度创业的阶段划分的最后两个阶段，即对新制度的宣传与推广。

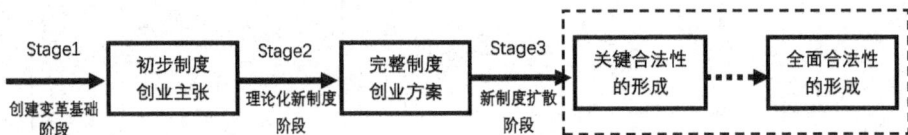

资料来源：作者自行绘制。

图 6-1 阿里巴巴制度创业的阶段划分

[①] 本节分析引用了很多二手公开资料，由于数量太多，在具体引用时没有一一标注。资料来源请参阅参考文献。

（一）创建变革基础阶段（1995—1999年）

1995年，马云出差至美国，首次接触互联网，他发现人们可以通过互联网搜索到很多信息，但是在网上搜不到任何一条关于中国的信息，互联网在中国市场中还是一片空白，这让马云兴奋不已，他觉得自己找到下一步要做的事了。马云回国后，即1995年5月9日，中国第一家商业网站——"中国黄页"诞生了。1997年12月，马云接到了外经贸部伸出的橄榄枝——邀请他加盟中国国际电子商务中心，担任信息部总经理。马云和他的团队利用一年的时间，成功地推出了网上广交会、网上中国商品交易市场、中国招商和中国外贸等一系列网站。但马云发现他与外经贸部的想法大相径庭，定位分歧使马云怀疑自己来北京的目的能否达成。1999年1月，马云带着他的团队从北京回到杭州，创办B2B模式的阿里巴巴，阿里巴巴的中英文网站会员分别突破10000人，会员总数超过20000人。马云不断地告诉大家："B2B模式将是改变全球几千万人的商业模式。"

从上述资料中可以看出，在阿里巴巴制度创业创建变革基础阶段，马云的两次互联网创业经历带给他互联网商业理念的震荡。第一次是互联网本身对传统商业模式的震荡，马云看到借用互联网可以将公司的信息放到互联网上让全球人看到；第二次是在外经贸部的工作促使马云发现当时的互联网商业模式是大企业对大企业的，而马云所理解的B2B模式应该针对小企业。这两次震荡使得马云创办了B2B模式的阿里巴巴。

（二）理论化新制度阶段（2000—2003年）

2001年，《财经》杂志报道了轰动一时的"银广厦陷阱"事件。在这起丑闻前后，中国资本市场被新闻媒体报道的丑闻还有"基金黑幕"和"庄家吕梁"，这些丑闻在大众眼中都可以归结为商业行为中的诚信缺失。而阿里巴巴基于网络虚拟环境的电商模式更是让人们担心商业行为中存在不诚信行为。于是，2001年8月，阿里巴巴推出"诚信通"产品。每位加入诚信通的会员都要进行认证，都要通过仔细交谈来确认身份。阿里巴巴推出这个产品的目的是解决诚信缺失问题。2003年5月10日，阿里巴巴推出个人网上交易平台——淘宝网，进军C2C领域。同样，为了解决交易中的信用问题，阿里巴巴于 2003 年 10 月推出第三方支付平台——支付宝，买方的钱暂时存入第三方平台，这样就可以避免卖方收款后不发货的问题。这种方式将用户双方的交易风险留给了第三方平台，以消除信用体系不完善条件下买卖双方存在的信用问题。

在理论化新制度阶段，阿里巴巴主要的工作是为其创立的电商模式提供正当性解释，以解决人们当时最担心的商业信用问题，因此，阿里巴巴推出了诚信通和支付宝等产品，旨在让自己的电商平台更加规范化，向社会大众阐释电商的诚信是可以逐步完善的。

（三）新制度扩散阶段（2004 年至今）

阿里巴巴在推广其电商模式的时候，广告是最为常用的手段。2004 年 6 月举办的首届网商大会，是阿里巴巴主推的一个概念营销活动，目的是在客户群中宣传阿里巴巴的品牌影响力。2005 年，雅虎以 10 亿美元投资阿里巴巴，阿里巴巴模式开始名满天下。2006 年，马云在中央电视台《赢在中国》节目中担任评委，将自己及阿里巴巴商业模式在创业人群心中的地位推向了新的高度。2007 年 11 月 6 日，阿里巴巴网络有限公司（俗称阿里巴巴 B2B 公司）以 B2B 业务为主体，在香港主板挂牌，成功上市，意味着阿里巴巴模式基本受到外界的认可和接受。2009 年之后，阿里巴巴推出的"双十一"购物节已成为中国消费者狂欢的年度盛典。2014 年，阿里巴巴集团整体在美国纽约的成功上市更是表明阿里巴巴商业模式得到了全世界的认可。

在理论化新制度阶段后，阿里巴巴的商业模式被人们所理解，也被社会大众尤其是电商平台的利益相关者广为接受，阿里巴巴的国际化发展道路也表明了阿里巴巴商业模式正在扩散。阿里巴巴制度创业的关键事件如图 6-2 所示。

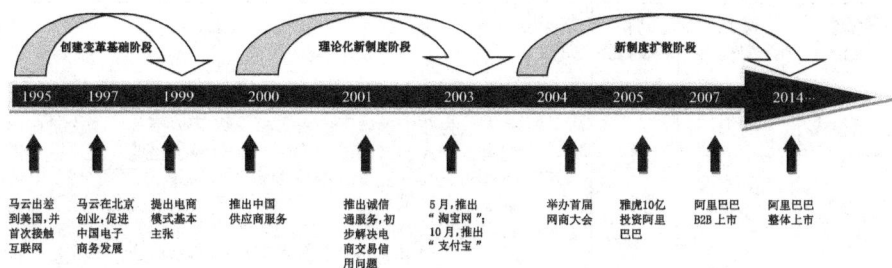

图 6-2 阿里巴巴制度创业关键事件图

第四节 阿里巴巴制度创业机制

一、开放性编码过程

开放性编码是将收集到的资料全部打散，赋予概念，并重新组合的过程。（陈向明，2000）本章的开放性编码分为三个过程：首先，观察打散的资料，将观察到的资料赋予概念，每一个概念可以是一个词组或是一个短语或句子。本章对阿里巴巴的资料进行开放性编码，共形成 70 个概念，再经过反复比较分析，严格按照 Strauss & Corbin（1997）提出的开放性编码五项基本原则，剔除意思相关、重复的概念，最终形成 48 个概念（a1—a48）。其次，把概念进一步范畴化，把概念相同或类似的现象集中起来统一归到相同的范畴之下。最后，命名范畴，共提炼出 24 个范畴（A01—A24）。开放性编码结果如表 6-17 所示。

表 6-17 扎根理论开放性编码

范畴类别	概念类别	材料来源数	参考点数	参考点举例
A01 不接受新模式	a1 网购人数少	10	13	在传统经济模式下物流体系和支付手段不完善的情况下，有人认为在中国电子商务炒概念多于炒事实，偌大的中国能有多少人尝试网上购物呢，又有多少企业开设了网上业务呢（《用户眼里的电子商务》，《互联网周刊》2000年第9期）；虽然目前中国网络用户人数在呈几何增长，但若讲到利用网络淘金，对很多大企业来讲都是空泛式的想法，对于很多人而言，阿里巴巴的网商概念很是超前（向华：《阿里巴巴推出"造国计划"》，《网际商务》2005年第1期）
	a2 网购概念超前	8	12	
	a6 企业网上业务少	5	13	
	a8 对 B2B 陌生	4	8	1999年4月24日，马云召集全体员工召开了一次非同寻常的会议，会上一些员工们建议搞 B2C 模式，因为国外此种模式搞得很火热，而且 B2B 听都没听过。马云反对道，"中国有特殊性"，这是两种不同的文化（吴丹：《马云与阿里巴巴神话》，《中国商人》2000年第6期）
	a10 国际化受阻	5	9	马云心目中的阿里巴巴必须具有国际性，因此他频频飞到世界各地联系卖家。马云一共去过3趟西欧，第一次去时，碰到了许多阻力，当地的很多公司不理他们，媒体挖苦他们（张乃恒：《阿里巴巴传奇》，《中国海关》2004年第7期）
A02 诚信体系缺失	a3 网络世界不安全	8	14	有关专家认为：当前中国电子商务信用要过5关，即商业信用、银行信用、系统信用、社会信用及司法信用。至今，人们对网上购物仍然心存警惕，大多只停留在图书、光盘等有限品种上（王立群：《阿里巴巴——电子商务搅局者》，《通信市场》2004年第3期）
	a4 充斥着虚假交易	6	11	
A03 模式不可靠	a5 .com 盈利不确定	5	7	当电子商务兴起的时候，阿里巴巴和大多数公司一样玩烧钱，当时的说法是这类 .com 的公司只会烧钱，还能做什么，真正能为企业带来什么不清楚，这时的阿里巴巴也是疯狂地宣传，疯狂地烧钱（荣振环：《马云的身份：从骗子到疯子再到傻子》，《法人》2008年第2期）
	a7 员工不同意	4	4	1998年底，马云的脑袋里有了阿里巴巴 B2B 这个电子商务的独特构想，就和同事们讨论，但是没有一个人同意，程序员不同意，项目负责人不同意，商务负责人不同意，他们的脑袋里装的是另外一种电子商务模式——B2C（张彬：《马云的武器》，《知识经济》2000年第9期）
	a9 B2B、C2C 没有"钱"途	5	12	在2001年末的时候，许多电子商务网站纷纷倒闭，有分析人士认为，不管是 B2B 还是 C2C 在国内都是有前途没有"钱"途的事情（陈金国：《阿里巴巴的淘宝狂想》，《互联网周刊》2003年第23期）
	a11 营利模式不清	2	5	在淘宝网刚成立时，马云说淘宝网的营利模式还没确定（陈金国：《阿里巴巴的淘宝狂想》，《互联网周刊》2003年第23期）

续　表

范畴类别	概念类别	材料来源数	参考点数	参考点举例
A04 行业环境	a12 互联网冬天	3	6	淘宝网创办的时候，互联网冬天阴影还很沉重，易趣拥有中国80%以上的市场份额，阿里巴巴这时进入C2C领域被媒体形容为"非理智"、疯狂和豪赌（张小争：《"狂飙者"淘宝网的商业模式》，《经理人》2006年第4期）
	a13 门户网站盛行	1	1	1999年3月马云创建阿里巴巴，当时国内正是互联网热潮涌动的时刻，但无论是投资商还是公众，注意力都放在门户网站上，马云在这个时候建立电子商务网站无疑是逆势而为的举动（乔道刚：《邮政能否超越阿里巴巴》，《现代邮政》2009年第2期）
	a15 物流发展滞后	11	18	目前电子商务所遇到的瓶颈有：支付、物流、信用。尽管各大银行的发卡率在增加，但是中国现在仍然有70%的网民选择使用货到付款，中国电子商务要想取得实质性发展，必须解决物流这个大障碍（孙晓川：《电子商务遇到的瓶颈及应对方法》，《商业文化月刊》2007年第11期）
	a16 互联网普及率低	7	10	电子商务的热浪波及中国是在1998年，而那时中国的上网人数也不超过200万（阿里研究院研究员访谈记录，2015年5月7日）
A05 交易规则	a14 交易不安全	5	6	多数消费者在网上购物时遭遇诈骗等
	a17 资质认证存在漏洞	2	3	导致阿里巴巴诚信危机主要有3大原因：低会费、低门槛；销售人员业绩压力大；资质认证存在漏洞（《马云的噩梦》，《企业观察家》2011年第7期）
A06 多处法律漏洞	a18 网络交易法律缺失	5	9	当时国内还没有一部完整的电子商务法（阿里研究院研究员访谈记录，2015年5月7日）
A24 缺少行业协会监督	a36 行业协会缺失	3	4	由于电商是朝阳产业，行业内还未形成相应的约束机制，例如行业协会，在一定程度上使得网民对网购（的态度）又更加谨慎了（阿里研究院研究员访谈记录，2015年5月7日）
A07 倡导	a19 宣传演讲	14	18	马云每到一地总是不停地演讲，很多欧洲阿里巴巴的会员来听他的演讲和参加会员活动。3次欧洲之行，为阿里巴巴带来"欧洲PR活动最佳"公司的提名，包括经济学家在内的许多媒体都对阿里巴巴在欧洲的拓展活动做了报道（张乃恒：《阿里巴巴传奇》，《中国海关》2004年第7期）
	a33 "西湖论剑"	6	11	马云的"西湖论剑"旨在让更多的人了解阿里巴巴（张小争：《"狂飙者"淘宝网的商业模式》，《经理人》2006年第4期）
A08 游说	a21 说服股东	5	6	马云用6分钟说服孙正义投资（陶情：《最不骄傲的是网站——马云其人》，《电子商务》2000年第2期）
A09 讲故事	a47 劝说员工	6	13	马云回到北京随即召开18人大会，告诉（大家）自己的创业想法（刘世英、彭征：《马云正传，活着就是为了颠覆世界》，南方出版社，2014年）

续　表

范畴类别	概念类别	材料来源数	参考点数	参考点举例
A10 建构标准	a25 诚信体系构建	15	20	2001 年 9 月 10 日，阿里推出诚信通服务，旨在建立网上商务信用的管理系统。它结合了传统认证服务和网络实时互动的特点，为企业和电商建立了一个电商商务活动档案（李二钢：《诚信通要为阿里赚 16 个亿》，《多媒体世界》2001 年第 9 期）
	a26 支付体系构建	11	15	阿里巴巴公司宣布全面升级其网络支付工具——支付宝，支付宝目前已经完成功能的强大升级，并与国内银行合作开展网上交易（克：《阿里巴巴"支付宝"打造"网络无贼"境界》，《中国信息化》2005 年第 5 期）
	a27 网规建设	6	10	面对淘宝网因为"假货"而备受质疑（的局面），马云表示 2010 年阿里巴巴的重点工作是和所有网商一起推进网规的建设，也就是网络交易的规则与规范，打造新商业文明（简易：《马云的愤怒和迷惑》，《中国质量万里行》2010 年第 4 期）
A11 维护标准	a35 联合相关部门打假	3	5	在原有的打假手段之外，阿里巴巴正在尝试联合政府相关部门、品牌商等，利用大数据保护知识产权，并计划在时机成熟时定期公布基于打假数据得出的"线下假货分布及流通地图"（张遥、魏董华：《大数据助力网购商打假》，《新华每日电讯》，2014 年 12 月 24 日）
A12 战略联盟	a22 银行合作	14	18	2007 年 10 月 10 日，中国工商银行与阿里巴巴联合推出的网商融资新产品易融通正式上线（《工行与阿里巴巴试水"网络信贷"》，《华南金融电脑》2007 年第 11 期）
	a24 物流合作	11	20	马云：我们在物流方面与中国邮政、民营的运输公司的发展合作也是快速的（马云：《电子商务的中国征途》，《理财杂志》2007 年第 11 期）
	a29 名人加入	2	2	请孙正义担任公司的首席顾问，请世界贸易组织前任总干事担任特别顾问（宋沛军：《阿里巴巴盈利模式》，《观察》2009 年第 11 期）
A13 配置资源	a34 重磅投资淘宝	1	1	于是淘宝于 2003 年 5 月诞生了，这得到了阿里巴巴大股东孙正义的鼎力支持，其中 8200 万美元大部分投给了淘宝（宋沛军：《阿里巴巴盈利模式》，《观察》2009 年第 11 期）
A14 本土化嵌入	a20 社区文化	3	5	获得巨大的流量和旺盛的人气，淘宝网采取三大法宝——网站联盟、搜索竞价和社区文化，迅速在电子商务指标上超越竞争对手（张小争：《"狂飙者"淘宝网的商业模式》，《经理人》2006 年第 4 期）
	a23 娱乐营销	4	6	娱乐营销引爆品牌成长（张小争：《"狂飙者"淘宝网的商业模式》，《经理人》2006 年第 4 期）
	a28 免费模式	6	12	在阿里巴巴成立的 20 个月内，一直实行免费的会员制度（俞华波：《马云做电子商务的商人》，《宁波经济：财经视点》2001 年第 6 期）

范畴类别	概念类别	材料来源数	参考点数	参考点举例
A15 教育	a30 企业家培训	5	7	2000 年，阿里巴巴以"电子商务从在校生抓起"理念，成功推出"阿里认证"，目的是把"阿里巴巴"的品牌在潜在客户（在校生）心中根深蒂固，因为培养技能只能用一时，培养一种理念可以用一辈子。自 2006 年 4 月开始，在杭州、厦门、北京、大连、新疆、广州、郑州、武汉等地通过线上和线下的方式成功举办了 22 阿里巴巴电子商务认证师资培训班，近 1300 名高校老师接受了阿里巴巴实战课程，集全国近 2／3 的高校老师和近 90% 的学生的力量为其宣传。继 2008 年首届中国大学生明日网商挑战赛成功（举办）后，又于 2009 年 3 月 25 日正式开始第二届中国大学生明日网商挑战赛（宋沛军：《阿里巴巴盈利模式》，《观察》2009 年第 11 期）
	a31 大学合作	2	2	阿里巴巴商学院由阿里巴巴集团与杭州师范大学于 2008 年 10 月 31 日共同创建（新浪新闻，《阿里巴巴商学院》，2008 年 11 月 1 日）
A16 媒体宣传	a32 网商大会传播	4	6	网商大会是马云主推的一个概念营销活动，目的是在客户心中宣传阿里巴巴的影响力（王利芬、李翔和苏健：《穿布鞋的马云》，《首席财务官》2014 年第 10X 期）
	a41 媒体广告宣传	6	11	另一方面不断接受中央电视台等相关媒体的采访和到各地演讲，借助央视二套相关栏目赞助大学生创业大赛和一些公益性的节目。另外通过福布斯的评选来提升阿里巴巴的品牌价值和融资能力（宋沛军：《阿里巴巴盈利模式》，《观察》2009 年第 11 期）
A17 国际化发展	a40 阿里巴巴上市	4	6	2014 年 9 月阿里巴巴集团整体上市
A18 外界认可	a39 市场认可	13	15	1999 年 3 月启动了 alibaba.com，被国内外媒体、风险投资家誉为与雅虎、亚马逊和易贝比肩的第四种互联网模式，美国美林公司则将阿里巴巴评为亚洲最佳 B2B 站点（《阿里巴巴是个狂想的青年》，《电子商务》2000 年第 3 期）
	a42 国际化发展	4	8	
A19 法律认可	a43 电商法规、政策出台	1	1	阿里巴巴配合政府开展电子商务立法工作（阿里研究院研究员访谈记录，2015 年 5 月 7 日）
A23 行业协会监督	a48 中国电子商务协会成立	1	1	中国电子商务协会于 2006 年成立，按照"公正、团结、服务"的原则开展工作；在政府管理部门和从事电子商务的企、事业单位及个人之间发挥纽带和桥梁作用，促进我国电子商务事业的发展（中国电子商务协会网站）
A20 交易安全	a37 规范管理的贸易市场	2	5	业界人士指出：阿里巴巴推出供应商和采购商频道从某一层面上表明了阿里巴巴在贸易市场上的转型，即从自由的市场转向有规范管理的贸易市场，这有利于强化市场的建设者和管理者的功能，更有利于提高交易市场的信誉度和效率（徐旸：《阿里巴巴：构建网上贸易新模式》，《国际商务》2001 年第 6 期）
	a38 安全便捷的网络交易环境	4	6	淘宝购物安全：为了创建更加安全便捷的网络交易环境，淘宝设立了 7 重安全防线（看人：《淘宝与易趣：魅力各千秋》，《互联网天地》2006 年第 11 期）

续 表

范畴类别	概念类别	材料来源数	参考点数	参考点举例
A21 商品安全	a44 商品打假 a45 知识产权保护	4	11	阿里巴巴集团围绕知识产权保护锁建立起来的是一套综合的规则制度，包括实体产权的各部分；对假冒伪劣产品也给予坚决的打击（刘鹰、项松林和方若林：《阿里巴巴模式》，中信出版社，2015 年）
A22 账户安全	a46 资金安全	5	10	为了进一步提高账户资金的安全性，支付宝还提供数字证书以维护用户资金安全（贾美云、李杰：《我国第三方电子支付工具安全性问题研究》，《科技和产业》2010 年第 8 期）

资料来源：作者自行整理。

二、主轴编码过程

主轴编码指的是在开放性编码中得到的初始范畴间建立联系，发掘范畴间的潜在逻辑，在此基础上提炼主范畴和副范畴，将资料以全新的方式组合起来。主轴编码借用了扎根理论的经典分析工具——典范模型。典范模型作为主轴编码的重要方法，主要包括 6 个方面：因果条件、现象、脉络、中介条件、行动策略、结果，可以将各个范畴联系起来，进而发掘新的含义。

本章通过典范模型开发出 10 个主范畴，分别是规制性制度约束、规范性制度约束、认知性制度约束、话语策略、社会网络策略、理论化策略、文化策略、规制合法性、规范合法性、认知合法性。主轴编码形成的主范畴如表 6-18 所示。各个主范畴的典范模型见表 6-19。

表 6-18　主轴编码形成的主范畴

主范畴	副范畴
规制性制度约束	多处法律漏洞；行业协会缺失；电商立法
规范性制度约束	诚信体系缺失；模式不可靠；行业环境；交易规则
认知性制度约束	不理解新模式
话语策略	倡导；游说；讲故事
理论化策略	构建标准；维护标准
社会网络策略	战略联盟；配置资源
文化策略	本土化嵌入；教育；媒体宣传
规制合法性	法律认可；行业协会监督

续表

主范畴	副范畴
规范合法性	交易安全；账户安全；商品安全
认知合法性	国际化发展；外界认可

注：作者自行整理。

表 6-19　阿里巴巴制度创业典范模型

典范模型	制度约束			制度创业策略				合法性		
	规制性	规范性	认知性	话语	理论化	社会网络	文化	认知	规范	规制
因果条件	多处法律漏洞、缺乏行业监管	电商基础设施、交易规则	网购环境、模式新颖、行业环境	网购环境、模式新颖	电商基础设施、交易规则	电商基础设施、网络信用	网购环境、行业环境	外界认可、国际化发展	商品安全、账户安全、交易规范	
现象	规制性制度约束	规范性制度约束	认知性制度约束	话语策略	理论化策略	社会网络策略	文化策略	认知合法性	规范合法性	规则合法性
脉络	交易不安全	系统信用低	网购概念超前	网购人数少	交易不规范、资质认证存在漏洞	物流发展滞后、交易不安全	模式单一、网络世界不安全	免费模式、网商大会		商务信用
中介条件	政府支持、行业推进	商务信用	媒体宣传、互联网冬天	马云演讲、网商大会	物流行业发展、银行合作	物流、银行合作、名人加入		智慧监管	政府部门支持、市场认可	电商企业推进
行动策略	电商立法、成立行业协会	物流合作、建构标准	免费模式、宣传推广	说服股东、演讲、"西湖论剑"	建构标准、维护标准	战略联盟	本土化嵌入、教育	宣传推广、教育	商品打假、知识产权保护、交易规则建构	
结果	法律认可	规范的交易市场	市场认可	股东支持、市场认可	安全便捷的网络交易	市场认可	市场认可	市场认可、股东支持	安全便捷的网购环境	

注：作者自行整理。

三、选择性编码过程

（一）主范畴分析

通过开放性编码和主轴编码，得到了上文所述的 10 个主范畴。在选择性编码中，首先对主范畴的内容和性质做进一步说明，为后续分析打下基础。

规制性制度约束指的是阿里巴巴在创业时遇到的来自制度、法律层面的约束。这里主要包含两层含义。第一，法律真空，表现为网络交易法律法规缺失。由于中国电子商务尚处于初步开展阶段，关于电子商务的各项法律还未出台，法律保障的缺失使得电子商务的参与者止步于平台之前，致使阿里巴巴电子商务模式的发展受到制约。第二，电子商务行业协会的缺失。阿里巴巴在创建 B2B 模式时，业内还没形成一个正规的行业标准，各类电子商务网站刚刚兴起，还未建立相应的行业协会以支持业内的发展。因此，阿里巴巴制度创业初期面临各类利益相关者的质疑。

规范性制度约束指的是阿里巴巴制度创业过程中所提出的 B2B 模式及淘宝网被认为有悖于当时的社会价值观。这主要体现在以下几个方面：诚信体系缺失导致网络世界不安全，虚假交易大量存在；利益相关者对电商模式的不认可；当时的行业环境正值互联网的冬天，行业内的门户网站大行其道；新模式的交易规则不明确，标准未定。B2B 模式和传统的企业交易方式有所不同，在互联网尚未普及的环境下，将企业间的交易搬到网络这样一个虚拟的世界，无疑与大众的企业交易应该建立在一个相互了解而且透明的现实环境中进行的观念相距甚远。

认知性制度约束指的是阿里巴巴的商业模式不被当时的社会公众了解，从而不被广为接受。这主要体现在当时的网购人数少，网购概念超前，而且企业在网上进行业务往来的也很少，对马云提出的 B2B 模式很陌生。

话语策略指的是阿里巴巴在克服制度创业约束困难时所采取的一种说服性语言。在对阿里巴巴的扎根研究中，话语策略主要表现为倡导、游说和讲故事。

理论化策略指的是阿里巴巴在构建电商规范化标准时，将新型电子商务模式以更加规范化、科学化的方式向利益相关者呈现。其中阿里巴巴的理论化策略主要为构建标准，即诚信体系构建、支付体系构建及网规建设。

社会网络策略指的是阿里巴巴在制度创业时为获取资源，与利益相关者缔结战略联盟的方式。主要表现在通过战略联盟、与各大银行合作、与物流公司合作及邀请前世界贸易组织总干事担任阿里巴巴顾问等与名人合作的方式，提高阿里巴巴的诚信度和增加合法性。

文化策略的运用主要表现为阿里巴巴对其电商模式进行扩散、推广以使其嵌入社会公众的网购生活中，最终被社会公众广为接受和认可。阿里巴巴在文化策略上的使用体现在本土化嵌入、媒体宣传及教育。本土化嵌入即将电商模式与当地的社区文化结合起来，通过娱乐营销和免费模式等方式与现有的价值观联系起来，有利于新模式被广泛认可。其间同时采取教育方式，即与学校合办相关机构等，以培养更多的电子商务人才。

最后三个主范畴为规制合法性、规范合法性及认知合法性，分别对应阿里巴巴制度创业追求合法性的目的。规制合法性指阿里巴巴的商业模式受到法律认可，有法律保障，而且也受有关行业协会对电商行业的监管。阿里巴巴获取的规制合法性来源于正在审议过程中的电子商务法立法及2000年成立的电子商务行业协会。认知合法性体现在国际化发展，具体表现为阿里巴巴的上市、阿里巴巴庞大的会员数及阿里巴巴的国际化发展。规范合法性指阿里巴巴通过构建和维护电商交易规则，打造了一个安全、规范的网络交易环境，让个人的网购及企业间的网上交易更符合诚信的道德观与社会价值观，其具体表现为阿里巴巴的安全架构三条线：账户安全、商品安全及交易安全。

（二）核心范畴选择

通过以上分析，进一步将10个主范畴与现有理论进行对接和比较，可以发现规制性制度约束、规范性制度约束及认知性制度约束都代表了阿里巴巴制度创业时面临的制度约束，具有理论一致性，因此将其纳入制度创业约束这个范畴中。该范畴的含义是阿里巴巴制度创业时面临制度性约束，而要使新的电商模式被广泛接受，就必须解除这些约束。同理，话语策略、理论化策略、社会网络策略及文化策略分别代表了阿里巴巴制度创业为解除制度约束，针对不同的利益相关者所采取的策略，可将其纳入制度创业策略这个范畴。而规制合法性、规范合法性和认知合法性分别表明了阿里巴巴制度创业的过程其实就是追求合法性的过程，因此将其归入制度创业合法性这个范畴。

在上述分析基础上，通过对范畴间的基本逻辑关系进行进一步分析，可以得出如下线索：阿里巴巴在制度创业过程中，面对各种制度创业约束，通过制度创业策略来获得制度创业的合法性。因此，选择性编码可以得到的核心范畴为制度创业约束、制度创业策略及制度创业合法性。图6-3对阿里巴巴制度创业的编码过程及结果进行了总结，中间部分则为表达逻辑关系的核心范畴。

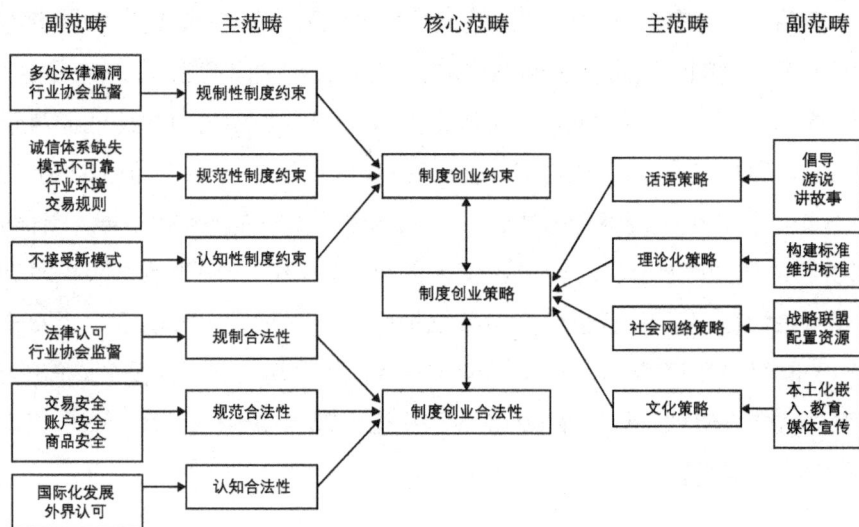

图6-3　阿里巴巴制度创业编码汇总图

四、编码结果描述与评估

在完成上述阿里巴巴制度创业资料的编码后，把编码结果再次返回编码资料中，再次运用NVivo质性分析软件，完成对编码结果中的10大主范畴在制度创业各个阶段的分布情况分析，统计出制度创业约束、制度创业策略和制度创业合法性在各个阶段的编码条数，并且结合对阿里巴巴制度创业利益相关者的分类结果，探讨各阶段中阿里巴巴制度创业约束与利益相关者的关系、制度创业策略与利益相关者的关系、制度创业合法性与利益相关者的关系，得到阿里巴巴制度创业编码结果的总表（表6-20），表中的数字反映了各个主范畴在各阶段出现的次数。

表 6-20　阿里巴巴制度创业编码结果

核心范畴	利益相关者类型	制度创业阶段		
		创建变革基础阶段 (1995—1999 年)	理论化新制度阶段 (2000—2003 年)	新制度扩散阶段 (2004 至今)
制度创业 约束	核心利益相关者	认知性制度约束 56	认知性制度约束 38 规范性制度约束 26	规范性制度约束 36
	蛰伏利益相关者	认知性制度约束 36 规范性制度约束 23	规范性制度约束 22 认知性制度约束 14	规范性制度约束 21 规制性制度约束 18
	边缘利益相关者	认知性制度约束 18	认知性制度约束 22 规范性制度约束 16	规范性制度约束 11
制度创业 策略	核心利益相关者	话语策略 18	话语策略 37 理论化策略 30	文化策略 53 理论化策略 26
	蛰伏利益相关者	话语策略 15	社会网络策略 45 话语策略 36 理论化策略 23	社会网络策略 28 理论化策略 23 话语策略 12
	边缘利益相关者	话语策略 12	理论化策略 21 社会网络策略 16	社会网络策略 11
制度创业 合法性	核心利益相关者		认知合法性 44 规范合法性 21	规范合法性 37
	蛰伏利益相关者		认知合法性 25 规范合法性 17	规范合法性 38 规制合法性 15
	边缘利益相关者		认知合法性 11	规范合法性 16

注：作者自行整理。

(一)制度约束与利益相关者

阿里巴巴制度创业在各个阶段受到的来自利益相关者的制度创业约束主要表现为 NVivo 质性分析软件中的各种制度创业约束的参考点。具体情况如表 6-21、图 6-4 所示。

表 6-21　制度创业约束与利益相关者的编码结果

利益相关者类型	制度创业阶段		
	创建变革基础阶段 (1995—1999 年)	理论化新制度阶段 (2000—2003 年)	新制度扩散阶段 (2004 至今)
核心利益相关者	认知性制度约束 56	认知性制度约束 38 规范性制度约束 26	规范性制度约束 36
蛰伏利益相关者	认知性制度约束 36 规范性制度约束 23	规范性制度约束 22 认知性制度约束 14	规范性制度约束 21 规制性制度约束 18
边缘利益相关者	认知性制度约束 18	认知性制度约束 22 规范性制度约束 16	规范性制度约束 11

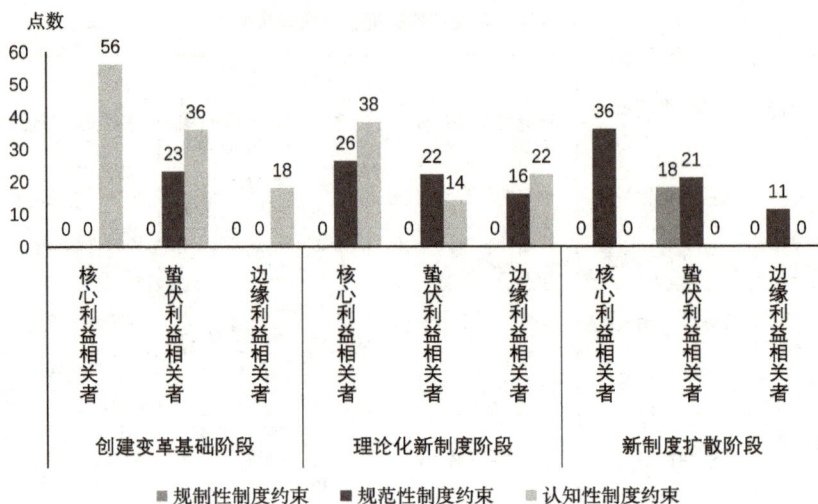

注：作者自行整理。

图6-4　阿里巴巴制度创业约束与利益相关者的编码结果

如表6-21及图6-4所示，在创建变革基础阶段，阿里巴巴主要面临的是来自核心利益相关者、蛰伏利益相关者和边缘利益相关者的认知性制度约束，参考点分别为56个、36个、18个。会存在认知性制度约束的主要原因是从1995年到1999年，大家都不了解互联网，对电子商务更是知之甚少。同时，阿里巴巴制度创业也面临来自蛰伏利益相关者的规范性制度约束，主要表现为员工对B2B模式的质疑，例如"1998年底，马云脑袋里有了电子商务的构想，就和同事们讨论，但没有一个同意的，他们脑袋里的是另外一种模式——B2C，他们认为马云脑袋里的模式不可能实现，怎么可能搞一个BBS，而又把BBS严格加以分类，又搞一个人工检查，这是违背互联网自由免费的精神的"。

在理论化新制度阶段，阿里巴巴制度创业面临来自核心利益相关者的认知性制度约束和规范性制度约束，参考点分别为38个、16个。主要原因是"当时的网民数也不过是三四百万，互联网普及率依然低"，而规范性制度约束主要表现为"在网络世界里充斥着骗子和黑客""在有关电子商务的各种问题里，参与网购的用户最关心的问题是交易的安全可靠性"。蛰伏利益相关者在此阶段对阿里巴巴的制度创业约束主要表现为规范性制度约束和认知性制度约束，编码中的参考点为 22 个和 14 个。蛰伏利益相关者大多是一些企业，它们出于对阿里巴巴当时的电商模式的考量，认为阿里巴巴是不符合当时的电商发展理念的，例如马云在 2015 年 2 月 2 日与香港大学生交流创业经验时谈到当时的融资经历："我当时和蔡崇信去硅谷融资，我们被三十几个风险融资全部拒绝了，没有人觉得能够成功，只有我们自己觉得能成功。"还有"大家都认为阿里巴巴很糟糕，商业模式不行，技术不行，服务不行，产品不行，还有很多假货"。

而边缘利益相关者——媒体和学术机构在该阶段也给阿里巴巴制度创业带来了一定的认知性制度约束和规范性制度约束，媒体和学术机构由于对阿里巴巴的商业模式的不熟悉和不了解，过于主观地发表了一些意见和评论，给社会公众的认知带来一定的误导。比如一位受访的阿里研究院高级研究员告诉我们："当时仅有的一些研究电子商务的学者和政府官员都认为中国发展电子商务的机会还不成熟，互联网基础设施还不完善，社会诚信体系还值得考究，因此交易问题、物流问题等严重阻碍其发展。"

而在制度扩散阶段，即 2004 年至今，阿里巴巴主要受到来自核心利益相关者和边缘利益相关者的规范性制度约束，以及蛰伏利益相关者的规范性制度约束和规制性制度约束。

来自核心利益相关者的规范性制度约束，主要表现为阿里巴巴历年来网规调整带来的中小卖家的质疑和反对，以及平台上出现的假货事件。尤其是 2010 年的"淘宝调整搜索规则"，2011 年的"阿里巴巴供应商欺诈事件"和"淘宝商城事件"及 2013 年的"淘宝打假事件"等，都反映了电商卖方对淘宝的网规调整存在争议，认为淘宝网新规有悖于中小卖家的利益，从道德和利益层面要求淘宝网重新制定网规，要求办听证会。例如，一名卖家说："以前马云要做小商户的代言人，声称淘宝永不收费，这也成为淘宝商业模式的基本点；但如今又设计各种收费名目，最后这一轮以打假为理由，最大的打假恐怕是丧失诚信、分享、平等、责任这样的互联网精神，窒息这个生态系统创新的活力。"

在该阶段，来自蛰伏利益相关者的主要是规范性制度约束和规制性制度约束。规范性制度约束体现为蛰伏利益相关者如社会公众、阿里巴巴内部员工、阿里巴巴相关的合作方银行及股东层面对阿里巴巴电商平台上频繁发生假货事件的失望和批评。竞争者在该阶段更是对阿里巴巴的商业模式提出质疑，例如在 C2C 领域收费问题上的争议："收费是对卖家采取的手段，是对卖家采取约束最有效的手段，亦是建立健康高效的电子商务市场的必经之路，而淘宝的免费策略无疑是让鱼龙混杂的小卖家进入电子商务市场，无益于打造一个健康、良性发展的电子商务市场。"

马云在 2004 年 4 月去美国拜访了阿里巴巴的投资商，试图了解投资者对阿里巴巴涉足 C2C 领域的看法，而当时很多投资者都坦率地指出："阿里巴巴与 eBay 争夺中国个人在线拍卖市场的胜算不大，犹如马云要和泰森来场拳击比赛，胜算几乎为零。"

规制性制度约束在该阶段主要是来自政府部门对电子商务发展的一些相关政策，如 2005 年 4 月 1 日开始实施的《电子签名法》，2006 年 6 月颁布的《商务部关于网上交易的指导意见（征求意见稿）》，国家工商总局于 2010 年 6 月发布的《网络商品交易及有关服务行为管理暂行办法》。

边缘利益相关者在该阶段与理论化新制度阶段对阿里巴巴制度创业的主要约束是相似的，即规范性制度约束，主要表现为对阿里巴巴电商平台上出现的有悖于传统商业道德及社会认知观的事件的报道与评论。

根据上述的制度创业约束在各个阶段的变化可以发现，阿里巴巴在创建变革基础阶段，由于利益相关者对新事物的不了解，主要产生了认知性制度约束。而制度创业进入理论化新制度阶段时，随着阿里巴巴制度创业渐渐被更多的人了解，利益相关者便开始对这一制度创业主张做出评判，分别对阿里巴巴电商的交易安全、诚信体系方面做出评价，因而产生了规范性制度约束。然而此时互联网的基础设施依然限制了电商的发展，上网购物的网民人数依然不多，因此对阿里巴巴电商模式了解的人也不是很多，这一阶段主要存在的还是认知性制度约束。在新制度扩散阶段，阿里巴巴制度创业主要面临来自利益相关者的规范性制度约束及规制性制度约束。因为随着电商的发展，网购中出现的假货及供应商欺诈事件频繁发生，产生了利益相关者的规范性制度约束，同时国家政府部门，如商务部、工商总局也开始加强对网购的市场秩序管理，制定了一系列的政策及指导意见，由此产生了来自相关政府部门的规制性制度约束。

（二）制度创业策略与利益相关者

按照同样的方法，本研究整理出了阿里巴巴在制度创业各阶段针对不同的利益相关者所采取的制度创业策略，具体结果如表6-22、图6-5所示。

表 6-22　制度创业策略与利益相关者的编码结果

利益相关者类型	制度创业阶段		
	创建变革基础阶段 （1995—1999年）	理论化新制度阶段 （2000—2003年）	新制度扩散阶段 （2004年至今）
核心利益相关者	话语策略 18	话语策略 37 理论化策略 30	文化策略 53 理论化策略 26
蛰伏利益相关者	话语策略 15	社会网络策略 45 话语策略 36 理论化策略 23	社会网络策略 28 理论化策略 23 话语策略 12
边缘利益相关者	话语策略 12	理论化策略 21 社会网络策略 16	社会网络策略 11

注：作者根据资料整理。

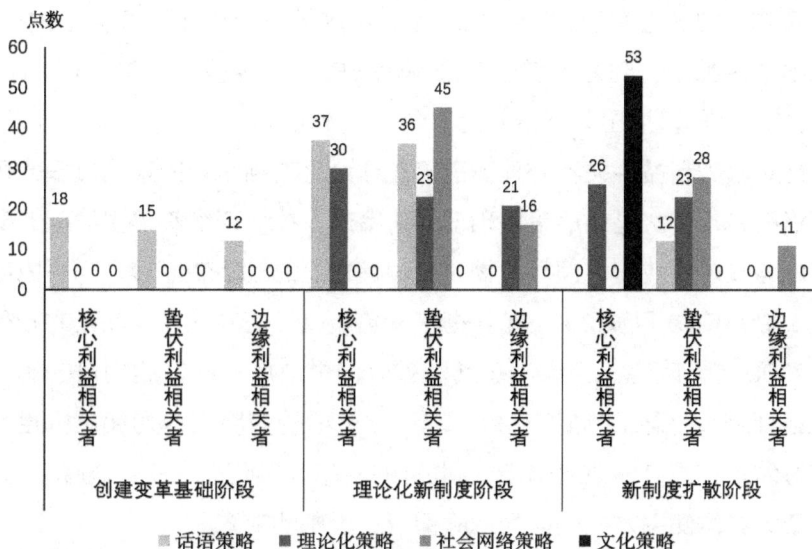

注：作者自行绘制。

图 6-5　制度创业策略与利益相关者的编码结果

从表 6-22 和图 6-5 可以看出，阿里巴巴在创建变革基础阶段针对不同的利益相关者均采取了话语策略，例如马云在创办中国黄页的时候，试图说服和倡导身边的企业家朋友做公司的黄页，他后来回忆道："我们当时跟所有人说，有这么一个东西，然后如何如何做。我后来觉得'兔子想吃窝边草'，最初是给朋友做，做的是望湖宾馆，然后是钱江律师事务所，最后是杭州第二电机厂。"

在蛰伏利益相关者中，话语策略主要用于说服公司员工以支持自己的想法，例如马云当年创办中国黄页时，召开了 24 人的会议，要求身边的朋友一起做，有 23 个人反对，可马云最终说服了他们。

而在边缘利益相关者中，由于马云选择的项目有超前性，阿里巴巴不得不说服媒体，采取与媒体合作的方式让更多的人了解互联网，如在《中国贸易报》上发表宣传互联网的文章，参与《东方时空》栏目的拍摄，等等。为了吸引大众媒体，他还引用比尔·盖茨的观点，称互联网即将改变人类。

在理论化新制度阶段，阿里巴巴针对核心利益相关者主要采用了话语策略和理论化策略。话语策略体现在马云于阿里巴巴初建期曾在多个场合向企业家讲解电子商务模式上。理论化策略主要体现在阿里巴巴不断改善电商模式，构建电商模式的新标准上。2000 年，阿里巴巴为中国中小企业推出供应服务，向海外供应商推荐优质的中小企业；2002 年，推出诚信通；2003 年，推出第三方交易平台——支付宝。

针对蛰伏利益相关者，阿里巴巴在理论化新制度阶段采用最多的是社会网络策略，其次是话语策略和理论化策略。社会网络策略主要指的是阿里巴巴与股东、政府、银行、物流公司等建立的战略联盟等。阿里巴巴分别于 1999 年 10 月和 2001 年获得了 500 万美元和 2500 万美元的股东融资。2000 年，阿里巴巴参加了浙江省以促进信息产业发展为目的的"天堂硅谷计划"，得到了政府支持。理论化策略的使用表现为通过构建完善的支付体系、诚信体系来向蛰伏利益相关者阐述阿里巴巴的商业模式。话语策略的具体使用方式同样为说服银行、股东的加入。

而针对该阶段的边缘利益相关者，阿里巴巴采用的是理论化策略和社会网络策略，即通过理论化策略向媒体和学术机构详述自己的商业模式，进而与其达成战略合作。

新制度扩散阶段是阿里巴巴向外界大力推广其商业模式的阶段。在该阶段，阿里巴巴为克服来自核心利益相关者的规范性制度约束，通过采取文化策略与理论化策略，使阿里巴巴商业模式得以在电商卖方和买方中扩散。例如在文化策略上，通过"社区文化""娱乐营销""免费模式"及举办"网商大会"为中小企业家提供企业家培训课程。理论化策略的使用目的在于进一步完善阿里巴巴购物平台上的网规建设、支付体系和诚信体系。例如，2005年，阿里巴巴宣布全面升级支付宝。

针对蛰伏利益相关者和边缘利益相关者，阿里巴巴主要使用的是社会网络策略。在该阶段，阿里巴巴进一步加强与政府部门、银行、股东、物流公司的合作，先后与中国工商银行、招商银行、中国农业银行、中国银行等签订战略合作协议，让消费者在阿里巴巴平台上购物更加放心。而与物流公司的合作进一步解决了网络购物中货物到达慢的问题。阿里巴巴于2006年与中国邮政签订战略合作协议，中国邮政专门为淘宝用户推出经济型EMS服务——e邮宝；"三通一达"相继成为淘宝推荐的物流商。2010年4月，阿里巴巴确定德邦快递和佳吉快运为阿里巴巴B2B业务的第三方物流合作伙伴。针对边缘利益相关者如学术机构，阿里巴巴于2008年与杭州师范大学联合成立了阿里巴巴商学院，旨在为电商培养更多的人才，为电商发展献计献策。

（三）制度创业的合法性与利益相关者

在丰富的二手数据及一手访谈数据的基础上，本研究初步总结出阿里巴巴制度创业的合法性与利益相关者的编码结果，如表6-23和图6-6所示。

表6-23　阿里巴巴制度创业的合法性与利益相关者的编码结果

利益相关者类型	制度创业阶段		
	创建变革基础阶段 （1995—1999年）	理论化新制度阶段 （2000—2003年）	新制度扩散阶段 （2004年至今）
核心利益相关者		认知合法性44 规范合法性21	规范合法性37

续 表

利益相关者类型	制度创业阶段		
	创建变革基础阶段 （1995—1999 年）	理论化新制度阶段 （2000—2003 年）	新制度扩散阶段 （2004 年至今）
蛰伏利益相关者		认知合法性 25 规范合法性 17	规范合法性 38 规制合法性 15
边缘利益相关者		认知合法性 11	规范合法性 16

注：作者根据资料整理。

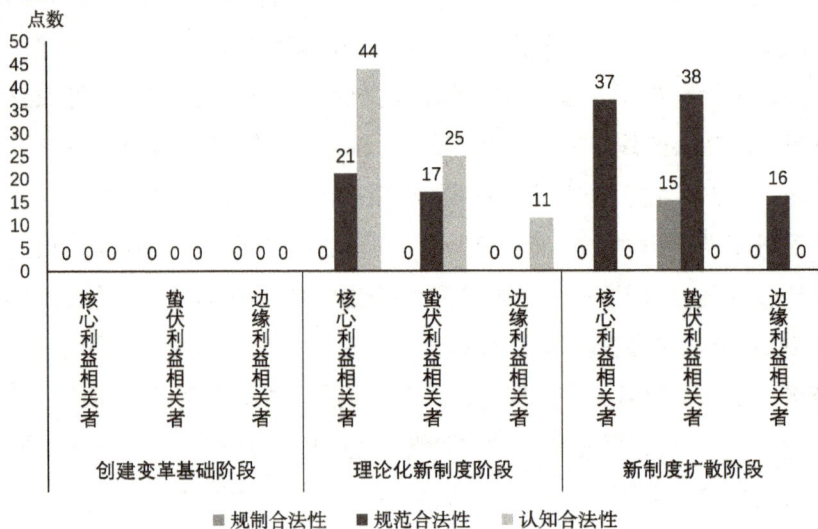

注：作者根据资料整理。

图 6-6　制度创业的合法性与利益相关者的编码结果

从表 6-23 及图 6-6 可以看出，阿里巴巴制度创业在创建变革基础阶段由于面临认知性制度创业约束，同时阿里巴巴制度创业主张在该阶段并未完善，利益相关者对其制度创业不甚了解甚至还抱有怀疑的态度，因此在该阶段阿里巴巴不可能获取利益相关者的合法性。

在理论化新制度阶段，阿里巴巴逐渐受到核心利益相关者的认可和了解，获得了认知合法性，尤其是在 2003 年的"非典"事件前后。例如，阿里巴巴有的内部员工说："从今年 3 月份以来，阿里巴巴网站保持了 9000 条以上的商业机会数量规模，而在 2001 年和 2002 年的时候，每天在阿里巴巴网站上发布的信息在 3000 条左右。每天新发布的商业机会数量是检测一个网站活跃程度的标志，现在这个指标上升了 3—5 倍，涨幅很大。"

　　来自核心利益相关者的规范合法性体现在阿里巴巴于 2001 年 8 月推出的诚信通产品上，该产品旨在解决客户最担心的诚信问题。例如，阿里巴巴网站上的商家说道："诚信通的推出使我们的产品在销售过程中更加具有说服力、竞争力，让诚信经营的商家脱颖而出，备受采购商的青睐。""诚信通的推出有利于解决社会上尤其是互联网虚拟世界中的诚信问题，使得阿里巴巴电商模式更加符合诚信、真实的社会价值观。"

　　在理论化新制度阶段，阿里巴巴从蛰伏利益相关者处获得了认知合法性与规范合法性。认知合法性的获取标志在于蛰伏利益相关者对阿里巴巴创建的电商模式——B2B 及 2003 年的淘宝网的了解程度。规范合法性的获取标志在于阿里巴巴两次获得孙正义的融资。

　　边缘利益相关者如学术机构和媒体在此阶段还是处于对阿里巴巴创业主张的了解和探索阶段，学术机构和媒体在该阶段针对阿里巴巴创业模式的研究、报道慢慢地开始增加，因此阿里巴巴也相应地从边缘利益相关者处获取了合法性。

　　在新制度扩散阶段，阿里巴巴已完成对 B2B 及 C2C 的战略布局，因此该阶段主要是阿里巴巴电商模式在深度与广度上的进一步扩散。2004 年，支付宝正式上线。2005 年，淘宝推出"你敢付，我就敢赔"的消费者保障计划，并表示为网上的交易纠纷提供全额赔付的保障。因此，对买家而言，他们可以放心地付款，对卖家而言，使用支付宝更能让买家相信，而且非常方便，不会发生被骗钱的事情。正如一位买家所言："以前总是担心付款后，卖家不发货或是产品质量有问题，现在支付宝的推出，可以让更多买家放心地付款。"此后，阿里巴巴针对支付问题也陆续采取了大量的措施。阿里巴巴从核心利益相关者处获取的合法性程度越来越高。

　　相对核心利益相关者，阿里巴巴从蛰伏利益相关者那里获取了规范合法性及规制合法性。规范合法性的获取体现在以下具体事例中：2005 年，阿里巴巴相继与中国工商银行、招商银行、中国农业银行合作，加强了双方在电子支付领域的合作力度，拓展了相应的业务范围；2005 年，雅虎中国以 10 亿美元入股阿里巴巴；2007 年，阿里巴巴 B2B 在香港上市；2014 年，阿里巴巴集团整体在美国上市。以上事件说明，蛰伏利益相关者（无论是股东、银行、公司内部的员工还是社会公众）在社会价值观和道德观上，给予了阿里巴巴制度创业高度的肯定。同时，在该阶段，阿里巴巴还渐渐获取了来自政府机构的规制合法性。

学术机构和媒体等边缘利益相关者在该阶段对阿里巴巴制度创业也持肯定态度。例如，清华大学刘鹰教授的《阿里巴巴模式》从草根创业的角度阐述了阿里巴巴的商业模式给社会经济发展带来的启示。各大媒体如央视财经频道《对话》栏目多次邀请马云做客分享电商发展经验。因此，边缘利益相关者在新制度扩散阶段给阿里巴巴带来更多的是规范合法性。

总体而言，阿里巴巴制度创业合法性的获取主要来源于理论化新制度阶段和新制度扩散阶段，而且合法性程度总体上也越来越高。理论化新制度阶段阿里巴巴主要获得来自核心利益相关者和蛰伏利益相关者的认知合法性、规范合法性，以及来自边缘利益相关者的认知合法性；新制度扩散阶段，阿里巴巴主要获得来自核心利益相关者的规范合法性，来自蛰伏利益相关者的规范合法性和规制合法性，以及来自边缘利益相关者的规范合法性。

第五节　小结

本章根据阿里巴巴制度创业的大样本数据，利用扎根理论的方法构建出阿里巴巴制度创业在不同阶段面临的制度约束、针对不同利益相关者所采取的制度创业策略及从利益相关者处所获取的合法性。

总体而言，阿里巴巴制度创业在创建变革基础阶段主要面临来自核心利益相关者、蛰伏利益相关者及边缘利益相关者的认知性制度约束，同时蛰伏利益相关者在此阶段还具有对阿里巴巴制度创业的规范性制度约束。由于该阶段是阿里巴巴制度创业的酝酿到其基本创业主张（推广新的商业模式）的提出时期，阿里巴巴主要采取话语策略告知其利益相关者去了解和认识这一主张，所以在该阶段阿里巴巴并没有获取新创业主张的合法性。

在理论化新制度阶段，阿里巴巴主要面临的制度约束有来自核心利益相关者和边缘利益相关者的认知性制度约束及规范性制度约束，其中认知性制度约束程度大于规范性制度约束程度；来自蛰伏利益相关者的制度约束主要有规范性制度约束、认知性制度约束。面对来自利益相关者的制度约束时，阿里巴巴针对核心利益相关者主要采取话语策略，使其了解阿里巴巴制度创业主张，同时运用理论化策略详述其主张的合理性；针对蛰伏利益相关者，阿里巴巴主要采取社会网络策略，与蛰伏利益相关者组成战略联盟，从而获取创业资源，同时运用话语策略和理论化策略进一步使自己的创业策略被认识和了解；针对边缘利益相关者，阿里巴巴主要采取理论化策略和社会网络策略，使利益相关者在了解制度创业的同时与阿里巴巴合作，共同研究其商业模式。因此，在该阶段，阿里巴巴主要获得了来自核心利益相关者、蛰伏利益相关者的认知合法性与规范合法性，以及来自边缘利益相关者的规范合法性。

在新制度扩散阶段，阿里巴巴主要是推广并丰富其新的商业模式，主要面临的制度约束有来自核心利益相关者、蛰伏利益相关者和边缘利益相关者的规范性制度约束。在该阶段，阿里巴巴制度创业同时还面临来自蛰伏利益相关者的规制性制度约束。而阿里巴巴在该阶段针对核心利益相关者采取的策略主要是文化策略，其次是理论化策略；针对蛰伏利益相关者，主要采取社会网络策略、理论化策略和话语策略；针对边缘利益相关者，主要采取社会网络策略，以达成与学术研究机构的合作，推广电商行业新理念，推进人才培养。

基于上述分析，本研究构建了阿里巴巴制度创业机制模型（图6-7）。

创建变革基础阶段

```
认知性制度约束 ──┬──→ 核心利益相关者 ──┐
                │                      │
                ├──→ 边缘利益相关者 ──┼──→ 话语策略
                │                      │
规范性制度约束 ──┴──→ 蛰伏利益相关者 ──┘
```

理论化新制度阶段

```
认知性制度约束    ──→ 核心利益相关者 ──→ 话语策略       ──→ 认知合法性
规范性制度约束                            理论化策略          规范合法性

                 ──→ 蛰伏利益相关者 ──→ 社会网络策略   ──→ 认知合法性
                                        话语策略            规范合法性
                                        理论化策略

                 ──→ 边缘利益相关者 ──→ 理论化策略     ──→ 认知合法性
                                        社会网络策略
```

新制度扩散阶段

```
规范性制度约束 ──→ 核心利益相关者 ──→ 文化策略       ──→ 规范合法性
                                     理论化策略

规范性制度约束 ──→ 蛰伏利益相关者 ──→ 社会网络策略   ──→ 规范合法性
规制性制度约束                        理论化策略          规制合法性
                                     话语策略

规范性制度约束 ──→ 边缘利益相关者 ──→ 社会网络策略   ──→ 规范合法性
```

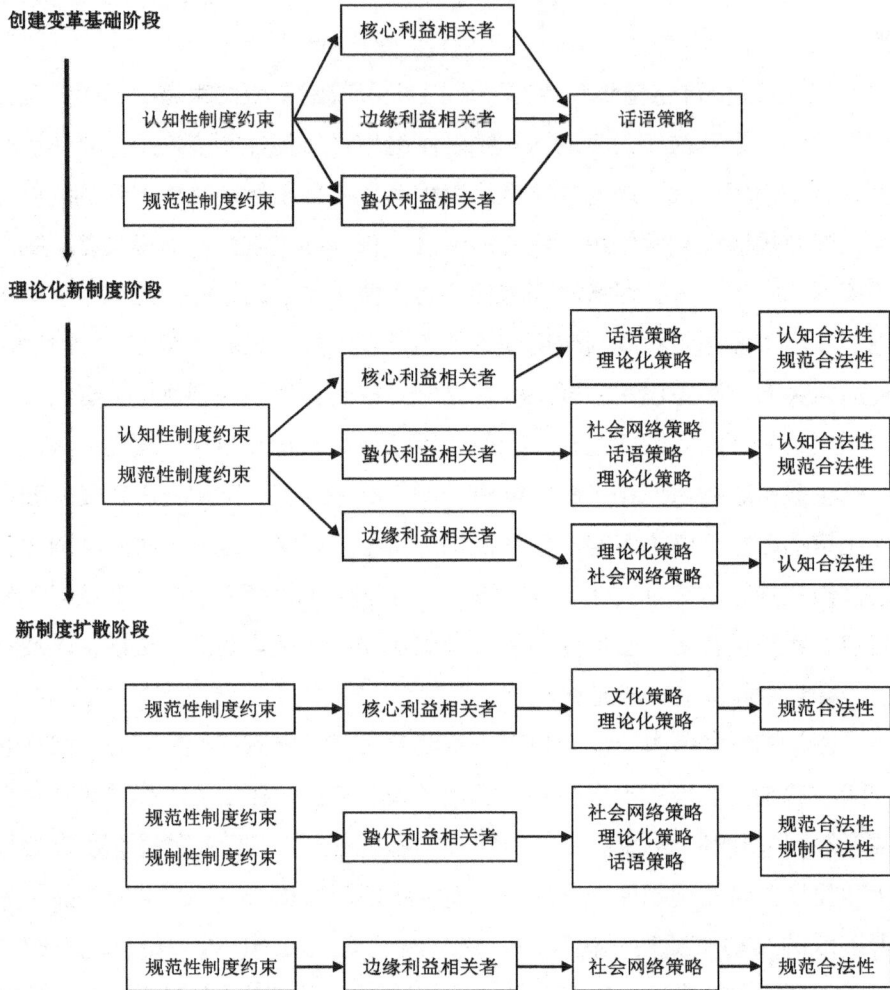

图 6-7　阿里巴巴制度创业机制模型

------- **第七章** -------

横店集团案例研究

第一节　横店集团简介及文献综述

一、横店集团简介

横店集团创办于 1975 年，经过 40 多年的发展，现已发展成为以电气电子、医药化工、影视旅游、现代综合服务四大产业为主的特大型企业集团。横店集团拥有下属子公司 60 多家，生产型企业 200 多家，上市公司 3 家（横店东磁、太原刚玉、普洛股份）。其中，横店集团在外地的企业有 50 多家，兼并收购企业 24 家，另有境外企业 3 家，中外合资企业6 家，参股企业 8 家。此外，还有半紧密型和松散型企业 1000 多家。横店集团以"世界磁都""中国好莱坞""江南药谷"的名号享誉全球，创始人是徐文荣，他以高度的政治责任感和强烈的事业心，走出了一条具有横店特色的发展之路。他所创造的社团经济，被经济理论界概括为"横店式共有制""市场型公有制"，被称为"中国农民实现小康之路"。

二、关于横店的现有研究

关于横店的研究一共可以划分为三个阶段：社团所有制研究阶段（1994—1997年）、横店影视城研究阶段（1998—2008年）、制度视角下的横店创业模式研究阶段（2009年至今）。由于第二个阶段的研究成果大多立足于影视文化视角，探讨的是横店影视城的发展模式和拍摄电影的情况，并非经管学科的研究范畴，在此不做深入探讨。本部分内容主要对第一和第三阶段的研究文献进行梳理。

（一）社团所有制研究阶段

横店集团于1994年4月15日通过《横店集团公司社团所有产权制度纲要（草案）》，开创了一种全新的产权模式——社团所有制。同年，横店集团董事长徐文荣在专著中系统阐述了横店集团社团所有制产生的过程。这一新兴产权模式引起了许多经济学者的广泛关注，国内经济学权威期刊《经济研究》在1997年第5期专门设置了一个专题，探讨了横店社团所有制的有关问题，多名知名经济学家就此问题提出了自己的看法。

马建堂（1997）的研究回答了横店社团所有制的三个核心问题：横店集团采取的是什么所有制？横店人为什么选择社团所有制？横店社团所有制为什么会有效率？就第一个问题，马建堂认为："社团所有制是集体所有制的一种变型或亚种。"就第二个问题，马建堂指出，是历史与人共同创造了横店社团所有制和横店模式。首先，横店社团所有制是对社队企业历史遗产的宝贵继承，从社队企业到社团所有制是一个客观的历史演进过程；其次，横店社团所有制也是横店人主动选择、积极创新的结果。就第三个问题，马建堂总结认为是分级法人制度、分级承包制度和徐文荣的权威三个因素缔造了横店社团所有制的高效。

孙是炎和陈湘舸（1997）则从实践层面介绍了横店集团成长的历程，并将横店模式的成功总结为三个方面：一是产权制度改革的创新；二是开发文化力，发展生产力；三是管理创新，实施"企业养生法"。

樊纲（1997）的研究以横店为案例，对中国农村企业组织的演化过程进行了探索，分析了社团所有制产生的经济学原理。

周其仁（1997）通过对横店集团的研究，探讨在一个独立于行政权力控制之外的公有制企业里，企业家人力资本产权是否存在、怎样存在、如何在现有企业制度里起作用、如何被激励，以及如何进一步变化并影响企业产权制度的安排。

李惠斌和孙是炎（2000）通过横店集团的企业制度创新，分析了"劳动风险"及"劳动风险回报"对于现代企业发展的重要意义，指出导致现代经济出现问题的主要原因不是"产权主体缺位"而是"风险主体缺位"，从而论述了剩余分享权中的若干问题。

（二）制度视角下的横店创业模式研究阶段

近几年，随着对制度变革和创业的关注力度的加大，管理学者也开始探索以制度变革为基础的创业过程，这种行为被称为制度创业。一些学者也在此基础上进行了一些初步的探索。项国鹏、李武杰和肖建忠（2009）的研究指出，徐文荣属于全面型制度创新企业家，这种企业家打破了内外部制度性约束。项国鹏、喻志斌和迟考勋（2012）以横店和吉利为对象的研究表明，企业家制度能力是民营企业家突破制度性创业壁垒、实施制度创新的能力依托。该研究还分别阐述了在转型经济条件下，企业家外部制度能力和内部制度能力的作用机理。

综上所述，现有研究已经就两个核心问题进行了深入探讨，一是在经济学视角下对横店社团所有制模式的全面解析，二是在企业家视角下徐文荣如何借助自身的制度能力突破内外部制度约束从而实现创业目标。但很少有研究从组织层面入手分析横店集团的制度创业过程，从而让外界对横店集团制度创业过程中所面临的制度约束、采用的制度创业策略及合法性获取三者之间的关系缺乏学理认识。此外，厘清利益相关者在组织制度创业过程中的作用，对于构建完善的制度创业过程模型也具有重要意义。

第二节　横店制度创业阶段

一、创建变革基础阶段

（一）接管丝厂：开始创业之路

横店集团的制度创业案例大体也可以说是当时横店集团的总经理徐文荣个人创业历程的体现，这种体现主要集中于从徐文荣首次开始创业到完整确立社团经济模式这一阶段。阐述创建变革基础阶段这一部分，首先需介绍一下徐文荣首次创业的前因及过程。

在20世纪60年代末期至70年代初期，徐文荣一直担任横店大队党支部书记，尽管他已经创办了五金厂、农具厂、粮食加工厂等工厂，但规模都很小。直到1974年年底，横店公社党委决定委派徐文荣去创办丝厂。在当时，横店公社种有100多公顷桑树，加上毗邻的屏岩公社，桑树面积超过200公顷。但受到"文革"的影响，国营丝厂大部分停工停产，导致供销社停止了对蚕茧的收购，从而使横店地区积压了大量的蚕茧。随后，浙江省政府出台了一个政策，即在蚕桑业做得好的地区，可以自己创办一个丝厂来就地消化蚕茧。横店公社做了大量的工作，最终使上级部门同意将办厂的资格交给他们。尽管时任横店公社党委书记的周芝利与时任公社党委副书记的吴天兴在选派徐文荣出任丝厂负责人的问题上意见不一（前者支持，后者反对），但由于公社绝大多数人支持，这一提议最终还是通过了。于是在1974年12月7日，徐文荣正式被横店公社任命为横店丝厂专职副组长，但考虑到徐文荣之前的经历，公社成立了"横店丝厂筹备领导小组"，实行集体决策制度，以此来限制徐文荣的经营管理行为。

（二）设立初期的困难：丝厂的批文

尽管省里有这样的政策且公社也有意向设立丝厂，但由于"文革"并未结束，地方政府仍然处于非规范运作状态。从公社到区里盖章还算顺利，但到东阳县里盖章就遇到了麻烦。当时县里两派还处于对抗状态，分管工业的计委副主任到乡下去了。徐文荣为了能找到他签字，又去找了县革委会主任，在确保了县计委副主任的人身安全后，终于成功获得了县里的盖章。但前往金华市盖章时，徐文荣才发现市里的对抗状态更为明显。最终徐文荣决定直接越过市里去省里盖章。通过向浙江省第一轻工业局和省丝绸公司的多次汇报，省里终于同意盖章。1975年4月18日，浙江省第一轻工业局正式下文批准设立东阳县横店丝厂。

在解决了初步的规制合法性之后，接下来便涉及具体的丝厂经营问题。首个问题便是资金。公社周书记明确表示公社并没有资金来支持办厂，公社党委、革委两委会和丝厂筹备组人员一起开会研究办厂资金的事，最终决定借助群众的力量，也就是向各大队借款筹资。当时，全公社39个大队，一共筹集了50254元人民币，其中横店大队共集得2654元。但这个金额对于创办丝厂来说仍然是杯水车薪，因此徐文荣决定向银行贷款。在当时，银行贷款给企业几乎是不可能的事，因为他们担心企业根本偿还不了贷款。经徐文荣多次沟通，最终银行同意给予贷款26万元。

在经历这两个事情后，丝厂成功创办，经过几年的发展，规模迅速扩大，中间还涉足了磁性产业。而早期的大队筹资共建丝厂的经历，也成为后来徐文荣提出社团经济发展模式的一个重要铺垫。

（三）政企分开：横店工业公司的成立

到1979年，企业承包责任制已经成为当时企业运作的主要机制，但政企难分问题仍然十分严重，劳动用工、干部聘任、工资分配、企业扩建、新上项目等，政府都要插手，并随时会干涉企业的日常经营行为。为了争取企业经营自主权，徐文荣先后赶走了5个阻碍企业发展的公社或乡镇领导，后来徐文荣认识到，这并不是一两个人的问题，而是体制问题，体制不改变，这种情形可能还会继续。

1984年3月1日，中共中央、国务院转发了农牧渔业部《关于开创社队企业新局面的报告》，报告中明确提出将社队企业改称为乡镇企业。随后，浙江省政府也下发《关于加快发展乡镇企业的若干规定》，进一步推动了乡镇企业的发展。1984年10月20日，中共十二届三中全会召开，讨论通过了《中共中央关于经济体制改革的决定》，首次提出了政企分开的问题。在这一年里，徐文荣抓住机会先后创办了纺织印染厂、磁性器材二厂、化纤纺织厂、丝织厂、筛网厂、西式时装厂、电子工业总厂等，横店工业初步形成了多元化经营的格局。

随着企业规模的不断扩大，徐文荣寻求政企分开，构建新的组织形式的意愿日益增强。随后他向当时的横店乡党委书记杜家仁提出政企分开的要求并得到其支持。在其帮助下，这个提案也得到了县委领导的认同。1984 年 11 月 22 日，横店工业公司（后改为"横店工业总公司"）成立，原来代表乡政府管理企业的乡工业办公室同时被撤销，县政府宣布政府不再干预企业事务。乡党委也明确规定，党政干部不得到企业兼职。在此次改革中，徐文荣被任命为横店工业公司的总经理。横店在全国率先实现政企分开，为横店日后的发展提供了良好的条件，也为社团经济模式的提出埋下了伏笔。

（四）"八八"改制风波

横店工业总公司实行政企分开后，产值从 1984 年的 1947.8 万元提高到了 1987 年的 1.1 亿元。到 1988 年初，国家提出了治理经济环境、整顿经济秩序的宏观调控目标。到该年 9 月份，东阳撤县设市，市政府随后便下发了关于乡镇集体企业实行股份制、租赁制和产权拍卖的三个"试行办法"。随后，市工作组找到了徐文荣，试图说服徐文荣将横店作为试点区域，但遭到了徐文荣的反对。在工作组向市里汇报相关情况后，市委书记亲自找徐文荣商谈，徐文荣从横店长期发展的角度出发，仍然回绝了这一提议，并指出会认真研究市里制定的三个"试行办法"，但请求不要选择横店作为试点区域。

徐文荣之后立即召开干部会议，最终决定面对需要治理整顿的宏观经济形势，按照"稳定轻纺、发展电子、开发化工"的调整总方针，限制差的，发展好的，引进新的，坚决走以公有制为主体和高科技、外向型的发展道路。到这时，徐文荣关于探索建立新的产权制度模式的决心已定，初步的主张也基本确立下来。

二、理论化新制度阶段

（一）股份制改造的探索

1990 年初，国家为了推进国有企业改革，出台了一系列关于企业股份制和股份合作制改革的政策。东阳市政府领导、浙江省乡镇企业局领导均开始动员徐文荣开展股份制改造，并允诺根据政策，徐文荣本人可以享受 10% 的企业资产。在当时，横店集团的资产已经超过 10 个亿，也就是说，如果徐文荣同意执行股份制改造，那么他可以在一夜之间成为亿万富翁。但徐文荣当即否定了这一提议，而改革之事迫在眉睫。因此，徐文荣立即召集领导班子和骨干开会讨论。在会上，徐文荣指出，横店集团的资产既不属于国家，也不属于镇政府和村，更加不属于个人，它是集团核心，是紧密型企业员工长期共同劳动、共同创造积累形成的，应当属于全体员工共同所有。另外，在会上，徐文荣还结合考察苏南和温州的所见所闻，具体分析了盲目搞股份制改革可能带来的 5 个弊端：内部关系难以处理、企业发展没有后劲、干部员工思想容易涣散、城镇建设会受影响、企业内部管理机制僵化。

1993 年，徐文荣当选为第八届全国人大代表。3 月，在北京参加"两会"时，徐文荣碰到了时任浙江省委书记的李泽民，在向李书记详细汇报横店集团的发展历程及对企业改制的个人看法后，徐文荣询问是否必须都搞股份制改造，采取"一窝风""一刀切"的策略。李书记表示，只要符合邓小平同志说的"三个有利于"，什么形式都可以。此外，他还鼓励徐文荣大胆去尝试，只要有利于横店的发展，有利于走共同富裕的道路，政府是会支持创新的。

（二）社团经济模式的初步形成

在得到领导支持后，徐文荣立即采取行动。他的第一个目标便在于深入探讨产权制度改革，并从理论上对横店集团十几年来走过的道路进行总结。为此，徐文荣邀请了魏杰、何伟、刘伟、宋养琰、钟朋荣、方生、晓亮、林子力、朱厚泽、贾春峰、方恭温、张小弟等 10 多位国内著名经济学家和理论工作者考察横店。在与专家的研讨中，徐文荣指出："集团的资产是属于员工共同所有的，但员工只有使用权，没有占有权，所以资产也可以说是集团的。从社会角度来看，集团是一个社团，是一个生产性、营利性的社团，这种集团所有可以称为社团所有制，以这种产权形式组织运作的经济，就叫社团经济。"与会专家充分肯定了这一观点，并从不同角度对横店的产权组织形式进行了理论分析和阐述。

在充分的研讨后，徐文荣对横店社团经济进行了详细的归纳。社团经济的宗旨在于共创、共有、共富、共享；社团经济的特点是产权共有、政企分开、社团主导、多轮驱动；社团经济的任务是使农业经济变为第一、第二、第三产业协调发展的农村经济；社团经济的经营理念是以人为本、资本经营、市场导向、管理创新、法制护航、持续发展；社团经济的发展方针是高科技领头、多元化发展、专业化管理、连锁化经营、现代化手段和国际化思路。自此，社团经济模式的概念及理论初步成型。

（三）社团经济模式的确立

虽然徐文荣已经提出了社团经济模式的内涵，但此时这个产权模式仍然属于全新事物，且对它了解的人也甚少。为了宣传自己的主张，进一步将社团经济模式加以理论化并公之于众，徐文荣首先制定了《横店集团公司社团所有产权制度纲要（草案）》，进一步明确了横店社团经济的范围、性质、宗旨、任务、管理体制、运行机制及与地方政府的关系等。徐文荣还撰写了长篇论文《社团所有制：产权制度改革模式的选择——横店集团的实践和理论探索》，从横店的实践和理论探索的视角，详细分析了社团经济的历史成因、发展过程、性质、特点及当时产权制度改革中出现的问题。该篇文章最后被收入由何伟、魏杰主编，中华工商联合出版社出版的《中国经济改革文库（第三卷）》一书中。

1993年春，徐文荣进京参加"两会"时带去了之前撰写的文章，想请几个感兴趣的理论界和新闻界的朋友看看，不料引发轰动，许多媒体争相采访他。几天后，《中央党校通讯》刊登了记者对徐文荣的采访，全面介绍了徐文荣对产权制度改革的看法和观点。

三、新制度扩散阶段

（一）政府和媒体的认可：合法性的获取

从 1992 年开始，国家部委、省市领导人先后到横店考察。1992 年 6 月 16 日，中央电视台在《祖国各地》栏目播出了反映横店集团创业历程和业绩的专题片《牵金牛的人》。同年 7 月 1 日，《中国乡镇企业报》以《横店之路》为题发表文章，介绍横店集团和其发展经验。

《农民日报》随后也以整版篇幅刊登了徐文荣的文章，并配发农业部乡镇企业司的按语：享誉全国的横店集团在产权制度改革中独树一帜，创造了新的企业产权组织形式和公有制实现形式——社团所有制。横店集团 10 年的实践证明了这一改革是成功的，希望引起大家的关注、讨论、评判和借鉴。随后，中央电视台、人民日报社、经济日报社、光明日报社等数十家媒体组成新闻记者采访团对横店进行了采访，从不同角度对横店集团的创业历程和横店在中国农村改革中所取得的成就进行了充分的报道。

1992 年 12 月，浙江省组织"横店模式"课题研究组，对徐文荣进行了深入的采访，全面分析了横店模式的特质和内涵，并出版了《横店模式》，该书系统地总结了横店模式的内涵和特点，并充分肯定了横店模式对我国乡镇经济发展的指导意义。尽管在过去，学者和政府已经对横店模式给予了充分的肯定，但该书的出版是政府首次从理论角度诠释横店模式，意味着横店模式规制合法性的全面获取。

（二）全面宣传：认知合法性的获取

1993 年 4 月 29 日，国务院发展研究中心、经济日报社、光明日报社联合在北京钓鱼台国宾馆举办"横店集团之路"研讨会，相关领导及国内 100 多名专家、学者出席研讨会，对横店集团的发展路径、发展模式及对我国农村经济改革的指导意义进行了深入的探讨，并对横店的发展经验做了充分肯定。次日，中央电视台在《新闻联播》中播出了"横店集团之路"研讨会的新闻。随后，人民日报社、新华社、光明日报社、经济日报社等几十家中央媒体和地方报刊先后报道了横店集团的发展经验和横店艰苦创业的事迹。横店现象、横店模式开始响彻全国。

1994 年，国家体改委、光明日报社、经济日报社联合在北京人民大会堂举办"横店集团发展模式研讨会"。本次研讨会重点探讨了横店的社团经济产权模式。同时，研讨会还发布了人民出版社出版的《横店社团经济模式研究》《著名专家学者论横店》《横店之路》《横店的精神文明建设》4 本书。

1996 年，浙江大学和横店集团社团经济文化研究院合作，以横店社团经济模式为主题申请国家社会科学基金项目并获批准。1998 年，《市场型公有制——横店模式产权制度系统考察》作为课题研究成果由上海三联书店出版，受到了国内学者的普遍关注和好评。

1997 年，中国社会科学院经济研究所《经济研究》编辑部组织多位著名经济学家专程到横店集团考察。之后，这些经济学家撰文发表在《经济研究》上，在学术界引起了很大反响。至此，横店模式受到了政界、学术界乃至社会大众的认同。

第三节　横店制度创业机制

一、编码

由于横店社团经济模式的提出至今已经有 20 余年，除了早期参与社团经济模式提出的公司人士之外，大多数新进员工对这个制度创业过程并不了解，这就给调研访谈的开展带来了很大难度。因此，研究资料主要来自二手资料，这些二手资料包括徐文荣口述、孙是炎整理的《徐文荣口述风雨人生》，徐文荣撰写的《一个企业家的心声——关于横店的哲学思考》，陈湘舸、孙是炎撰写的《市场型公有制——横店模式产权制度系统考察》等书籍，经济学者及其他研究者发表的一系列论文，以及其他关于横店社团经济模式的网媒与纸媒的新闻报道等。这种多来源的数据采集方法有助于构建后续研究归纳和提出的三角验证体系。

（一）开放性编码

在开放性编码阶段，研究人员对原始数据资料进行逐句分析。共有 3 位制度创业研究领域的博士生、1 位制度创业研究领域的教授参与编码，并对 4 位研究人员的独立编码结果进行反复比对，从而提高了编码的可信度。本案例研究访谈资料的收集与分析均严格按照 Strauss（1997）提出的开发编码 5 项基本原则，把意思相近、重复的概念剔除，最终形成初步概念 36 个（a1—a36）；然后是把概念进一步范畴化的过程，把概念相同或类似的现象集中并统一归纳到相同的范畴之下；最后命名范畴 22 个（A1—A22）。详见表 7-1。

表 7-1　数据编码的概念框架

范畴类别	构成范畴的概念类别
A1 个人关系网络	a1 结识政府官员；a2 调节村民关系；a3 认识经济学专家
A2 理论阐述	a4 形势分析；a5 社团经济模式诠释
A3 发表专业演讲	a6 参加产权制度改革访谈
A4 撰写专业书籍	a7《横店之路》
A5 参与媒体宣传	a8 报纸报道；a9 新闻报道
A6 辩论	a10 与乡镇领导争辩
A7 叙事	a11 与村民沟通
A8 重要性	a12 显著影响；a13 持续影响
A9 主动性	a14 反对；a28 支持
A10 合理性	a15 道德允许；a16 社会价值观所在；a17 大众认可
A11 合法性	a 18 符合法律法规
A12 法律法规	a19 中央文件规定扩大企业自主权、实行政企分开
A13 地方条例	a 20 东阳政府股份制、租赁制、拍卖制"三个试行办法"
A14 利益分配	a 21 村民利益；a22 股东利益；a23 政府利益
A15 权利共享	a 24 资产共有；a25 决策权划分
A16 社会支持	a 26 地方民众支持；a27 社会大众认可
A17 学术认同	a 28 学术专家撰文；a29 学术期刊刊文
A18 广泛宣传	a30 全国性横店模式研讨会
A19 公有制	a31 产权改革

续　表

范畴类别	构成范畴的概念类别
A20 股份制改造	a32 遵循中央文件精神；a33 遵循地方文件精神
A21 伦理道德	a33 员工福利；a34 共有资产处置公平性；a35 区域经济发展
A22 新产权模式	a36 不了解产权模式

（二）主轴编码

通过典范模型开发出 11 个主范畴，分别是社会网络策略、理论化策略、文化策略、话语策略、利益相关者核心性、规制合法性、规范合法性、认知合法性、规制性约束、规范性约束、认知性约束。主轴编码形成的主范畴如表 7-2 所示。

表 7-2　数据编码的概念框架

主范畴	范畴类别
B1 社会网络策略	A1 个人关系网络
B2 理论化策略	A2 理论阐述；A3 发表专业演讲；A4 撰写专业书籍
B3 文化策略	A5 参与媒体宣传
B4 话语策略	A6 辩论；A7 叙事
B5 利益相关者核心性	A8 重要性；A9 主动性；A10 合理性；A11 合法性
B6 规制合法性	A12 法律法规；A13 地方条例
B7 规范合法性	A14 利益分配；A15 权利共享
B8 认知合法性	A16 社会支持；A17 学术认同；A18 广泛宣传
B9 规制性约束	A19 公有制；A20 股份制改造
B10 规范性约束	A21 伦理道德
B11 认知性约束	A22 新产权模式

（三）选择性编码

1. 主范畴分析

通过开放性编码和主轴编码两个过程，得到上文所述的 11 个主范畴。首先对主范畴的内容和性质做进一步说明，为后续分析打下基础。

规制性约束指的是横店集团在提出社团经济模式时遇到的来自制度、法律层面的约束。这里主要是指中共中央推行股份制和股份合作制改革的政策，以及原东阳县政府对于地方企业改制的一系列文件和精神要求。规范性约束指的是改制后员工利益、股东利益的保障问题。认知性约束指的是社团经济模式作为一种全新的产权制度形式被提出后，包括政府、学者及一般社会公众对其合法性、可行性及未来发展趋势的担忧和认知上的障碍。

话语策略指的是横店集团在克服制度创业约束时所采取的语言性工具，包括各类修辞、辩论、演讲、报告等；理论化策略指的是横店集团在合法化社团经济模式中，以更加规范、科学的方式将证据呈现给利益相关者；社会网络策略指的是横店集团在制度创业时为获取资源，与利益相关者缔结战略联盟的方式；文化策略的运用主要是横店集团对社团经济模式加以扩散、推广以使其嵌入社会公众的生活中，并最终被社会公众广为接受和认可。

利益相关者核心性用于描述利益相关者在制度创业过程中的核心程度，主要通过重要性、主动性、合理性和合法性 4 个维度加以测量。

规制合法性是指社团经济模式获得法律认可的程度。规范合法性指的是社团经济模式及横店集团制度创业行为符合社会道德、社会价值观的情况。认知合法性是指横店集团制度创业及社团经济模式被大众广泛接受并认同的情况。

2. 核心范畴选择

通过以上分析，进一步将 11 个主范畴与现有理论进行对接和比较，本研究发现规制性约束、规范性约束及认知性约束代表了横店在制度创业时面临的约束，具有理论一致性，因此将其归纳入"制度创业约束"这个范畴中。同理，话语策略、理论化策略、社会网络策略及文化策略代表了横店集团在制度创业过程中克服约束时，针对不同的利益相关者所采取的策略，可将其归纳入"制度创业策略"这一范畴中。而规制合法性、规范合法性和认知合法性代表了横店集团制度创业的过程其实就是追求合法性的过程，因此将其归入"合法性获取"这一范畴。而利益相关者核心性主要用于描述利益相关者的特征，因此将其定义为"利益相关者"这一范畴。图7-1对横店集团制度创业的编码过程及结果进行了总结，中间部分为表达逻辑关系的核心范畴。

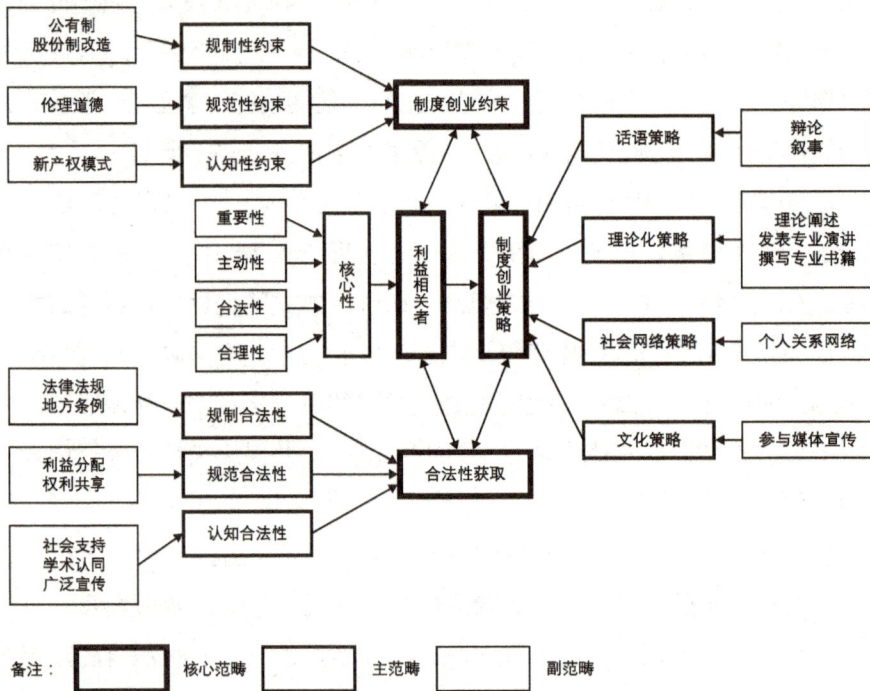

图 7-1　横店制度创业编码过程及结果

二、制度创业不同阶段的利益相关者

根据对原始数据编码后涉及的利益相关者信息进行的数据统计，本研究初步分析了在整个制度创业过程中和在不同制度创业阶段的利益相关者核心性。从整个制度创业过程来看，涉及的利益相关者包括地方政府机构（东阳市政府、横店镇政府等）、国家部委（国家发展研究中心等）、股东、雇员、媒体、社会公众、学术机构（大学、科研院所和学者）。

如图 7-2 所示，在横店的整个制度创业过程中，涉及地方政府的编码数为 42 条，排在第一位；涉及国家部委、学术机构和媒体的编码数分别为 32 条、32 条和 23 条，分列第二、三、四位；随后是股东、雇员、社会公众，编码数分别是 12 条、12 条和 8 条。

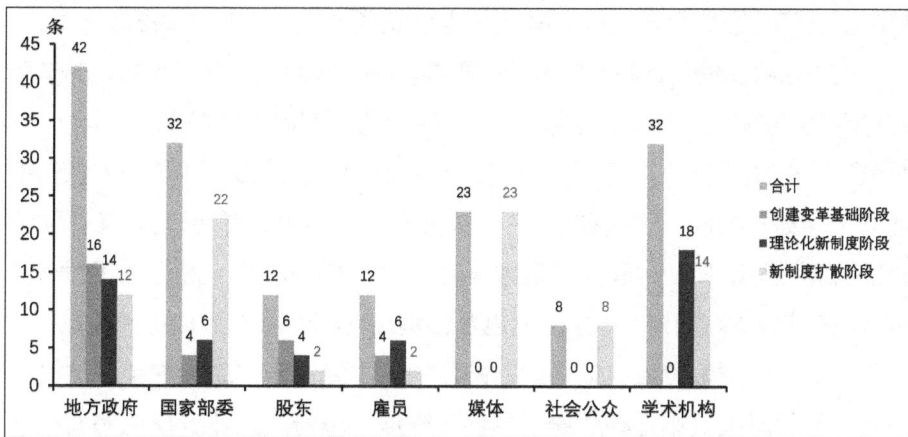

图 7-2　三个制度创业阶段所涉及的不同利益相关者的编码数量

由于仅通过计数的方式来研究难免会存在一定的局限性，例如原始信息不充分、客观原因导致的单方面信息过载等，因此，本研究借鉴陈宏辉和贾生华（2004）、Freeman（1984）的界定方法，借助对文本的分析，并通过评价利益相关者是否具备重要性、主动性、合法性和合理性 4 个维度的内容来界定其是核心利益相关者、边缘利益相关者还是蛰伏利益相关者，从而提高划分结果的信度。这种方法在案例研究中也被广泛运用。（Yin，2003）

（一）重要性

重要性维度主要用于衡量利益相关者对制度创业者或制度创业过程的影响程度。地方政府、国家部委、股东、雇员、媒体、学术机构具备利益相关者的重要性特征。

　　地方政府。地方政府对横店制度创业的重要性可以说贯穿了横店整个制度创业过程，但在三个过程中所起的作用可能会有所差异。在创建变革基础阶段，地方政府的作用在于推动了徐文荣角色的转变，即从"就业者"

到"创业者"的转变。如徐文荣回忆道："当周芝利书记把公社党委这个决定（出任横店丝厂专职副组长，作者注）告诉我时，开始我并没有立即答应下来……书记说，你是共产党员，要顾全大局嘛，总得服从组织安排吧。他这么说，我就没话好讲了。"（《徐文荣口述风雨人生》，第96页）随后，在审批丝厂及颁布企业改革政策上，地方政府也起到了重要的推动作用。

地方政府在理论化新制度阶段的重要影响在于时任浙江省委书记的李泽民对徐文荣讲述的一番话。当徐文荣询问是否必须都搞股份制改造，实行"一窝风""一刀切"时，李泽民回应道："没这回事，企业改制不搞一刀切，不刮风，只要符合小平同志说的'三个有利于'，什么形式都可以。"（《徐文荣口述风雨人生》，第174页）正是这次对话使徐文荣进一步明确了省里对横店探索创新产权制度新模式的态度，也为后续的制度创业过程打下了基础。

到新制度扩散阶段，地方政府的作用则主要在于帮助徐文荣宣传横店模式，并尽可能安排上级政府及其他省市地方政府、企业到横店考察和学习，从而推动了横店模式的进一步宣传和推广。

国家部委。国家部委对横店制度创业的影响主要表现为诱发性作用、论证性作用和宣传性作用，基本的影响机理与地方政府相似。在早期阶段，国家部委所发布的一系列推动企业治理模式变革和产权制度变革的文件是徐文荣开展制度创业的根本诱因。在新制度扩散阶段，国家部委高度重视横店所提出的新产权模式，召开了一系列全国性会议来讨论、宣传和推广横店模式在产权制度变革上的引领性作用。

股东和雇员。股东和雇员对横店制度创业的重要作用更多地表现在创建变革基础阶段。由于横店集团是全体员工所共有的，且早期创办横店丝厂的资金也是由企业及雇员共同向银行贷款申请的，因此这里的股东很大程度上也是企业的雇员。徐文荣在思考是否要采取股份制时，一个较为根本的出发点便是思考股东和雇员的利益与福利问题。

媒体。媒体对横店制度创业及社团经济模式的作用主要在新制度扩散阶段开始显著呈现，这与其他制度创业案例的情形相似，根本原因在于媒体往往只关注较为成熟、基本已经获取了规制合法性的一些事物。在新制度扩散阶段，新华社、人民日报社、经济日报社、光明日报社等媒体均对横店自身的发展历程、徐文荣的创业历程及社团经济模式提出的前因和背景进行了广泛的报道，这在当时应该说是推动社会大众对这一新产权模式认知的关键，甚至可以说是唯一途径。

学术机构。学术机构及学术专家对横店制度创业的影响主要表现为在理论化新制度和新制度扩散阶段对横店社团经济模式的理论化阐述，包括经济研究杂志社及一大批当时著名的经济学家均对横店社团经济模式广泛表现出了浓厚的兴趣，并借助专业知识对这一模式产生的背景、原因及优劣势进行了深入的分析，从而有效增强了政府高层、社会公众对这一新产权模式的科学认知和普遍认可。

（二）主动性

主动性维度主要用于衡量利益相关者主动参与或干预制度创业过程的程度。地方政府、国家部委、学术机构和媒体具备利益相关者的主动性特征。

地方政府。从三个阶段来看，政府都是主动参与到横店的制度创业过程中来的，如时任横店公社党委书记的周芝利建议徐文荣出任横店丝厂的负责人；东阳市政府倡议将横店集团作为企业股份制改造的试点企业；横店镇政府、东阳市政府及浙江省政府主动组织研究机构及研究人员探讨总结横店模式，宣传和推广横店模式；等等。

国家部委。国家部委早期对横店制度创业的干预主要表现在出台的一系列政策性文件上。尽管这种主动干预并不专门针对横店这一家企业，但从行为出发点来说，这些干预直接诱发了徐文荣制度创业主张的形成。在新制度扩散阶段，国家部委的主动性主要体现在领导干部的考察及对横店新产权模式的宣传和推广上。

学术机构。学术机构对横店制度创业的关注主要集中在新制度扩散阶段。在理论化新制度阶段，徐文荣就已经针对横店模式进行了深入的阐述，部分学者也应邀参与了横店新产权模式的调研和探讨。随后，横店的新产权模式引发了更多学者的关注，如经济研究杂志社、浙江大学等都表现出了对这个新兴经济学研究主题的强烈兴趣，并组织相关专家学者前去调研。

媒体。媒体对横店制度创业的主动报道大多发生于新制度扩散阶段。

媒体的主动性往往与新生事物被权威机构认可的程度有关，当国家部委及学术机构开始呈现出对横店模式的广泛关注和普遍认可后，媒体才开始对这一新生事物的持续性、主动性进行报道，这与当时的社会背景有一定的关联。如徐文荣回忆道："中央电视台在《新闻联播》中播出了'横店集团之路'研讨会的新闻，而在随后，人民日报、光明日报、经济日报等几十家中央媒体和地方报刊，先后报道了横店集团的发展经验和横店艰苦创业的事迹。"（《徐文荣口述风雨人生》，第185页）

（三）合法性和合理性

合法性维度主要用于衡量利益相关者主动参与或干预制度创业的行为是否符合法律法规。合理性维度主要用于衡量利益相关者主动参与或干预制度创业的行为是否符合社会道德规范。关于各个阶段具备合法性和合理性属性的利益相关者可参见表7-3。

表7-3 横店制度创业利益相关者四维度判定表

维度\阶段	重要性	主动性	合法性	合理性
创建变革基础阶段	地方政府、国家部委、股东、雇员	地方政府、国家部委	地方政府、国家部委、股东、雇员	地方政府、国家部委、股东、雇员
理论化新制度阶段	地方政府、学术机构	地方政府	地方政府、国家部委、股东、雇员、学术机构	地方政府、国家部委、股东、雇员、学术机构
新制度扩散阶段	地方政府、国家部委、学术机构、媒体	地方政府、国家部委、学术机构、媒体	地方政府、国家部委、股东、雇员、媒体、学术机构、社会公众	地方政府、国家部委、股东、雇员、媒体、学术机构、社会公众

（四）利益相关者的核心性分析

根据前文中基于核心性的利益相关者的划分标准，具备3个及3个以上维度特征的为核心利益相关者，具备2个维度特征的为蛰伏利益相关者，具备1个及1个以下维度特征的为边缘利益相关者。

在创建变革基础阶段，地方政府、国家部委、股东、雇员为核心利益相关者。根据条目统计结果，地方政府（16条）＞股东（6条）＞国家部委（4条）＝雇员（4条）。两种分析的结果基本相似。

在理论化新制度阶段，地方政府、学术机构为核心利益相关者，国家部委、股东、雇员为蛰伏利益相关者。根据条目统计结果，学术机构（18条）＞地方政府（14条）＞国家部委（6条）＝雇员（6条）＞股东（4条）。两种分析的结果基本相似。

在新制度扩散阶段，地方政府、国家部委、学术机构、媒体是核心利益相关者，雇员、股东、社会公众是蛰伏利益相关者。根据条目统计的结果，媒体（23条）＞国家部委（22条）＞学术机构（14条）＞地方政府（12条）＞社会公众（8条）＞雇员（2条）＝股东（2条）。两种分析结果基本相似。

综上所述，从各个阶段的利益相关者核心性分析来看，采用条目分析和4个维度分析的方法所得出的结论基本相似，说明这种界定方法是可靠的。关于横店制度创业过程中利益相关者核心性的变动情况可参见表7-4。

表7-4　横店制度创业过程中利益相关者核心性的变动情况

制度创业阶段　　利益相关者	创建变革基础阶段	理论化新制度阶段	新制度扩散阶段
地方政府	核心	核心	核心
国家部委	核心	蛰伏	核心
行业协会	—	—	—
消费者	—	—	—
竞争者	—	—	—
股东	核心	蛰伏	蛰伏
媒体	—	—	核心
社会公众	—	—	蛰伏
雇员	核心	蛰伏	蛰伏
学术机构	—	核心	核心

三、不同阶段的制度创业策略和合法性获取

图7-3反映了3个制度创业阶段不同的制度创业策略数量。通过计算可以看出，随着制度创业过程的推进，话语策略的数量逐渐下降，理论化

策略和文化策略的数量逐渐增加，社会网络策略的数量并未有明显改变。

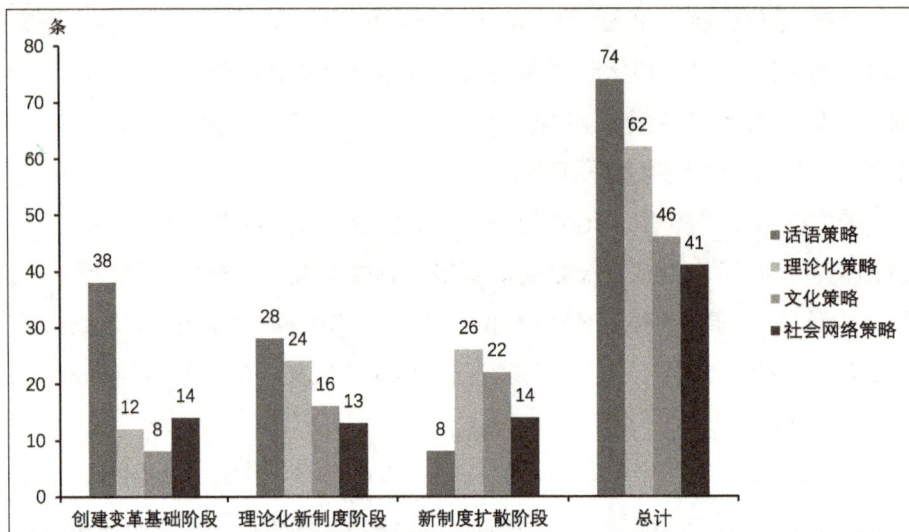

图 7-3　横店制度创业中制度创业策略数量

　　图 7-4 反映了 3 个制度创业阶段中，指向不同利益相关者的制度创业策略的数量。通过计算可以发现，无论在制度创业的哪个阶段，绝大多数的制度创业策略是针对核心利益相关者展开的。

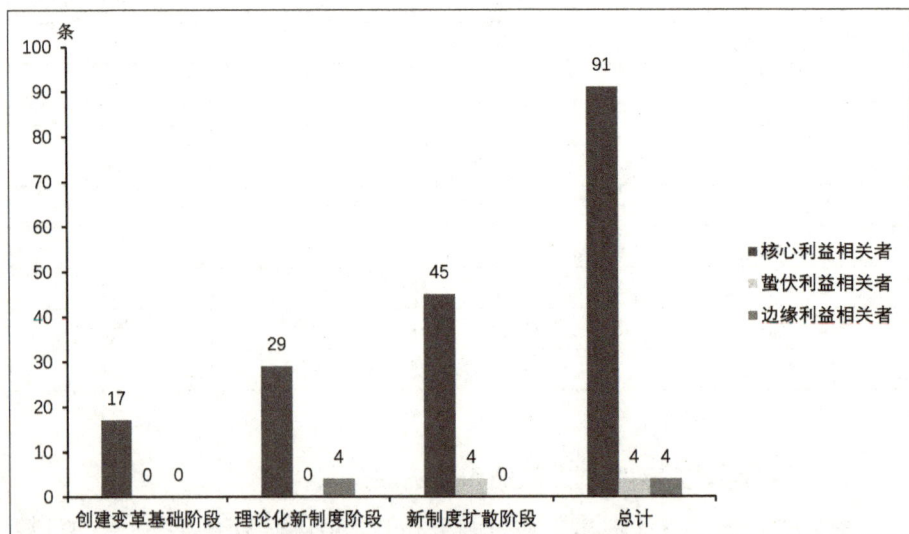

图 7-4　横店制度创业中指向不同利益相关者的制度创业策略数量

（一）创建变革基础阶段

横店在创建变革基础阶段的核心利益相关者为地方政府、股东、雇员和国家部委。在横店公社党委书记决定委派徐文荣出任横店丝厂的负责人后，徐文荣正式成为名副其实的创业者，并开始置身于将横店丝厂做大做强的经营管理行动中。而正是在丝厂的经营管理实践中，徐文荣逐渐对现行企业产权制度的有效性和效率产生了质疑，这也为他后续提出新的产权形式奠定了基础。因此，在这一阶段，徐文荣所采取的策略也可并入制度创业策略之中。

针对雇员，徐文荣在这一阶段所采用的策略主要有两种：话语策略和社会网络策略。话语策略的使用主要集中在早期招募员工共同参与横店丝厂的建设及经营上。例如，徐文荣在邀请任湖田大队的厉大金来负责横店丝厂的基建工作时，就借助巧妙的对比话语获取了厉大金的信任和认可。徐文荣在邀请厉大金时讲道："至于工资待遇，虽然要由公社党委定，我说了不算，不过，我可以表态，一定比我这个当头头的高就是了。"（《徐文荣口述风雨人生》，第102页）此外，徐文荣还借助构建个人社会关系网络来物色更多有助于横店发展的雇员，如与横店公社党委书记、省一轻局局长等人的个人关系网络的构建。

针对地方政府，徐文荣主要采用的是话语策略，这些话语策略旨在获取横店丝厂的规制合法性及发展所需的资源和权利。在"八八"改制风波中，当时东阳市政府希望将横店作为乡镇集体企业，实行以股份制、租赁制和拍卖制为主要内容的改革试点，但遭到了徐文荣的反对。徐文荣借助对横店基本特征的话语阐述，有效避免了横店成为试点区域从而阻碍自身长期发展的可能性。徐文荣讲道："经过十多年的发展，我们横店走出了一条适合自己的发展道路，这就是以镇办集体企业为主体，扶持和带动村办、联户办和户办企业共同发展，也就是'主体带动，四轮联动'，这个路子老百姓都拥护，有利于横店发展，为什么一定要变呢？"（《徐文荣口述风雨人生》，第151页）当然在与地方政府的论述中，还包含了一定的理论化策略，这些策略旨在增强徐文荣话语的科学性和正确性，从而提高话语的说服力。

针对股东，徐文荣采取的主要也是话语策略，体现在日常的经营管理决策上。如在"八八"改制风波中，虽然徐文荣拒绝了东阳市政府将横店作为改革试点区域的提议，但也被要求必须遵循中央文件精神进行改革。在召开的全厂股东会议上，徐文荣深入阐述了改革的意见，并获得了股东的一致同意。

（二）理论化新制度阶段

在理论化新制度阶段，徐文荣面对的核心利益相关者为政府和学术机构，蛰伏利益相关者为国家部委、股东、雇员。

针对地方政府的策略主要为话语策略，借助阐述和辩论来实现政府及政府领导对横店开展产权制度创新的认可和支持。徐文荣在北京参加全国"两会"时主动向时任浙江省委书记的李泽民汇报了横店集团是怎么发展起来的，对企业改制的看法，走共同富裕道路的理由，等等，得到了李泽民的理解和支持，并且表示："只要有助于横店的发展，有利于走共同富裕的道路，就大胆尝试。"

针对雇员的策略主要为话语策略。这里的话语策略主要表现为说服，即分析实行股份制改革可能会遇到的麻烦及带来的问题，具体分析盲目推行股份制改革可能出现的弊端。为了说服雇员不要盲目推行股份制并选择与自己站在同一战线上，徐文荣在召开的全员大会上，深入地分析了推行股份制可能会产生的5个严重的问题，进而获得了大家的一致同意，即"不同意将资产量化到个人"。

理论化策略主要体现在与魏杰等一大批专家学者对横店拟构建的新产权模式进行的初步的理论分析上，对横店社团经济的宗旨、特点、任务、经营理念、发展方针等内容进行了初步的理论化阐述，形成了《横店集团公司社团所有产权制度纲要（草案）》。此外，徐文荣还参与了何伟和魏杰主编的《中国经济改革文库》的编写，撰写了《社团所有制：产权制度改革模式的选择——横店集团的实践和理论探索》。

这一阶段的文化策略表现在首次接受了记者的采访，相关的采访稿也刊登在了《中央党校通讯》上，并获得了《农民日报》、中央电视台、《经济日报》、《光明日报》的转载和宣传，初步奠定了社团经济模式的社会群众基础。

（三）新制度扩散阶段

在这一阶段，文化策略开始被大量采用，徐文荣开始接受大量的媒体采访，并借助媒体来实现宣传横店模式、增强这一新兴产权模式合法性的目的，这些策略的主要指向目标包括地方政府、国家部委、学术机构、媒体及社会公众，旨在获取认知合法性。"1992年5月，中央新闻纪录电影制片厂来横店集团，拍摄了电影纪录片《横店钟声》，并在全国范围内发行、放映……6月16日，中央电视台在《祖国各地》栏目播出了反映横店集团创业历程和业绩的专题片《牵金牛的人》……7月1日，《中国乡镇企业报》以《横店之路》为题发表文章，介绍横店集团和横店的发展经验。"（《徐文荣口述风雨人生》，第181页）

理论化策略的使用仍旨在进一步形成横店社团经济模式的科学体系，包括参加国家部委举办的"横店集团之路"研讨会和"横店集团发展模式"研讨会，徐文荣在会上对横店社团经济模式的理论化论述和构建进一步增强了这一新兴产权模式的规制合法性和认知合法性。另外，话语策略还体现在接受媒体的采访上。

（四）总结

对于横店制度创业各阶段的制度创业策略的汇总见表7-5。

表7-5　横店制度创业各阶段的制度创业策略

阶段	利益相关者类型	合法性类型		
		规制合法性	规范合法性	认知合法性
创建变革基础阶段	核心利益相关者	话语策略 ●描述 ●阐释 社会网络策略 ●构建个人关系网	理论化策略 ●归因	

续 表

阶段	利益相关者类型	合法性类型		
		规制合法性	规范合法性	认知合法性
创建变革基础阶段	蛰伏利益相关者			
	边缘利益相关者			
理论化新制度阶段	核心利益相关者	话语策略 ●争辩 ●说服 理论化策略 ●科学分析		文化策略 ●媒体宣传 理论化策略 ●科学论证 ●请教专家学者 ●撰写专业书籍 ●发表学术论文
	蛰伏利益相关者		话语策略 ●说服 ●安抚	
	边缘利益相关者			
新制度扩散阶段	核心利益相关者			话语策略 ●描述 ●阐释 ●宣传 文化策略 ●媒体宣传 ●参加政府活动及会议 理论化策略 ●撰写专业书籍 ●发表学术论文 ●参加学术会议
	蛰伏利益相关者			
	边缘利益相关者			

第四节　小结

　　本章基于扎根理论的方法，通过对横店制度创业案例的分析，详细描述了横店集团及徐文荣在股份制改造这一制度背景下，如何借助一系列制度创业策略来提出与现行产权模式相偏离的社团经济模式并获取合法性的过程。主要贡献在于对制度创业过程中的利益相关者进行了划分和界定，揭示了制度创业者在不同的制度创业阶段如何利用不同类型的制度创业策略来克服利益相关者的制度约束，以及这些策略从利益相关者处为制度创业者获取了何种合法性。研究结论主要如下：

　　第一，在不同制度创业阶段，对制度创业者造成关键性制度约束的核心利益相关者在一定程度上呈现出稳定性，但其他核心、蛰伏和边缘利益相关者仍然表现出波动性。这一发现与在绿源集团制度创业案例中发现的结论基本一致，这也证实了两个研究结论的一致性。在横店集团和徐文荣的制度创业过程中，政府均表现为核心利益相关者并发挥着显著作用，同时也是横店和徐文荣制度创业策略的主要指向目标。这个结论与近期关于利益相关者理论的研究成果相一致。这些研究指出，组织的合法性获取是受到多重利益相关者影响的。（Lamberti & Lettieri, 2009; Spiller, 2000）此外，本案例研究的结果显示，在制度创业实践里，组织的不同利益相关者群体存在不同的优先级，这也证实了 Mitchell, Agle & Wood（1997）的观点，即在一个多重利益相关者的视角下，不同的利益相关者可能会对一个组织有着不同的影响且持有不同的道德立场，因此在满足自身需求的紧迫性上也会存在差异。与绿源集团制度创业案例进行对比后发现，在不同的制度创业过程中，核心利益相关者具有差异性。这也就是说，利益相关者的核心性是具有案例和情境依赖性的。例如，横店制度创业案例中，由于涉及新产权模式的提出且这一新模式与国家当时提倡的股份制模式存在一定程度的偏离，为对这一颇具学术性的问题加强合法性以增强其说服力和科学性，学术机构及学者在这一过程中起到了关键性的作用。

第二，本案例研究对横店制度创业过程中所采用的制度创业策略也进行了归纳和提炼，将其分为话语策略、理论化策略、社会网络策略和文化策略，进一步支持了项国鹏和阳恩松（2013）对制度创业策略进行划分的观点。以往研究已经对制度创业策略的类型及采用进行了深入的分析（项国鹏和阳恩松，2013; Ocasio, Loewenstein & Nigam, 2015; Harmon, Green & Goodnight, 2015），却未从利益相关者的视角加以探讨。本案例研究结论表明，制度创业者的制度创业策略是有着明确的利益相关者指向的，这种指向在不同的制度创业阶段具有差异性。由于制度创业者往往面临着来自利益相关者的不同约束，可能表现为规制性约束、规范性约束或认知性约束，从而阻碍合法性主张的实现，因此，制度创业者会基于所面临的约束类型来制订合适的制度创业策略，从而获取相对应的合法性认可。

—— **第八章** ——
绿源集团案例研究

第一节　绿源集团简介及文献综述

一、绿源集团简介

　　金华绿源电动自行车有限公司创立于 1997 年 7 月，它的前身是金信科技风险投资公司下属的电动自行车项目小组。该项目小组在电动自行车方面的研究开始于 1995 年年底，并于 1996 年 6 月完成了第一辆样车试制，是国内最早的电动自行车研究机构之一。1998 年，绿源公司推动浙江省电动自行车规范化管理，并率先通过浙江省鉴定，成为浙江省公安厅批准的首家上目录品牌。1998 年 7 月，绿源作为东道主承办了"电动自行车国字标准"的审定会议，《电动自行车通用技术条件》（GB 17761—1999）报批稿完成。1999 年，绿源发起并推动制订了电动自行车专用蓄电池的行业标准。2000 年 4 月，该标准形成第一稿。该标准的出台为电动自行车的商业化起到了保驾护航的作用。2004 年至今，绿源为了电动自行车标准的修改与完善，为了电动自行车的合法地位，不断地努力争取，为此，绿源得到了大多数同行企业的尊重，被尊称为"电动自行车行业斗士"。

二、关于绿源研究的文献

项国鹏、李武杰和肖建忠（2009）通过对 21 个中国企业家案例的聚类分析，将企业家制度能力划分为 3 种类型，并根据主导性企业家制度能力，将 21 位中国企业家分为 4 种：全面性制度创新企业家、规制性制度创新企业家、认知性制度创新企业家、内部制度创新企业家。在这篇文章中，倪捷因打破规制性制度约束，被认定为规制性制度创新企业家。文章整合了制度理论和企业家能力理论，提出并剖析了企业家制度能力，为国内的制度创业研究奠定了理论基础。黎常（2012）以吉利和绿源为对象的案例研究指出，企业家的制度创业行为过程包括构建变革使命、宣传变革使命、动员资源建立联盟以实施变革过程，并且在这一过程中，企业家会运用不同策略来实现各环节的活动，最终达到制度创业目标。

尽管现有研究已经对倪捷所具备的企业家制度能力及绿源的制度创业行为过程进行了分析，但这些研究并未深入探讨绿源制度创业过程中制度约束、制度创业策略采用及合法性获取三者之间的关系，此外，厘清利益相关者在组织制度创业过程中的作用，对于构建完善的制度创业过程模型也有着重要的意义。

三、制度创业类型：完善型制度创业

项国鹏、迟考勋和王璐（2011）在研究中指出，新兴场域的制度空白和制度缺陷分别造就了开拓型和完善型两种不同的制度创业类型，针对制度创业策略研究的现状，后续研究应该分别针对不同的制度创业类型来考察制度创业策略。然而，现阶段的研究仍未有直接涉及制度创业类型划

分的。这里借鉴项国鹏、迟考勋和王璐（2011）的研究，将制度创业划分为开拓型和完善型两种。这两种制度创业类型的根本区别在于制度创业发起的场域是否为新兴场域。也就是说，当制度创业者处于一个表现为制度空白的新兴场域中时，制度创业者是在创造一种新的制度，因此行为具有开拓性，可以称为开拓型制度创业；而当制度创业者所处的是一种既有的场域，场域中已经具有主导性逻辑，但这一逻辑存在缺陷或者说不利于制度创业者本身的利益诉求和长期发展时，制度创业者旨在调整和完善既有制度，可以将其称为完善型制度创业。于绿源案例而言，其本身属于完善型制度创业案例，因为当绿源初步提出制度创业主张时，电动自行车的场域已经存在，只是地方政府为规范电动自行车发展及城市道路安全所颁布的交通管理条例使得这一场域的主导性逻辑产生了偏离，并不利于整个场域及电动自行车行业的长期发展，因此绿源的目的在于调整这一逻辑。此外，绿源的案例还表现出特殊性，这种特殊性在于它应该来说是被迫做出的制度创业主张。

第二节　绿源制度创业阶段

一、创建变革基础阶段

（一）与技术结缘：大学和早期工作时期的积累

1978 年，倪捷以优异的成绩考入中国科技大学无线电系，本科毕业后又继续在科大攻读研究生，1986 年硕士毕业后，顺利进入宁波大学工商经济系任教。1988 年春节，倪捷夫妇到叔叔的焊接设备厂参观。当被告知企业遇到一些技术难题时，他们俩主动为企业提供帮助，查找问题。当凭借自己的专业知识找到问题的症结，并且顺利解决之后，他们心中涌起一股在讲台上找不到的激情。连倪捷自己都没想到的是，自己的专业技术除了可以在讲台传授知识之外，在现实中竟然能发挥如此之大的作用。之后倪捷夫妇便毅然离开大学讲台，进入了叔叔的企业。

这一决策的制定与倪捷早期的大学经历有一定的关系。大学时代的倪捷对自然科学的热爱已经达到了疯狂的程度。他不仅深受中国科技大学传统科学精神的洗礼，而且在外国自然科学经典领域广泛涉猎。爱因斯坦的许多著作及波尔的《互补论》也都在他的阅读视野之内。在攻读研究生期间，倪捷担任《科大研究生》杂志主编，因经常刊发著名学者的新锐观点而名噪一时。

倪捷的大学经历为他后来继续从事与技术有关的工作打下了坚实的基础，科学的种子已经种在他的身体之中，并随着岁月不断地生长，促使他在科学的道路上不断地进行探索和实践。在"象牙塔"内的纯理论科学研究难免被束之高阁，而下海经商办企业，走产、学、研相结合的道路，运用科学为社会服务，才是科学探索的真正含义。

（二）创业之路：涉足电动自行车行业

在为叔叔的企业服务 8 年之后，倪捷夫妇开始自己创业。倪捷的第一家创业公司与电动自行车并无关联，但正是这次创业为他后续致力于电动自行车行业埋下了伏笔。1996 年，时任金华市金信科技风险投资管理公司总经理的倪捷，前往位于北京的有色金属研究院参观考察。这一考察给了他意想不到的收获，他看到"研究院正将动力电池装载在三轮车上"。联想到自身，平时骑自行车需要花费巨大的力气，尤其是在上坡的时候，如果把动力电池装载到自行车上将会怎么样呢？"电池 + 自行车"这一模式产生的新的交通工具似乎让他一下子看到了前景。

随后金信科技以项目组的形式开始了对电动自行车的产业试验，但这个时候的项目组从严格意义上来说只有倪捷和妻子 2 个人，产品设计和研发的场所也仅是自家简陋的实验室。在历时 3 个月并经历了无数次的失败后，他们最终还是制造出了第一辆电动自行车的"样板车"。1996 年的 7 月份，经过大家集思广益，又做了几次较大的改进，最早的 20 辆电动自行车出产。倪捷认为："研究电动自行车的目的就是让我们国人从长期使用的人力交通工具中解放出来，用最低的能源消耗、最小的环境污染、最有利于人们健康生活的交通方式来解决大部分人的交通出行问题。"凭借这一高昂的创业激情，倪捷招揽了一小批人员并组建了属于自己的创业团队，尽管这一团队仍只有七八个成员。

（三）新产品的推广：营销的窘境

在研发并组装好首批电动自行车后，以倪捷为首的研发小组开始思考市场推广的问题。经过再三斟酌，研发小组决定先在老年人群体中进行推广，这个决策的出发点主要为老年人由于体力有限，骑自行车时往往比较费劲，而电动自行车正好可以解决这一问题。在 1996 年盛夏的一个早晨，他们到老年人晨练相对集中的金华市婺州公园，让晨练的老年人对电动自行车进行试骑。起初，大家对这种新产品的亮相很感兴趣，不少人被吸引。一些人试骑后，感觉很不错，认为把双脚解放出来了，不用频繁地吃力踩车，比骑自行车轻松多了。然而并非所有的试骑者均持正面的态度。但研发小组根据试骑者提出的建议对一些不足之处进行了改良后，一口气组装了 1000 辆电动自行车，信心十足地预备投放市场。

然而由于当时这种电动自行车的成本比较高，加上许多国有和集体企业也正在改制，下岗职工很多，人们在短时间内很难一下子接受这种价格昂贵又新鲜的事物，因此，市场购买力很低，结果真正销出去的车子寥寥无几。之后公司也采取了一系列措施，如：① 还本销售，即对购买者的自行车进行电动化改装，在首年收取改装费 1500 元，在第二年返还 750元，在第三年再返还 750 元；② 全员推销，作为总经理的倪捷甚至每天都自己带头到现场去做推销、做宣传。尽管如此，公司的经济效益仍然没有好转的迹象。

随后公司的资金供应一度陷入困境。恰巧他们公司控股了华一真空电子有限公司（以下简称"华一公司"），倪捷也出任了该公司的总经理一职。这家公司的主要业务为导电玻璃的研制和生产，由于公司厂房较为宽裕，因此倪捷得以将研制生产电动自行车的部分厂房迁到华一公司的原厂房，再加上获得了 10 万元的银行贷款，公司的电动自行车研发工作才得以继续开展。

（四）与佳环的合作：绿源的设立

1996 年下半年，浙江省举办科技创新工作会议，倪捷以华一公司总经理的身份参加。在这次会议上，倪捷偶遇了一位省级部门处长，并向他大力推荐了自己企业正在研制和推广的电动自行车项目，这恰好引起了一起去参加会议的金华市佳环电子有限公司董事长金欣烈等企业老总的浓厚兴趣，在经过一系列的深入了解和交谈后，双方很快确立了合作意向。随后，由华一真空有限公司与金华市佳环电子有限公司联合出资，于 1997 年 7 月正式成立了金华市绿源电动自行车有限公司，由倪捷出任公司的董事长兼总经理，倪捷的夫人胡继红任总工程师，两人共同负责公司的日常工作。绿源设立后，倪捷实行了一系列举措，对电动自行车进行了许多重大的改进，产品技术开发也取得了一定的新进展，绿源电动自行车的销售业绩开始呈现出上升的态势。绿源的设立意味着倪捷正式宣布进军电动自行车行业，并从此走上电动自行车合法化之路。

（五）初见成效和管制措施：规制合法性的挑战

1998 年年初，倪捷参加了在杭州世贸中心举办的一个浙江省新产品展销会。尽管摊位并不大，但在短短的 7 日里，绿源新研发的电动自行车就引起了政府人员、企业人士的广泛关注，参观、咨询、寻求合作的人不计其数，这也让倪捷认识到杭州可能是一个具有较大潜力的市场。随后，倪捷迅速采取了 2 项行动：一是在杭州设立了一个销售中心，承担产品连续供给与销售，以及展示和推广的功能；二是在市区核心商圈——武林广场策划了一次较大的电动自行车促销活动，邀请了许多家新闻媒体前来参加，以期借助它们来呼吁社会大众关注新兴的、具有较高环保效益的电动自行车行业。这次活动的举办有效地起到了产品和品牌宣传的作用，在 1998 年 1 月至 10 月，绿源在杭城共销售了 4000 辆电动自行车。

同年 10 月，绿源在电动自行车合法化的工作进程中也取得了突破性进展，浙江省公安厅交通警察总队发布的 147 号文件认定："电动自行车是非机动车，可以按非机动车进行管理上牌。"同时，绿源电动自行车也被认定为首家上目录的品牌，这意味着绿源电动自行车首次获得了省级层面政府规范性文件的认可。

但就在省公安厅发布 147 号文件后不久，杭州市非机动车管理所负责人在接受杭城几家较有影响力的媒体采访时明确表示："电动自行车在杭城不能上牌；杭州还没有将电动自行车上牌纳入目前的时间表。"这一言论的发表，使得绿源在杭州市场的销售几乎停滞，绿源开始遭遇区域政府"限电"的规制合法性挑战。

（六）电动自行车标准和蓄电池标准的建立：规范合法性的初步获取

而就在这一时间，由于电池出现批量性的质量问题，大量的电动自行车蓄电池被退回，来自产品标准的规范合法性危机使绿源亟须进行新一轮的产品研发，尤其是对蓄电池的改良。或许是受这两个事件的影响，绿源在杭州的经销商直接"跑路"，这使得杭州绿源电动自行车的所有售后服务工作都压到了厂家的身上。

但就在蓄电池危机爆发的同时，绿源还是在电动自行车的标准化和合法化上取得了一定的进展。1998 年，绿源承办了"电动自行车国家标准"的定稿会议，倪捷以电动自行车领域专家的身份参与了首个国家级电动自行车标准的制定。这个国家标准的设立，意味着绿源在电动自行车这一新兴场域中的关键地位的确立，也为绿源获取规范合法性奠定了基础。

在解决了电动自行车的行业标准后，倪捷开始致力于处理当前的核心问题——蓄电池的研发及行业标准的设立。1999 年 4 月，倪捷专程北上拜访蓄电池国家中心和协会的专家与领导，还考察了几家较有影响力的蓄电池厂家，拜访了企业领导和技术人员，与他们就蓄电池的质量和标准问题进行了深入的交流和沟通。同时，倪捷利用空闲时间深入研究蓄电池的技术性能等问题，掌握了大量有用的数据，并厘清和解决了一系列相关技术问题，这从倪捷曾在当年的中国蓄电池专业期刊上发表两篇有关蓄电池研究方面的较有影响的技术文章上也可以看出。此外，倪捷还不断呼吁有关厂家要高度重视提高、改进蓄电池质量的问题，以期更多的政府人士、企业人员和研究专家参与到蓄电池质量改进和技术研发中来。

从 1999 年开始，一些生产蓄电池的厂家开始真正重视蓄电池的质量，行业的不断实践也使众多的企业家和专业人员萌生了必须制定一个新的专门适用于电动自行车的蓄电池标准的想法。1999 年年底，倪捷受国家蓄电池标准化专业委员会的委托，制定并起草了适用电动自行车行业的蓄电池标准草案，并于 2000 年 4 月 23 日在浙江省金华市召开了"全国电动自行车专用蓄电池标准稿第一次论证会"。来自全国的 40 多位标准化专家、企业领导及技术人员参加了这次论证会，并就一些相关的技术问题进行了认真而热烈的讨论。在这次论证会上，倪捷提出了蓄电池"两小时率放电"和"两小时要串连放电"等重要观点，得到了许多与会行业专家的认同和赞许。也正是在这次会议上，代表们一致确定了第一批蓄电池研发生产的试点企业，按照倪捷提出的这个标准进行放电的实际试验，这些都为后来电动自行车蓄电池质量的不断提高打下了坚实的基础。这次会议的召开，也意味着电动自行车蓄电池行业标准的初步确立，而以倪捷为首的绿源集团在电动自行车领域的地位得到了进一步的提升。

（七）来自政府的抵制：规制合法性危机全面爆发

2002 年 7 月，北京市公安交通管理局以电动自行车不好管理、电池容易造成污染为名发布通告，宣布将停止给电动自行车上牌，并且规定从 2006 年 1 月 1 日起，所有已经上牌的电动自行车必须停止使用。2003 年 6 月 1 日，福州市政府召开新闻发布会发布《关于加强电动自行车管理的通告》，要求"持有经营范围中含电动自行车项目或类似项目的营业执照，从事电动自行车销售的单位和个人，必须自本通告颁布之日起 30 日内向工商行政管理部门办理经营范围变更登记，工商行政管理部门取消电动自行车销售项目或注明在经营范围中不含电动自行车项目。逾期未办理的，原营业执照中的电动自行车经营项目一律无效或不予认定。在上述期间内，从事电动自行车销售的单位和个人应当自行清理电动自行车，但不得继续销售"。

大战一触即发，如何向政府乃至公众解释和说明电动自行车的优势及发展电动自行车的必然之势，成为倪捷当时的首要目标。倪捷随即于 2003 年 6 月 24 日联合福州海利达有限公司向福州市中级人民法院递交了行政诉讼状，要求被告方福州市工商行政管理局撤销有关不正当执法行为及赔偿相应的损失。案件一直到当年 10 月才判决，原告绿源公司和海利达公司败诉。

而在起诉福州市工商局期间，2003 年 7 月 11 日，温州市公安局也颁布了《关于禁止电动自行车在市区行驶的通告》，随后其他城市也陆续颁布了禁止电动自行车上路的政策，规制合法性危机全面爆发。而此刻，倪捷一方面通过法律手段及其他一切尽可能的方式与各区域政府周旋，另一方面，他也清楚地认识到仅依靠与区域政府辩论似乎无法实现电动自行车的合法化。电动自行车的合法化还需要国家部委及社会大众对电动自行车安全性和便捷性的认可，而这亟须对电动自行车进行标准化和法制化管理。

总的来说，尽管绿源和海利达在起诉福州市工商局的案件中败诉，但也意味着倪捷正式开始了致力于获取绿源创业与发展中最为关键的合法性——规制合法性的制度创业道路。绿源的案例是极其特殊的。一方面，它属于开拓型的制度创业案例，因为在此之前并未存在电动自行车这一事物，因此倪捷所开辟的是一个全新的场域，这种场域往往缺乏核心制度逻辑（Greenwood & Suddaby，2006）；同时，它也是一种防御型的制度创业，是政府行为约束下的制度创业行为，如果不奋起反抗，则组织很可能就会因此而消亡。Battilana，Leca & Boxenbaum（2009）指出，那些对改变他们制度没有任何详细计划或者说根本没意识到他们正致力于发起与既有制度相偏离的变革的行动者，最终也可能表现为一个制度创业者。因此，尽管倪捷在早期可能并没有刻意去挑战现行的法律制度或行政规则，但后期地方政府的管制性行为使其如果不进行反抗，就可能会导致创业失败。

二、理论化新制度阶段

尽管倪捷参与制定了 1999 年颁发的首部电动自行车国家标准，但之后已过去了 5 年，当时的标准对电动自行车的要求是：重量不超过 40 千克，宽度不超过 220 毫米，最高时速不高于 20 千米。但是，市场上销售的产品有相当一部分超过了标准，都属于超标产品。为了适应行业的发展，中国自行车工业协会（以下简称"中自协"）启动了标准的修订工作。

但就是在修订工作中，业内产生了严重分歧，分为以倪捷为代表的"轻摩托化"与以王凤和为代表的"反对摩托化"两派。"轻摩托化"认为电动自行车应当向轻摩托化发展；"反对摩托化"则认为电动自行车是自行车的衍生品，不能向摩托化方向发展。为此，双方围绕电动自行车的重量、宽度等问题进行了激烈的争论。

在 2004 年 4 月中旬召开的上海第十四届自行车 / 电动自行车展览会上，中自协理事长王凤和透露，新的电动自行车国家强制标准将被批准公布。得知这一消息后，倪捷立即出面牵头，组织了 110 多家电动自行车企业，联名向国家标准化管理委员会提出书面申请，质疑由中自协提出的新的电动自行车国家强制性标准（以下简称"新国标"），并要求暂缓公布。他们的请求得到了国家标准化委员会的支持，"新国标"的报批稿被退回给了中自协，并要求重新组织起草工作。

2004 年 6 月，以倪捷为代表的众多企业和中自协就"新国标"的分歧进行了研讨，但双方意见未达成一致。后来，中国轻工业联合会召开会议调解此事，但因为倪捷的再次带头反对，调解未果。

尽管这次"新国标"的制定并未完全实现倪捷最初的设想，但倪捷的抗议及在调解讨论会上的话语权最终使得中自协制定的"新国标"付之流水，而这恰恰证明了倪捷对电动自行车如何发展的构想及合法性的理论化主张得以系统构建。正是倪捷对电动自行车的长期研究和探索，才使得以绿源为首的电动自行车企业联盟在这场没有硝烟的战斗中能够通过科学、合法、合理的手段获取胜利。

三、新制度扩散阶段

（一）倪捷的努力：关键合法性的获取

"新国标"因未能获得一致性的意见而无限延期，从 2005 年下半年开始，倪捷开始努力改变区域政府禁止电动自行车的管制行为。2005 年 11 月，中央电视台《实话实说》栏目制作了一期《谁来决定电动自行车的命运》的节目，倪捷作为特邀嘉宾出席。在节目中，倪捷围绕电动自行车的标准问题发表了个人见解，详细、深入、科学地阐述了自己的观点，并呼吁人们重视、使用和推广电动自行车这种新型的环保产品。节目开播后，获得了社会大众和诸多媒体的广泛关注。

2005 年 11 月 30 日，海口市公安局交巡警支队专门召开新闻发布会，再次重申"禁止电动自行车在中心城区的道路上通行"，并表示对驾驶严重超标的电动自行车，最高将依法罚款 1500 元。尽管警方禁令不断，但海口的电动自行车数量却仍然呈现出持续增长的态势。

鉴于海南民间对电动自行车挂牌上路问题的呼声日益高涨，海南省法制办公室在 2005 年 12 月 9 日举行了"海南省电动自行车登记管理规定"立法听证会，而倪捷主动报名参加。最终 100 多名报名者中只有 11 名来自各个行业和各个阶层的代表参会，倪捷也位列其中。在这次被称为"国内首次为电动自行车问题举行听证"的听证会上，倪捷发表了自己的观点并阐述了发展电动自行车的优势和重要性，与会代表几乎是一边倒地赞成电动自行车在城区上路，并在很多大的原则性问题上都达成了共识。尽管最终"海南省电动自行车登记管理规定"没能马上出台，但倪捷通过参与这次听证会达到了宣传电动自行车的目的，也推动了电动自行车发展合法化的进程。

就在海南省电动自行车立法听证会结束后不久，倪捷开始谋划说服北京市政府撤销禁止电动自行车的规定。倪捷撰写了《电动自行车可封杀不可骂杀》的万言文章寄往北京市政府，这篇文章言辞激烈、观点犀利，通过科学的阐述和严谨的论述直接抨击了当时北京市交通局于姓副局长关于电动自行车的有关论断。尽管这篇文章并未获得北京市政府的直接反馈，却意外地引发了社会各界人士对电动自行车更为广泛的探讨。仅仅不到一个月的时间，北京市政府宣布电动自行车"解禁"。作为首都，北京市电动自行车的全面解禁无疑是一次质的飞越，也给全国各地的电动自行车合法化之路带来了曙光。在此之后，各地纷纷深入探索符合地方需求的电动自行车发展及管理办法。这个事件可以算是绿源或者说是倪捷制度创业的成功，通过一系列的游说、联盟和申辩，倪捷最终在电动自行车合法化上获取了关键性的规制合法性。

（二）社会的认可：全面合法性的获取

从 2006 年开始，社会开始广泛关注电动自行车的发展，同时，随着电动自行车用户的与日俱增，电动自行车合法化已经成为必然之势。《财经时报》《中国经济周刊》《中国青年报》《中国经济时报》《南风窗》等媒体陆续发布了一系列关于电动自行车产业发展的文章，新浪、网易、搜狐等各大门户网站也大力转载，引发了全国范围内的电动自行车标准大讨论。摆在政府面前的不再是如何进一步禁止这一新生事物的发展和壮大，更多的是如何有效规范产业的发展并充分发挥电动自行车在改善城市交通、为城市居民出行提供便利及降低城市机动车尾气污染和构建美好城市环境上的重要作用。

2006 年 5 月，倪捷接受《南方周末》专访，就如何利用公共讨论建立诚信、阳光、公正的市场经济秩序发表了"公共讨论是市场经济的清道夫"的观点。2008 年 2 月，倪捷领衔撰写《两轮电动自行车交通安全报告》，从理论和数据上为电动自行车发展提供支持。研究报告中得出的一些重要结论，尤其是使用电动自行车是否有利于道路交通安全等问题，已经在由公安部交通管理局汇编出版的 2001—2007 年的道路安全公告上得到了验证。

2009 年 6 月，杭州实行电动自行车目录管理，对在杭州市行政区域范围内生产、销售的电动自行车予以登记上牌。武汉也明确了电动自行车要实行上牌管理，并对超标车实行过渡期管理，禁止对电动自行车进行改装。2010 年 10 月，上海颁布《上海市非机动车管理办法》，由行业协会制作《上海市二轮非机动车产品上牌备案登记表》（即上牌目录），并送交公安交通车辆管理部门备案，公安交通车辆管理部门依据目录为电动自行车办理上牌。

2014 年 10 月，广州发布《广州市非机动车和摩托车管理条例（草案征求意见稿）》，拟对电动自行车等非机动车采取"禁售""禁油""禁行""禁停""禁坐"的"五禁"措施。广东省自行车电动自行车行业协会在广州发布《广东省电动自行车产业发展报告》，对广州更严厉的"禁电"构想提出坚决反对。自 1995 年中国生产第一辆电动自行车以来，电动自行车的全国保有量已经接近 2 亿辆，电动自行车已经成为城市公共交通的有力补充，更是广大底层群众所依赖的生存工具。倪捷对广州的"五禁"措施提出了异议。他凭借 2004—2013 年的《中华人民共和国道路交通事故统计年报》，经过详细的数据对比分析，写出了 90 页的《电动自行车快速发展对交通安全的影响研究》白皮书。书中指出，近10 年来，随着全国电动自行车在两轮交通工具中所占比例不断加大，总体安全代价是不断下降的；从横向对比看，保有大量电动自行车的华东地区，其交通事故率也低于电动自行车更少的广东地区。因此，不能简单地以事故量上升，死亡人数增加来做出电动自行车存在重大安全隐患的结论。

广州大学广州发展研究院特聘研究员万庆涛认为广州这一立法本身具有很强的不合法性。广东省现代社会调查与评价研究院（简称"广东省社评院"）联合问卷网和新浪新闻中心，对 823 名广州居民进行了专项民意调查，发现这一立法的民意支持度并不高。

因此，从广州的案例可以看出，即使现阶段有些政府部门仍然希望通过直接禁止电动自行车来达到减少与电动自行车有关的交通事故的发生，但这种做法明显不合理，已经难以获得社会大众的广泛认可。在经过这些事件后，以倪捷为首的绿源通过一系列的制度工作，将电动自行车从一个"非法"的产品发展成一个大家普遍接受的产品，电动自行车及这一新兴场域已经成为社会"约定俗成"的事物，开始被利益相关者所广泛认可。

综上所述，可以用图 8-1 表示绿源制度创业案例的关键事件。

时间轴

创建变革基础阶段	理论化新制度阶段	新制度扩散阶段	新制度扩散阶段-1	新制度扩散阶段-2

节点1 初步制度 创业主张

节点2 完善制度 创业方案

节点3 关键合法性 获取

节点4 全面合法性 获取

倪捷从中国科技大学研究生毕业 —— 1986年

就职于叔叔的电焊厂 —— 1996年初

开始进入电动自行车行业 —— 1996年初

在浙江省新产品展销会上认识佳环电子董事长 —— 1996年下半年

设立绿源 —— 1997年7月

浙江省公安厅出台首个电动自行车规范性文件 —— 1998年10月

绿源承担国家电动自行车标准制定但同时爆发蓄电池质量危机 —— 2000年4月

绿源承担中国蓄电池行业的电动自行车专用蓄电池标准编制

北京"禁电" —— 2002年7月

福州、温州等一批城市"禁电" —— 2003年6月

绿源与福州海利达有限公司共同起诉福州市工商局,但败诉 —— 2003年下半年

中自协修订国家电动车标准,增加32项电动车不合格否决项 —— 2004年初

倪捷联合110多家企业向国标委抗议获支持,"新国标"被退回 —— 2004年6月

倪捷参加中央电视台"谁来决定电动自行车的命运"专题节目 —— 2005年11月

倪捷向北京市政府提交《电动自行车登记管理立法》一文 —— 2005年12月初

倪捷参加海南省电动自行车封杀不可取听证大会 —— 2005年12月初

北京取消"禁电" —— 2005年12月底

2006-2008年,《财经时报》等报刊及新浪等网媒的文章与评论引发全国范围内的电动自行车标准讨论热

倪捷领衔撰写《两轮电动车交通安全报告》 —— 2008年2月

杭州、武汉等城市实行电动车目录管理 —— 2009年6月

上海颁布《上海市非机动车管理办法》,对电动自行车进行上牌 —— 2010年10月

广州拟"禁电",遭到广、学、业界代表(广大研究院)、以倪捷为首的广州市民的反对 —— 2014年10月

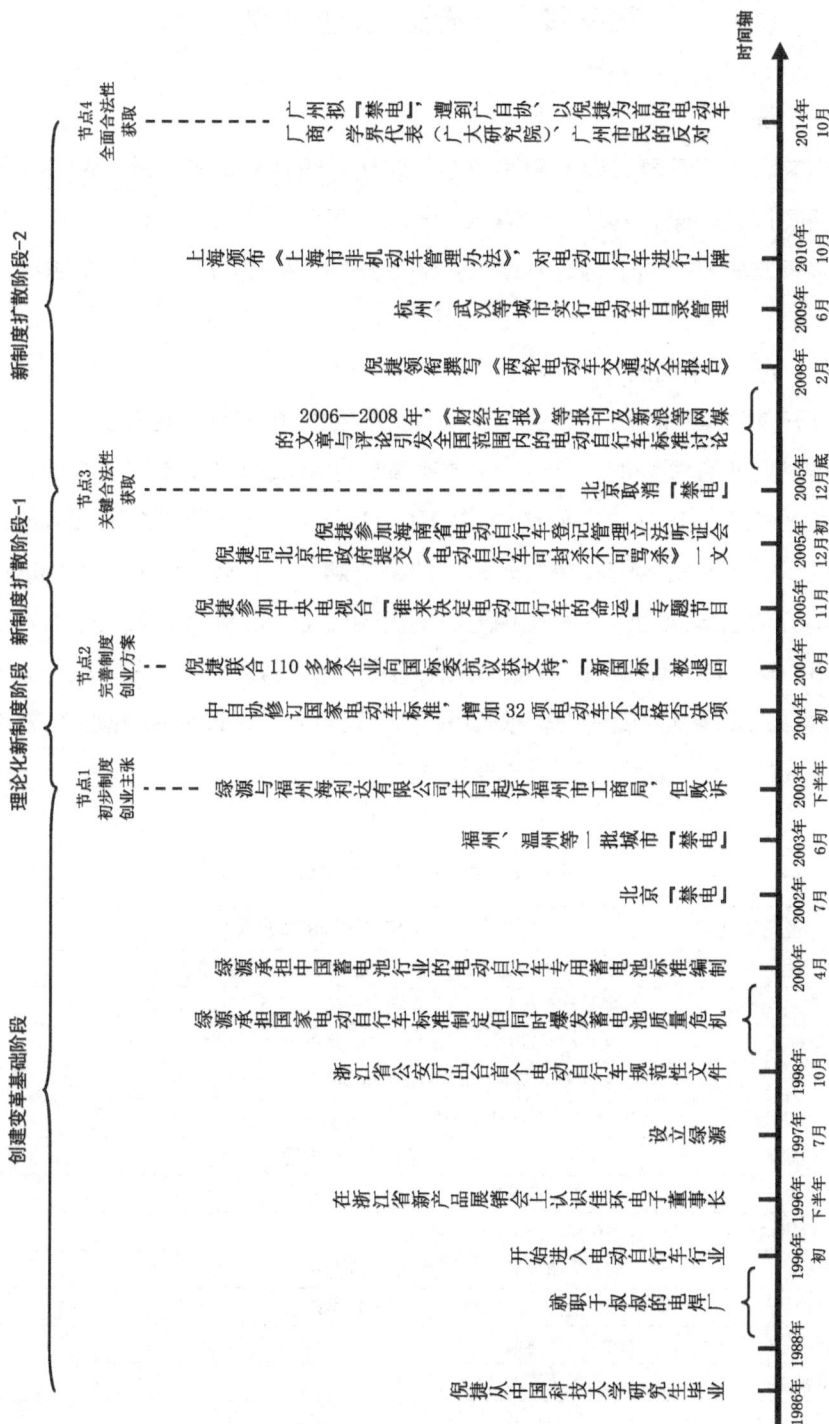

图 8-1 绿源制度创业案例的关键事件

第三节　绿源制度创业机制

一、编码

研究收集了不同来源的原始数据，包括对绿源公司的访谈、网媒和纸媒的新闻报道、绿源网站上的信息、绿源公司档案资料等。这种多来源的数据采集方法将有助于构建后续研究结论归纳和提出的三角验证体系。

（一）开放性编码

在开放性编码阶段，研究人员对原始数据资料进行逐句分析。共有 3 位制度创业研究领域的博士生、1 位制度创业领域的教授参与了编码，并对 4 位研究人员的独立编码结果进行了反复比对，从而增加编码的信度。本案例研究访谈资料的收集与分析均严格按照 Strauss（1997）提出的开发编码五项基本原则，把意思相近、重复的概念予以剔除，最终形成初步概念 57 个（a1—a57）；然后是把概念进一步范畴化的过程，把概念相同或类似的现象集中起来统一归到相同的范畴之下，最后命名范畴 29 个（A1—A29）。开放性编码详见表 8–1。

表 8–1　数据编码的概念框架

范畴类别	构成范畴的概念类别
A1 战略联盟	a1 联合同行企业；a2 联合供应商；a3 联合消费者
A2 个人关系网络	a4 认识政府官员；a5 企业家关系；a6 认识大学法律专家
A3 构建标准	a7 构建电动自行车标准；a8 构建电动自行车蓄电池标准
A4 发表专业演讲	a9 商业活动演讲；a10 政府活动演讲
A5 撰写研究报告	a11 安全性报告；a12 电动自行车报告
A6 慈善捐赠	a13 专项基金；a14 大型灾难事件捐助
A7 活动推广	a15 电动自行车展
A8 参与媒体宣传	a16 报纸报道；a17 新闻报道
A9 激励	a18 物质奖励；a19 愿景；a20 升职
A10 辩论	a21 批评；a22 列数据；a23 科学论证
A11 诉讼	a24 行政诉讼
A12 重要性	a25 显著影响；a26 持续影响
A13 主动性	a27 反对；a28 支持

范畴类别	构成范畴的概念类别
A14 合理性	a29 道德允许；a30 社会价值观所在；a31 大众认可
A15 合法性	a32 符合法律法规
A16 法律	a33 道路安全法；a34 非机动车管理条例
A17 地方条例	a35 城市管理条例；a36 电动自行车生产管理条例
A18 行业规范	a37 中国自行车工业协会
A19 产品功能	a38 蓄电池寿命；a39 重量；a40 外观
A20 产品安全性	a41 时速；a42 交通事故占比
A21 社会支持	a43 谴责地方政府的禁止电动自行车行为
A22 共同维护	a44 共同声讨
A23 广泛使用	a45 销售量；a46 使用率
A24 监管法律缺失	a47 缺少相关法律
A25 监管困难	a48 使用人群复杂；a49 使用人群量大；a50 监管力量有限
A26 事故频发	a51 死亡率；a52 发生率
A27 行业协会缺失	a53 未设立电动自行车行业协会；a54 未设立电动自行车蓄电池行业协会
A28 相关规范缺失	a55 电动自行车规范；a56 电动自行车蓄电池标准
A29 新事物	a57 对新产品不了解

（二）主轴编码

本章通过典范模型开发出 11 个主范畴（见表 8-2），分别是社会网络策略、理论化策略、文化策略、话语策略、利益相关者核心性、规制合法性、规范合法性、认知合法性、规制性约束、规范性约束、认知性约束。

表 8-2　数据编码的概念框架

主范畴	范畴类别
B1 社会网络策略	A1 战略联盟；A2 个人关系网络
B2 理论化策略	A3 构建标准；A4 发表专业演讲；A5 撰写研究报告
B3 文化策略	A6 慈善捐赠；A7 活动推广；A8 参与媒体宣传
B4 话语策略	A9 激励；A10 辩论；A11 诉讼
B5 利益相关者核心性	A12 重要性；A13 主动性；A14 合理性；A15 合法性
B6 规制合法性	A16 法律；A17 地方条例
B7 规范合法性	A18 行业规范；A19 产品功能；A20 产品安全性
B8 认知合法性	A21 社会支持；A22 共同维护；A23 广泛使用
B9 规制性约束	A24 监管法律缺失；A25 监管困难；A26 事故频发
B10 规范性约束	A27 行业协会缺失；A28 相关规范缺失
B11 认知性约束	A29 新事物

（三）选择性编码

1. 主范畴分析

通过开放性编码和主轴编码两个过程，可以得到如上文所述的 11 个主范畴。在选择性编码中，首先对主范畴的内容和性质进行进一步的说明，为后续分析打下基础。

规制性约束指的是绿源在创业时遇到的来自制度、法律层面的约束。这里主要是指地方政府为了减少与电动自行车有关的交通事故所采取的禁止电动自行车上路的法律法规。规范性约束指的是电动自行车国家标准及电动自行车蓄电池国家标准的缺失。认知性约束指的是电动自行车刚研发出来时，社会大众对这一新生事物的属性、功能的不了解，以及在发现政府对电动自行车行业发展的态度模棱两可后，对这一产业未来的发展趋势和保有量的担忧。

话语策略指的是绿源在克服制度创业约束时所采取的语言性工具，包括各类修辞、辩论、演讲、报告等。理论化策略指的是绿源在电动自行车合法化过程中，以更加规范、科学的方式将证据呈现给利益相关者。社会网络策略指的是绿源在制度创业时为获取资源从而与利益相关者缔结战略联盟的方式。文化策略的运用主要是绿源对电动自行车加以扩散、推广以使其嵌入社会公众的生活中，并最终被社会公众广为接受和认可。

利益相关者的核心性用于描述利益相关者在制度创业过程中的核心程度，主要通过重要性、主动性、合理性和合法性 4 个维度加以测量。

规制合法性是指电动自行车获得法律认可的程度。规范合法性指的是电动自行车的行业标准设立情况及绿源制度创业行为符合社会道德、社会价值观的情况。认知合法性是指绿源制度创业满足大众认可及电动自行车成为"约定俗成"的事物的情况。

2. 核心范畴选择

通过以上分析，进一步将 11 个主范畴与现有理论进行对接和比较，可以发现规制性约束、规范性约束及认知性约束代表了绿源在制度创业时面临的约束，具有理论一致性，因此将其归纳入"制度创业约束"这一范畴中。同理，话语策略、理论化策略、社会网络策略及文化策略代表了绿源在制度创业过程中，克服约束时，针对不同的利益相关者所采取的策略，可将其归纳入"制度创业策略"这一范畴中。而规制合法性、规范合法性和认知合法性代表了绿源制度创业的过程其实就是追求合法性的过程，因此将其归为"合法性获取"这一范畴。而利益相关者核心性主要用于描述利益相关者的特征，因此将其定义为"利益相关者"这一范畴。图8-2对绿源制度创业的编码过程及结果进行了总结，中间部分则为表达逻辑关系的核心范畴。

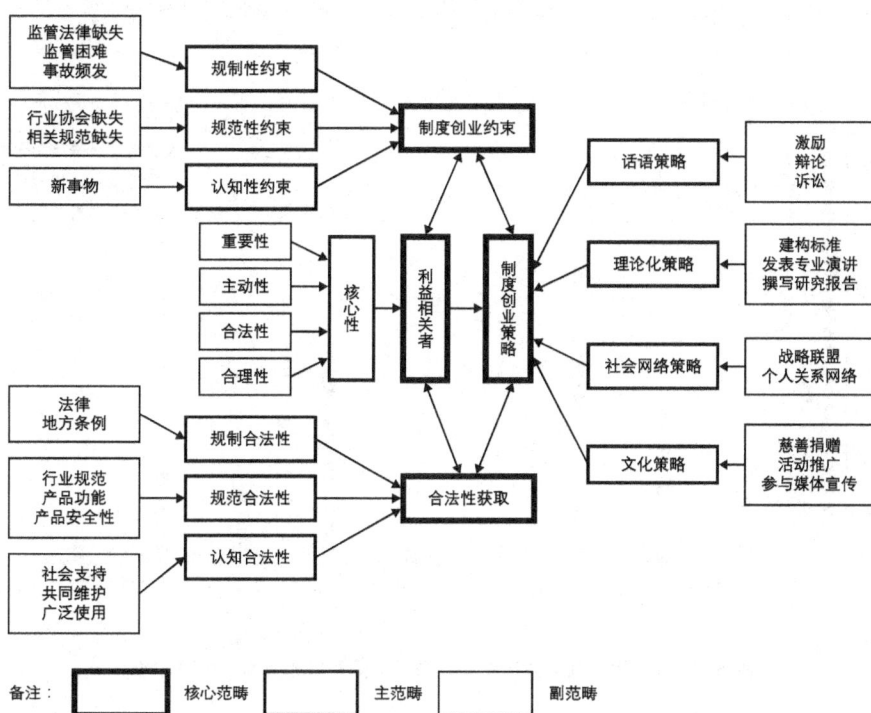

图8-2　绿源制度创业编码过程及结果

二、制度创业不同阶段的利益相关者

首先，对原始数据编码后涉及的利益相关者信息进行数据统计，初步分析在整个制度创业过程中和不同制度创业阶段利益相关者的核心性。从图8-3中可以看出，整个制度创业过程中和不同制度创业阶段所涉及的利益相关者的编码数量。从整个制度创业过程来看，涉及的利益相关者包括地方政府（北京市政府、浙江省公安厅、福州市政府等）、国家部委、行业协会（中国自行车工业协会）、消费者、股东、雇员、媒体、竞争者（同行业企业）、社会公众、学术机构（大学、科研院所和学者）。

如图 8-3 所示，在整个绿源的制度创业过程中，涉及地方政府的编码数为 84 条，排在第一位；涉及消费者和媒体的编码数分别为 63 条和 44 条，排在第二和第三位；涉及行业协会、社会公众、竞争者和国家部委的编码数分别为 26 条、18 条、16 条、15 条，分列第四到第七位，股东、雇员、学术机构的编码数则相对较少。

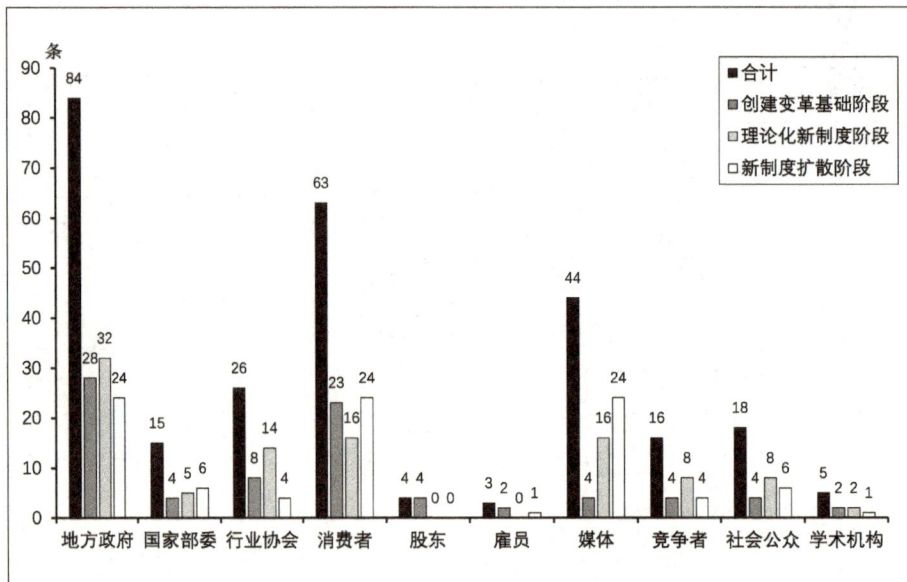

图 8-3　3 个制度创业阶段中所涉及的不同利益相关者的编码数量

由于仅通过计数的方式难免会存在一定的局限性，如原始信息不充分、客观原因导致的单方面信息过载等，所以，借鉴陈宏辉和贾生华（2004）、Freeman（1984）的界定方法，借助对文本的分析，通过评价利益相关者是否具备重要性、主动性、合法性和合理性 4 个维度的内容来界定其是核心利益相关者、边缘利益相关者还是蛰伏利益相关者，从而增强划分结果的信度。

（一）重要性

重要性维度主要用于衡量利益相关者对制度创业者或制度创业过程的影响程度。地方政府、行业协会、消费者、竞争者（其他电动自行车生产企业）、媒体具备利益相关者的重要性特征。

地方政府。作为区域行政管理和执法部门，地方政府在区域电动自行车的合法化过程中发挥着核心的作用。可以说，地方政府的法律法规和管理条例直接决定了电动自行车在这一区域是否具有合法的身份。从本质上来说，电动自行车的生产和销售并不存在合法性的问题，直到北京市政府出于规范城市交通运行和减少因电动自行车导致的交通事故的考虑而采取全市"禁电"后，绿源才被迫走上电动自行车的合法化之路。而综观绿源的整个制度创业过程，地方政府也是倪捷的核心指向目标，如与福州市工商局的诉讼案、与北京市交通局的辩论等一系列事件都说明地方政府在区域乃至全国电动自行车合法化进程中的重要作用。正如绿源董事长倪捷所说："我们从一开始的'乖孩子'变成了'坏孩子'，如果不这样（指与地方政府的'禁电条例'相对抗，笔者注），那么电动自行车行业有可能很早就不存在了。"（倪捷访谈记录，2015-7-6）地方政府对绿源制度创业过程的影响可以说贯穿了三个制度创业阶段。

行业协会。行业协会对绿源制度创业的影响主要表现为电动自行车及蓄电池国家标准的制定，其中两个关键的利益相关者为中国自行车工业协会和蓄电池行业协会。尽管它们在绿源制度创业过程中所起的作用并不总是积极的，但影响无疑都是显著的。在创建变革基础阶段，行业协会与绿源等电动自行车代表企业一起参与制定了电动自行车行业的首个国家标准和电动自行车蓄电池标准；而在理论化新制度阶段，以王凤和为首的中国自行车工业协会所制定的新的电动自行车国家标准却遭到了以绿源为首的一批电动自行车生产企业的反对，尽管国标委最终支持了倪捷等企业家的申诉，驳回了中自协制定的新标准草案，但新国标直至今日仍未制定出来；在新制度扩散阶段，中自协和电动自行车企业的关系开始逐渐缓和并改善，如何与公安部沟通并达成对新国标的一致意见成为双方共同致力实现的目标。

消费者。在创建变革基础阶段，消费者对电动自行车这一全新产品的认可决定了其市场前景。绿源在这一阶段组织了一系列的产品推介会来使消费者进一步加深对电动自行车的认识和了解，并借助消费者的反馈来推动产品的改良和创新。而到了新制度扩散阶段，消费者所起到的作用更多的是作为绿源获取规制合法性的一个佐证，从而增强政府乃至社会公众对电动自行车行业发展是必然趋势的认识和理解。"2013 年全社会在用电动自行车总量为 1.846 亿辆，是 1 亿以上进城务工群体的首选交通工具，是超过 6000 万农村留守中老年和女性的主要交通工具和小型运输工具。"（倪捷，等：《电动自行车成绩单》，2014 年 10 月）

竞争者。在绿源制度创业的案例里，起着重要作用的"竞争者"主要是一同生产电动自行车的企业。尽管绿源的直接竞争对手为自行车和摩托车生产企业，不过从后期市场的发展来看，电动自行车还是形成了较为独立的市场空间，这 3 个产业之间的竞争并未如早期所预测的那么激烈。而其他电动自行车生产企业，相比于竞争者的角色，它们更多地表现出与绿源的合作共生关系。这种企业间的竞合关系在以往的研究中也有所提及，在产业集群中尤为明显（万幼清和王云云，2014）。绿源和其他电动自行车生产企业的合作关系主要源于电动自行车这一新兴场域的特殊性，由于当时国家部委对这一新兴场域的态度仍较为模糊，而很多地方政府出于交通安全的考虑都陆续对电动自行车的上路进行了行政管制，这导致了电动自行车的销售遭到了极大的挑战。因此，通过形成战略联盟，绿源及其他电动自行车企业可以聚集获取电动自行车产业合法性所需的资源和话语权，从而直接或间接迫使政府重新思考关于这一产业是否应该存在及如何治理的问题。

媒体。媒体对电动自行车发展及绿源制度创业过程的影响在新制度扩散阶段开始显著呈现，这可能源于核心媒体的参与及参与媒体数量的直线上升，正如倪捷所述，"到后来中央电视台也参与进来了，带动性强了，其他地方媒体也都开始陆续关注这个了，社会影响力显著增加了"（倪捷访谈记录，2015-7-6）。这种重要影响在前两个阶段并未有很直接的体现。

（二）主动性

主动性维度主要用于衡量利益相关者主动参与或干预制度创业过程的程度。地方政府、股东、消费者、媒体具备利益相关者的主动性特征。

地方政府。从3个阶段来看，政府都是主动参与到绿源的制度创业过程中来的，如浙江省公安厅主动出台电动自行车规范性文件来强化对电动自行车企业产品生产的管理。此外，随着电动自行车的逐渐普及，北京市政府为了规范城市的交通运行状况和减少因电动自行车引发的事故，主动发布公告禁止电动自行车的上牌，福州等一批城市的政府部门也追随其后；北京市交通局副局长于全春在新华网上针对电动自行车发表了一系列论断和评述；广州发布《广州市非机动车和摩托车管理条例（草案征求意见稿）》，拟对电动自行车采取"五禁"的措施。因此，从绿源的整个制度创业过程来看，地方政府采取了主动干预的措施，这种干预很大程度上表现为对电动自行车所带来的交通出行问题加以管制和治理，尽管这种主动的行政干预手段并非直接指向绿源，但还是对绿源的制度创业过程造成了较大影响。

股东。股东主动干预绿源制度创业过程的行为发生在创建变革基础阶段。在初步确定开拓电动自行车行业时，绿源引起了金华市佳环电子有限公司董事长金欣烈的浓厚兴趣，在经过一系列的深入了解和交谈后，双方很快确立了合作意向。正如倪捷所说："在和金董讲述了电动自行车未来的发展前景后，我们一拍即合，一起出资设立了绿源。"（倪捷访谈记录，2015-7-6）不过，随着后期绿源股权结构的调整和改革，公司逐渐形成了集权式的治理结构，其他股东在绿源制度创业中的重要性和积极性都显著降低了。

消费者。消费者主动干预绿源制度创业的行为主要表现在创建变革基础阶段。那时，绿源正致力于借助制定电动自行车行业标准和电动自行车蓄电池标准来获取规范合法性，尤其是在蓄电池标准上。当时绿源也遇到了很大的麻烦，"1998年开始，消费者频频爆出绿源电动自行车的蓄电池存在使用中寿命短、充电过程中易损坏之类的缺陷，绿源售后中心一时间成为消费者投诉的主战场"（慧聪电气网，2013-6-27）。虽然消费者的投诉对绿源电动自行车的销售带来了一定的影响，短期内导致了经济收益的下降，但在倪捷看来，这反而是绿源不断推动产品创新和蓄电池研发的重要推手。"我觉得正是他们（消费者）推动了绿源产品的不断革新，这也为后来制定蓄电池标准起到了很好的促进作用……绿源现阶段在产品研发上的核心竞争力，很大程度上来自客户对产品的意见，这不是一种投诉，这是一种间接的'支持'。"（倪捷访谈记录，2015-7-6）

媒体。在这一阶段，媒体开始广泛报道电动自行车的发展及合法性问题。据倪捷回忆，"在参加完中央电视台的《实话实说》栏目后，媒体主动找我做采访的数量提高了许多，它们都开始关注这一产业，并刊发了一系列的文章和视频"（倪捷访谈记录，2015-7-6）。

（三）合法性和合理性

合法性维度主要用于衡量利益相关者主动参与或干预制度创业的行为是否符合法律法规。合理性维度主要用于衡量利益相关者主动参与或干预制度创业的行为是否符合社会道德规范。关于各个阶段具备合法性和合理性属性的利益相关者可见表8-3。

表8-3　绿源制度创业利益相关者四维度判定

维度 阶段	重要性	主动性	合法性	合理性
创建变革基础阶段	地方政府、行业协会、消费者、竞争者	地方政府、股东、消费者	地方政府、国家部委、消费者、股东、行业协会、社会公众	地方政府、国家部委、消费者、股东、行业协会、雇员、社会公众
理论化新制度阶段	地方政府、行业协会、竞争者	地方政府	地方政府、行业协会、国家部委、社会公众、消费者	地方政府、行业协会、国家部委、社会公众、消费者
新制度扩散阶段	地方政府、行业协会、消费者、竞争者、媒体	地方政府、媒体	地方政府、社会公众、消费者	地方政府、社会公众、消费者、媒体

（四）利益相关者核心性分析

本研究对不同制度创业阶段利益相关者核心性4个维度的分析进行了汇总，详见表8-3。根据前文中基于核心性的3种类型利益相关者划分标准，具备3个及3个以上维度特征的为核心利益相关者，具备2个维度特征的为蛰伏利益相关者，具备 1 个及 1 个以下维度特征的为边缘利益相关者。

从表 8-3 中可以统计出，在创建变革基础阶段，地方政府、消费者、股东、行业协会为核心利益相者，国家部委、社会公众为蛰伏利益相关者，竞争者、雇员为边缘利益相关者。根据条目统计结果，地方政府（28条）＞消费者（23条）＞行业协会（8条）＞股东（4条）＝国家部委（4条）＝媒体（4条）＝竞争者（4条）＝社会公众（4条）＞雇员（2条）＝学术机构（2条）。两种分析的结果基本相似。

在理论化新制度阶段，地方政府、行业协会为核心利益相关者，国家部委、社会公众、消费者为蛰伏利益相关者，竞争者为边缘利益相关者。根据条目统计结果，地方政府（32条）＞消费者（26条）＞媒体（16条）＞行业协会（14条）＞社会公众（8条）＝竞争者（8条）＞国家部委（6条）＞雇员（2条）＝学术机构（2条）＞股东（0条）。两种分析的结果基本相似。

在新制度扩散阶段，地方政府、消费者、媒体是核心利益相关者，社会公众是蛰伏利益相关者，竞争者、行业协会是边缘利益相关者。根据条目统计的结果，地方政府（24条）＝消费者（24条）＝媒体（24条）＞国家部委（6条）＝社会公众（6条）＞行业协会（4条）＝竞争者（4条）＞雇员（1条）＝学术机构（1条）＞股东（0条）。两种分析的结果基本相似。

综上所述，从各个阶段的利益相关者核心性分析来看，采用条目分析和 4 个维度分析的方法所得出的结论基本相似，说明这种界定结果可靠。

关于绿源制度创业过程中利益相关者核心性的变动情况可参见表 8-4。

表 8-4 绿源制度创业过程中利益相关者核心性变动情况

制度创业阶段 / 利益相关者	创建变革基础阶段	理论化新制度阶段	新制度扩散阶段
地方政府	核心	核心	核心
国家部委	蛰伏	蛰伏	—

续　表

制度创业阶段 利益相关者	创建变革基础阶段	理论化新制度阶段	新制度扩散阶段
行业协会	核心	核心	边缘
消费者	核心	蛰伏	核心
竞争者	边缘	边缘	边缘
股东	核心	—	—
媒体	—	—	核心
社会公众	蛰伏	蛰伏	蛰伏
雇员	边缘	—	—
学术机构	—	—	—

三、不同阶段的制度创业策略和合法性获取

图 8-4 反映了在 3 个制度创业阶段不同制度创业策略的数量，通过计算可以看出，随着制度创业过程的推进，话语策略所占的比重逐渐下降，理论化策略和文化策略的比重逐渐提高，社会网络策略的比重并未有明显的改变。

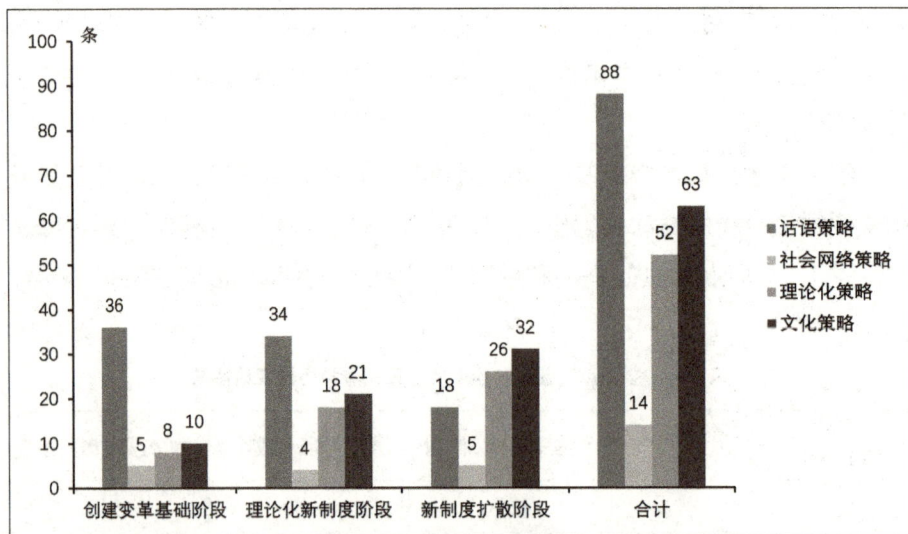

图 8-4　绿源制度创业中制度创业策略数量

图 8-5 反映了在 3 个制度创业阶段指向不同利益相关者的制度创业策略的数量。可以发现，无论在制度创业的哪个阶段，指向核心利益相关者的制度创业策略数量均为最多。同时，随着制度创业的推进，特别是到新制度扩散阶段，指向蛰伏和边缘利益相关者的制度创业策略数量开始有一定程度的增加，这也意味着，到新制度扩散阶段时，制度创业者往往会有更多的精力去获取更多表现出不同核心性水平的利益相关者的合法性认可。

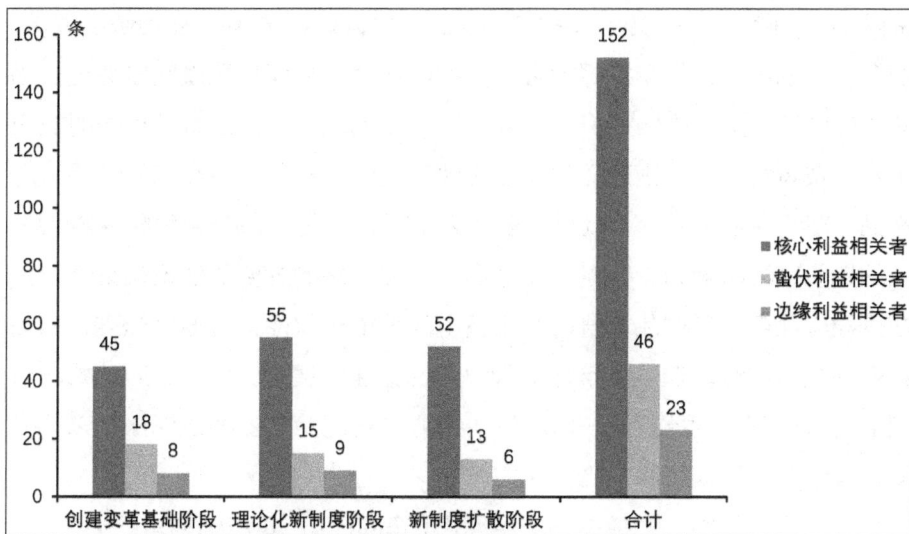

图 8-5 绿源制度创业中指向不同利益相关者的制度创业策略数量

（一）创建变革基础阶段

尽管在这一阶段绿源并未形成制度创业的想法，更多地表现为积累和学习的过程，但这一阶段仍然有策略和合法性获取。这些策略可能会指向比较明确的利益相关者，但可能并非出于制度创业的目的。根据防御型制度创业的特征，绿源的制度创业主张是被迫产生的，因此在这一阶段，绿源或者说倪捷所做的一系列策略更多的是出于企业经营的目的。正是在企业经营的过程中，不断遇到来自政府、消费者等一系列其他利益相关者群体的合法性约束和挑战，绿源才逐渐形成制度创业的想法，并在后续的某一个节点爆发，最终被迫开展制度创业。

上述分析已经指出，绿源在这一阶段的核心利益相关者为地方政府、股东、消费者和行业协会。在倪捷刚萌发进入电动自行车行业的想法时，面临的第一个约束来自资金。尽管这时候他与妻子胡继红已经在电动自行车的研发上取得了一定的进展，但由于电动自行车在此时仍然属于新生事物，存在着认知合法性上的约束，这种约束也表现在投资者对电动自行车未来发展的担忧上。倪捷借助网络化策略和话语策略突破了这一约束。网络化策略表现在倪捷积极参加会议，并通过参加会议来构建自身的社交关系网络，如参加省科技厅组织的科技创新会议。话语策略主要通过宣传、推介来介绍电动自行车发展的必要性和可行性，从而直接或间接通过桥接者（如政府官员）增强投资者对电动自行车的认知。话语策略也同时被应用到消费者身上，这里的话语策略主要为描述和阐释，旨在增强消费者对产品功能和属性的了解。此外，倪捷还借助活动推广等文化策略来扩大产品的知名度和影响力。针对行业协会，倪捷采用的主要是理论化策略，旨在构建电动自行车产品本身及专用蓄电池功能和属性上的通用标准，从而获取规范合法性。在电动自行车行业开始迅速发展后，地方政府开始出台制度进行治理，倪捷在这一阶段针对地方政府的策略主要是诉讼，以期借助法律途径来实现自身的合法化主张。

针对国家部委，倪捷主要采用理论化策略，正如伊福泉在《一个"不安分人"的创业史——记绿源集团董事长、风云浙商倪捷》中写道："倪捷受国家蓄电池标准化专业委员会之邀制定电动自行车行业的蓄电池标准草案……在这次（电动自行车专用蓄电池）论证会上，倪捷提出了蓄电池'两小时率放电'和'两小时要串连放电'等重要观点，得到了许多与会行业专家的认同和赞许。"

（二）理论化新制度阶段

随着规制合法性危机的全面爆发，倪捷认识到，仅仅通过争辩和诉讼等话语策略已经难以实现自身的合法性主张，他开始逐渐参加专业性的研讨会，发表专业性的演讲，理论化策略开始成为针对政府的核心策略。正如倪捷所说："各地都开始爆发'禁电'的现象，我也已经吃不消四处去争辩，这并不是一个好办法，很多政府官员本身就不懂这块，你根本解释不清楚……我开始花心思去写一些专业性的报告并寻找各种机会去公开演讲。"（倪捷访谈记录，2015-7-6）由于与中自协王凤和在电动自行车标准上的分歧，倪捷联合了110多家企业向国标委申诉，并最终使国标委同意暂缓电动自行车新国标发布，在这里，网络化策略和话语策略同时得到了体现。

（三）新制度扩散阶段

从这一阶段起，倪捷开始化被动为主动，频繁借助媒体来阐述关于电动自行车合法化必然性的主张，以及有关地方政府与官员禁止电动自行车的原因和说法的不科学之处，例如"2005年11月，中央电视台《实话实说》栏目制作了一期《谁来决定电动自行车的命运》的节目，倪捷作为特邀嘉宾出席。在节目中，倪捷围绕电动自行车的标准问题发表个人见解，详细、深入、科学地阐述了自己的观点，并呼吁人们能够重视使用和推广电动自行车这种新型的环保产品"（中央电视台《实话实说》栏目，2005年11月）。

而理论化策略还表现在倪捷所撰写的一系列专业性的研究报告和发表的一系列专业性演讲上，如倪捷编写的《两轮电动自行车交通安全研究报告——兼论行驶道路选择和产品技术规定的问题》《电动自行车快速发展对交通安全的影响研究（白皮书［V1.0］）》《电动自行车成绩单》，绿源电动自行车基础研究课题组编写的《电动自行车：有中国特色的绿色交通工具》等。

然而与早期不同的是，这个阶段的策略尽管针对的最终利益相关者仍是政府，但倪捷却并非全部旨在获取规制合法性，正如他所说，"其实只要社会认可了、消费者认可了，我觉得最终政府也会认可的，到时就是大势所趋了"（倪捷访谈记录，2015-7-6）。

综上所述，对于绿源制度创业各阶段的制度创业策略的汇总见表8-5。

表 8-5　绿源制度创业各阶段的制度创业策略

阶段	利益相关者类型	合法性类型		
		规制合法性	规范合法性	认知合法性
创建变革基础阶段	核心利益相关者	话语策略 ●诉讼	理论化策略 ●构建标准	话语策略 ●描述●阐释●宣传 文化策略 ●活动推广 社会网络策略 ●构建社会关系网
	蛰伏利益相关者		理论化策略 ●构建标准	
	边缘利益相关者			
理论化新制度阶段	核心利益相关者	话语策略 ●争辩 理论化策略 ●撰写专业报告 ●发表专业演讲	话语策略 ●争辩	文化策略 ●活动推广
	蛰伏利益相关者			社会网络策略 ●战略联盟
	边缘利益相关者			
新制度扩散阶段	核心利益相关者	理论化策略 ●撰写专业报告 ●参与标准制定 话语策略 ●辩论	理论化策略 ●参与标准制定	理论化策略 ●撰写专业报告 ●发表专业演讲 文化策略 ●活动推广 ●参与政府活动
	蛰伏利益相关者			文化策略 ●慈善捐赠
	边缘利益相关者		社会网络策略 ●战略联盟	

第四节　小结

本章基于扎根理论的方法，通过对绿源制度创业案例的分析，详细描述了绿源公司在电动自行车这一新兴场域如何借助一系列的制度创业策略来获取合法性的过程。本研究的主要贡献在于对防御型制度创业过程中的利益相关者进行了划分和界定，揭示了制度创业者在不同的制度创业阶段是如何使用不同类型的制度创业策略来克服利益相关者的制度约束的，以及这些策略为制度创业者从利益相关者处获取了何种合法性。主要研究结论如下：

第一，在不同制度创业阶段，对防御型制度创业者造成关键性制度约束的核心利益相关者在一定程度上呈现出稳定性，但其他核心、蛰伏和边缘利益相关者仍然表现出波动性。从利益相关者核心性的变动图和绿源制度创业策略指向图中可以看出，政府在绿源3个阶段的制度创业过程中均表现为核心利益相关者，发挥着显著作用，同时也是绿源制度创业策略的主要指向目标。此外，绿源制度创业过程中，其他的利益相关者也发挥着重要的作用，这个结论与近期关于利益相关者理论的研究成果相一致。这些研究指出，组织的合法性获取是受到多重利益相关者影响的（Lamberti & Lettieri，2009；Spiller，2000）。此外，本案例研究的结果显示，在制度创业实践里，组织的不同利益相关者群体存在不同的优先级，这也证实了Mitchell，Agle & Wood（1997）的观点，即在一个多重利益相关者的视角下，不同的利益相关者可能会对一个组织有着不同的影响且持有不同的道德立场，因此在满足自身需求的紧迫性上也会存在差异。基于这些观点，可以认为Mitchell，Agle & Wood（1997）关于利益相关者优先性的观点在分析防御型制度创业中的合法性问题和合法化策略时也同样适用。由于在这种类型的制度创业案例中，制度创业者所面临的外部制度约束往往来自一个特定的利益相关主体，在本案例里为地方政府，从而导致制度创业者的一系列制度创业策略是围绕着直接或间接获取地方政府的合法性认可而制订的。

第二，本案例研究对绿源制度创业过程中所采用的制度创业策略进行了归纳和提炼，将其分为话语策略、理论化策略、社会网络策略和文化策略，这进一步支持了项国鹏和阳恩松（2013）对制度创业策略进行划分的观点。本案例研究的创新之处在于进一步探讨了在不同的制度创业过程中，这些策略的使用情况及所指向的利益相关者情况。话语策略旨在告知利益相关者变革的必要性；理论化策略在于辨识现有问题所在、构建身份、提出具体变革方案并赋予其理论化形式；社会网络策略用于构建网络以连接志同道合者，并凭借社会网络获取及配置资源；文化策略是通过影响利益相关者的信念、价值观与文化观念等，让他们对新制度产生认知，从而实现制度推广。以往研究已经对制度创业策略的类型及采用进行了深入的分析（项国鹏和阳恩松，2013；Ocasio, Loewenstein & Nigam, 2015；Harmon, Green & Goodnight, 2015），却未从利益相关者的视角加以探讨。本案例研究的结论表明，制度创业者的制度创业策略是有着明确的利益相关者指向性的，这种指向性在不同的制度创业阶段中具有差异性。由于制度创业者往往面临着来自利益相关者的不同约束，可能表现为规制性约束、规范性约束或认知性约束，从而阻碍合法性主张的实现。因此，制度创业者会基于所面临的约束类型来定制适合的制度创业策略，从而获取相对应的合法性认可。

第三，案例研究深入探讨了一个问题——合法化策略选择二阶性的存在（Lamberti & Lettieri, 2011）。现有管理学者对这一问题仍然缺乏足够的关注。本研究指出，组织会针对不同利益相关者制订一个具体的合法化策略。Suchman（1995）的研究指出，合法性的获取方式有两种，一种是借助交叉合法化过程，另一种为直接作用于核心利益相关者。交叉合法化，是指一个组织借助指向其他利益相关者群体的措施从另一个特定的利益相关者处获取合法性。这一主张最初由 Lamberti & Lettieri（2011）提出，本案例研究的发现进一步证实了这个观点。以往的研究已经指出合法性获取的一种传统的"中心辐射"方式，即组织通过与关键利益相关者的二元关系来获取合法性（Dowling & Pfeffer, 1975）。而本研究发现，当关键利益相关者并未认同制度创业者的主张时，组织也可能会实施一种基于其他利益相关者的合法性获取途径。在本案例里，比较典型的利益相关者就是媒体。绿源在创建变革基础阶段和理论化新制度阶段并未把策略主要指向媒体，而是指向消费者和政府。指向消费者的策略旨在获取规范合法性，指向政府的策略旨在获取规制合法性。指向消费者的策略在获取规范合法性上取得了较好的结果，但指向政府的策略并未帮助绿源获取足够的规制合法性。而当绿源在新制度扩散阶段开始将策略方向转向媒体后，媒体的宣传使得社会对绿源创业主张的认可度不断提升，从而促使地方政府接受其创业主张。

第九章
吉利集团案例研究

第一节　吉利集团简介

吉利集团创建于 1986 年，从创业时的 22 人发展成拥有员工 18000 多名，其中工程技术人员 4700 余人，总部设在杭州，是浙江省百强企业之一。2012 年 7 月，吉利作为率先进入汽车行业的民营企业成功进入世界 500 强，还先后创建北京吉利大学、三亚学院、浙江汽车职业技术学院及湖南吉利职业技术学院等高等院校。其核心业务主要是汽车生产。吉利在浙江台州、浙江宁波、湖南湘潭、山东济南、四川成都等地都建有汽车整车和动力总成制造基地。但作为中国的民营企业，吉利进入汽车制造业的过程并非一帆风顺，总是同不断地面临并消除政府的经济管制壁垒联系在一起，正如跟踪观察浙商的杨轶清（2003）所言，吉利的创业之旅充满了红灯、关隘。

1985 年，国家开始对汽车行业实行目录管理制，即只有目录上的企业有资格生产汽车，严禁目录之外的企业进入汽车制造业。为了突破汽车产业约束，进入汽车行业，吉利创始人李书福不断地努力，采取了与具有许可证的企业进行合作、游说政府官员、借助社会舆论、私下实践等多种措施。转机终于在 2001 年出现：国家放松汽车生产管制，目录管理制改为公告制，吉利最终获得了轿车生产资格。目前，吉利已成为"中国汽车工业 50 年发展速度最快、成长最好"的企业之一，跻身中国国内汽车制造企业"3+6"主流格局，多次进入中国企业 500 强、中国汽车行业 10 强、世界企业 500 强，是国家"创新型企业"和国家"汽车整车出口基地企业"。

第二节 吉利制度创业利益相关者界定

Scott（1995）划分的三种合法性是规制合法性、规范合法性和认知合法性。其中，规制合法性来源于政府政策、专业机构和行业协会等部门制定的规章制度（贺小刚，2006），它们以法律的形式来规定一些制度，要求属于本行业的企业都必须遵守。没有规制合法性，企业就很难寻求所需要的资源，更别说获得利益相关者的认可和支持。但若在一种制度下企业无法获得进一步发展，企业的制度创业者就会寻求另一种新的制度安排，这时制度创业者在打破旧制度，创建新制度时，必然会涉及和政府、专业机构、行业协会等不同群体的协商与谈判。因此，吉利在追求规制合法性的过程中，国家部委、地方政府、专业机构、行业协会等政策制定者都是企业的利益相关者（曾楚宏和朱仁宏，2009）。在中国转型经济环境中，与政府、专业机构、行业协会保持良好的关系，采取良好的关系型政治战略，是企业获取合法性的主要途径。这也是企业家外部制度能力的一种体现。

规范合法性，也被称为"道德合法性"，来源于社会的价值观和道德观，反映的是社会公众对组织及其行为的一种道德评价。与追求规制合法性不同，制度创业者追求规范合法性意味着他要被外界认可是在"做正确的事"。（曾楚宏和朱仁宏，2009）其反映的是社会公众对组织及其行为的一种道德判断，这种判断基于制度创业者的行为是否有益于增进社会福利，是否符合广为接受的社会价值观和道德观。

首先，在这个过程中，企业制度创业实践须征求企业内部人员的意见，包括股东、管理者、员工。企业制度创业者的新主张并不一定能获得每个股东、高管人员的支持，此时，制度创业者须辨识他们的利益诉求点，道出企业进一步发展的制度壁垒，通过一些途径使他们对引入新制度的必要性达成共识，并努力促使他们肯定新制度的优越性。

其次，这一过程还要接受竞争者（同行业或相关行业）及社会媒体的监督与曝光，这时组织的制度创业者可以正面地进行媒体宣传，恰如其分地为打破新的制度主张壁垒摇旗呐喊，以争取更多的舆论支持力量，来提高其规范合法性。学术机构针对制度创业领域的研究，发表了大量的学术文章，对研究学者而言，新制度的实践及制度创业领域的发展可以进一步推动科研发展。

最后，企业产品或服务的消费者是制度创业行为的直接利益相关者，企业工艺流程的质量和安全认证必须得到消费者的认可。例如，企业生产高质量的产品，是被消费者普遍要求的，企业如果能够做到这一点，不做投机取巧的事情，必然会得到广大消费者的青睐，那么企业就拥有了规范合法性资源。只要企业制度创业的行为符合社会的共同价值观和道德规范，必然会得到利益相关者的心理认同。因此，在追求规范合法性的过程中，制度创业者所面临的利益相关者有股东、管理者、员工、媒体、竞争者、学术机构、消费者等。

认知合法性来源于有关的特定事物或活动的知识传播，当制度创业者所创建的新制度或实践得到了广泛的扩散并且为人们所广为接受时，它就具备了认知合法性。（张玉利和杨俊，2009）企业的制度创业者对获取认知合法性的需求往往是非常强烈的，因为这直接影响到企业的成长及战略的制订，因此制度创业者需要向利益相关者展示企业身份的合法合理性，要符合市场要求，满足利益相关者需要，促使利益相关者广泛认可并接受新制度。因此，只有当某项新制度或实践为社会公众所广为接受时，才得以重新制度化。这时，制度创业者面临的利益相关者主要是社会公众。

通过以上分析与文献研究，可以得出吉利制度创业的利益相关者有：股东、管理者、员工、国家部委、地方政府、行业协会、媒体、供应商、竞争者、学术机构、消费者和社会公众。（如图 9-1 所示）

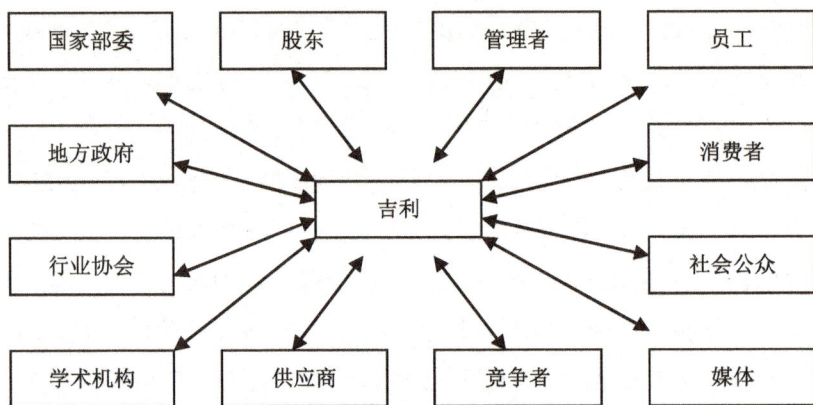

图 9-1 吉利制度创业利益相关者

第三节 吉利制度创业利益相关者的分类

在文献分析的基础上，可以得到吉利制度创业的 12 种利益相关者。本研究设计了调查问卷，问卷发放的时间为 2015 年 2 月至 2015 年 3 月，发放对象为吉利员工。问卷的内容主要为个人的基本情况，本研究分别从重要性、意愿性、合法性、合理性 4 个维度对给出的 12 种利益相关者进行了排序。本次问卷调查共计发放问卷 100 份，实际收回问卷 76 份，问卷回收率 76%，其中有效问卷共 71 份，回收问卷有效率为 71%。样本的基本情况如下：从性别来看，男性 46 份，占 65%，女性 25 份，占 35%；从年龄来看，23—30 岁的共有 41 份，31—40 岁的共有 25 份，41—50 岁的共有 5 份，分别占样本数的 58%，35%，7%。

然后我们对回收的问卷进行数据分析，主要分为 2 个步骤进行。

一、吉利制度创业利益相关者的四维度评分

在问卷中，要求问卷填写者结合吉利的实际情况，对列出的 12 种利益相关者按照重要性程度、意愿性程度、合法性程度、合理性程度从低到高进行排序。

（一）吉利制度创业利益相关者在重要性维度上的评分

在将排序转化为数值型数据以后，用 SPSS 22.0 进行描述性统计分析（陈宏辉和贾生华，2004），在重要性维度上，结果如表 9-1 所示。

表 9-1　吉利制度创业利益相关者在重要性维度上的评分均值

利益相关者	最小值	最大值	均值	标准差
地方政府	1	11	3.47	2.40
消费者	1	9	3.72	2.34
国家部委	1	12	3.84	2.80
行业协会	1	12	3.88	2.32
股东	1	12	6.34	3.24
竞争者	1	12	6.54	2.80
管理者	1	12	6.84	2.88
员工	2	12	6.97	2.50
供应商	1	12	7.15	2.76
媒体	2	12	9.40	2.17
社会公众	2	12	9.48	2.49
学术机构	3	12	10.26	2.24

注：$N=72$。

从表9-1可以看出，吉利制度创业利益相关者在重要性维度上的评分均值依次为：地方政府（3.47）、消费者（3.72）、国家部委（3.84）、行业协会（3.88）、股东（6.34）、竞争者（6.54）、管理者（6.84）、员工（6.97）、供应商（7.15）、媒体（9.40）、社会公众（9.48）、学术机构（10.26）。

参照陈宏辉（2004）对利益相关者三维分类的统计方法，需要做进一步的统计检验，目的是判断上述2个变量之差与零是否存在显著性差异，即判断上述每2个利益相关者在维度上有没有显著差异。采用配对样本T检验，统计结果如表9-2所示，其中没有括号的数据表示某一利益相关者与另一利益相关者在该维度上得分的均值之差，括号内的数据是T检验值，如果均值之差通过95%或99%的置信度检验，则标上*号或**号。例如地方政府与消费者的重要性评分均值差异是0.25，就没有标上*号。统计上的原假设是，这一差异均值与零没有显著性差异，则几乎可以得出如下结论：地方政府与消费者在重要性维度上的得分没有显著性差异，在统计意义上地方政府与消费者同等重要。

因此，由表9-2可以看出地方政府、消费者、国家部委、行业协会之间，股东、竞争者、管理者、员工、供应商之间，媒体、社会公众、学术机构之间的重要性评分均值不存在显著性差异，其他的排序具有显著差异。由于本次问卷的设计是对12种利益相关者进行1至12排序，因此，在本次统计中，将4个维度的评分最大值定在12分，结合12种利益相关者的均值得分和配对样本T检验结果中的均值差没有显著性差异的利益相关者应该分为一类的原则，划分出1—4分、4—9分、9—12分3段。

结合利益相关者在重要性维度上的均值及配对样本T检验结果，将利益相关者的评分结果填入表9-3中。

表9-2 吉利制度创业利益相关者在重要性维度上的评分均值差异的配对样本T检验

利益相关者	1	2	3	4	5	6	7	8	9	10	11
1 地方政府											
2 消费者	0.25 (0.593)										
3 中央政府	0.38 (1.244)	0.13 (0.281)									
4 行业协会	0.42 (1.209)	0.17 (0.401)	0.04 (0.124)								
5 股东	2.88** (5.336)	2.63** (5.062)	2.50** (4.105)	2.46** (4.428)							
6 竞争者	3.07** (6.615)	2.82** (6.747)	2.69** (5.345)	2.65** (5.416)	0.19 (0.369)						
7 管理者	3.38** (6.600)	3.13** (6.280)	3.00** (5.359)	2.96** (6.531)	0.50 (1.222)	0.31 (0.601)					
8 员工	3.50** (7.386)	3.25** (7.722)	3.13** (6.250)	3.08** (7.162)	0.63 (1.335)	0.43 (0.920)	0.13 (0.318)				
9 供应商	3.68** (7.529)	3.43** (8.505)	3.31** (6.665)	3.26** (6.930)	0.81 (1.475)	0.61 (1.489)	0.31 (0.585)	0.18 (0.398)			
10 媒体	5.93** (17.940)	5.68** (13.917)	5.56** (14.028)	5.51** (14.880)	3.06** (6.511)	2.86** (6.068)	2.56** (5.711)	2.43** (5.879)	2.25** (4.821)		
11 社会公众	6.01** (12.843)	5.76** (14.313)	5.64** (11.171)	5.60** (12.961)	3.14** (6.657)	2.94** (6.498)	2.64** (6.107)	2.51** (5.759)	2.33** (5.459)	0.08 (0.196)	
12 学术机构	6.79** (17.780)	6.54** (17.885)	6.42** (14.674)	6.38** (17.217)	3.92** (7.993)	3.72** (8.196)	3.42** (6.845)	3.29** (8.021)	3.11** (7.290)	0.86* (2.319)	0.78 (1.853)

注：* 表示 $P<0.05$，** 表示 $P<0.01$。

表 9-3　吉利制度创业利益相关者在重要性维度上的评分

维度 ＼ 评分	[1，4)	[4，9)	[9，12]
重要性	地方政府、消费者、国家部委、行业协会	股东、竞争者、管理者、员工、供应商	媒体、社会公众、学术机构

（二）吉利制度创业利益相关者在意愿性维度上的评分

按照同样的统计方法，对吉利制度创业利益相关者在意愿性维度上的评分进行描述性统计，结果如表 9-4 所示，其中评分的均值越小，表明利益相关者越愿意参与吉利制度创业。

表 9-4　吉利制度创业利益相关者在意愿性维度上的评分均值

利益相关者	最小值	最大值	均值	标准差
国家部委	1	12	3.43	2.72
地方政府	1	11	3.83	2.73
股东	1	12	3.95	2.70
竞争者	1	11	4.23	2.85
行业协会	1	12	6.04	2.69
管理者	1	12	6.51	2.78
消费者	1	12	6.63	2.32
供应商	1	12	7.11	3.12
员工	1	12	7.25	3.15
社会公众	3	12	9.40	2.16
媒体	1	12	9.43	1.94
学术机构	4	12	10.16	2.24

注：$N=72$。

从表 9-4 中可以看出，吉利制度创业利益相关者在意愿性维度上的评分均值依次为：国家部委（3.43）、地方政府（3.83）、股东（3.95）、竞争者（4.23）、行业协会（6.04）、管理者（6.51）、消费者（6.63），供应商（7.11）、员工（7.25）、社会公众（9.40）、媒体（9.43）、学术机构（10.16）。

同样采用配对样本 T 检验来判断每两个利益相关者在意愿性维度上的均值差异是否与零有显著差异，统计结果如表 9-5 所示。

表9-5　吉利制度创业利益相关者在意愿性维度上的评分均值差异的配对样本T检验

利益相关者	1	2	3	4	5	6	7	8	9	10	11
1 国家部委											
2 地方政府	0.40 (1.271)										
3 股东	0.53 (0.997)	0.13 (0.268)									
4 竞争者	0.81 (1.546)	0.40 (0.786)	0.28 (0.645)								
5 行业协会	2.61** (6.876)	2.21** (5.926)	2.08** (4.040)	1.81** (3.290)							
6 管理者	3.08** (5.76)	2.68** (5.580)	2.56** (6.673)	2.28** (4.499)	0.47 (0.927)						
7 消费者	3.21** (7.114)	2.81** (6.012)	2.68** (5.743)	2.40** (6.069)	0.60 (1.347)	0.13 (0.271)					
8 供应商	3.68** (6.979)	3.28** (5.393)	3.15** (5.841)	2.88** (5.578)	1.07* (2.053)	0.60 (1.178)	0.47 (0.985)				
9 员工	3.82** (6.472)	3.42** (6.170)	3.29** (7.538)	3.01** (5.465)	1.21* (2.524)	0.74 (1.491)	0.61 (1.237)	0.14 (0.283)			
10 社会公众	5.97** (15.079)	5.57** (13.792)	5.44** (12.398)	5.17** (12.397)	3.36** (7.338)	2.88** (6.489)	2.76** (7.370)	2.29** (5.098)	2.15** (4.456)		
11 媒体	6.00** (15.205)	5.60** (13.085)	5.47** (13.327)	5.19** (12.897)	3.39** (7.857)	2.91** (7.138)	2.79** (7.439)	2.32** (5.381)	2.18** (4.674)	0.03 (0.08)	
12 学术机构	6.74** (15.692)	6.33** (13.567)	6.20** (14.166)	5.93** (14.766)	4.12** (9.384)	3.65** (7.917)	3.52** (10.196)	3.06** (6.600)	2.91** (5.885)	0.76 (1.935)	0.74* (2.568)

注：* 表示 P<0.05，** 表示 P<0.01。

从表9-5中可以看出，国家部委、地方政府、股东、竞争者之间，行业协会、管理者、消费者之间，供应商、管理者、消费者之间，管理者、消费者、供应商、员工之间，媒体与社会公众之间，学术机构与社会公众之间，不存在显著性差异。其他的排序都具有显著的统计意义上的差别。虽然竞争者的均值为4.23，大于4，但其跟国家部委、地方政府、股东之间不存在统计意义上的差异，因此应将其置于区间[1，4)。

结合利益相关者在意愿性维度上的均值及配对样本T检验结果，将利益相关者的评分结果填入表9-6中。

表9-6 吉利制度创业利益相关者在意愿性维度上的评分

评分 / 维度	[1，4)	[4，9)	[9，12]
意愿性	国家部委、地方政府、股东、竞争者	行业协会、管理者、消费者、供应商、员工	社会公众、媒体、学术机构

（三）吉利制度创业利益相关者在合法性维度上的评分

吉利制度创业利益相关者在合法性维度上的评分高低直接影响着利益相关者对吉利制度创业的影响，利益相关者针对吉利采取的行为的合法性程度将影响吉利是否认为有必要将其视为关键利益相关者，从而采取制度创业策略以影响利益相关者。按照上述的方法，吉利制度创业利益相关者在合法性维度上的评分均值如表9-7所示。

从表9-7中可以看出，吉利制度创业利益相关者在合法性维度上的评分均值依次为：国家部委（3.40）、地方政府（3.50）、行业协会（3.81）、消费者（4.01）、管理者（6.31）、股东（6.50）、员工（6.52）、供应商（8.04）、媒体（8.26）、学术机构（9.00）、社会公众（9.01）、竞争者（9.30）。

表 9-7 吉利制度创业利益相关者在合法性维度上的评分均值

利益相关者	最小值	最大值	均值	标准差
国家部委	1	12	3.40	3.20
地方政府	1	11	3.50	2.52
行业协会	1	12	3.81	2.34
消费者	1	12	4.01	2.53
管理者	1	12	6.31	2.61
股东	1	12	6.50	2.60
员工	1	12	6.52	3.06
供应商	2	12	8.04	2.57
媒体	1	12	8.26	2.96
学术机构	2	12	9.00	2.68
社会公众	3	12	9.01	2.48
竞争者	1	12	9.30	2.46

注：$N=72$。

同样需要采用配对样本 T 检验来统计结果，如表 9-8 所示。

从配对样本 T 检验的结果来看，国家部委与地方政府、行业协会、消费者之间，管理者与股东、员工之间，供应商与媒体之间，媒体与学术机构之间，社会公众与学术机构之间，社会公众与媒体之间，社会公众与供应商之间，竞争者与社会公众之间，竞争者与学术机构之间，竞争者与媒体之间，不存在显著性差异。其他的排序都具有显著的统计意义上的差别。虽然消费者的均值为 4.01，大于 4，但从配对样本 T 检验的结果来看，国家部委与地方政府、行业协会、消费者之间不存在统计意义上的差异，因此应将其置于区间 [1，4）。

表 9-8 吉利制度创业利益相关者在合法性维度上的评分均值差异的配对样本 T 检验

利益相关者	1	2	3	4	5	6	7	8	9	10	11
1 国家部委											
2 地方政府	0.10 (0.470)										
3 股东	0.42 (1.130)	0.32 (0.936)									
4 竞争者	0.61 (1.157)	0.51 (1.124)	0.19 (0.459)								
5 行业协会	2.91** (5.017)	2.82** (5.633)	2.50** (5.160)	2.30** (5.461)							
6 管理者	3.09** (5.287)	3.00** (5.954)	2.68** (5.855)	2.48** (5.414)	0.18 (0.476)						
7 消费者	3.12** (4.883)	3.03** (5.372)	2.71** (4.923)	2.51** (5.072)	0.21 (0.514)	0.03 (0.071)					
8 供应商	4.64** (8.450)	4.54** (9.618)	4.22** (9.133)	4.02** (9.536)	1.72** (3.836)	1.54** (3.500)	1.51** (3.886)				
9 员工	4.86** (10.264)	4.76** (10.702)	4.44** (10.279)	4.25** (8.488)	1.94** (3.841)	1.76** (3.560)	1.73** (3.341)	0.22 (0.405)			
10 社会公众	5.59** (10.976)	5.50** (11.750)	5.18** (12.467)	4.99** (10.573)	2.68** (5.557)	2.50** (5.501)	2.47** (4.632)	0.96* (2.075)	0.74 (1.600)		
11 媒体	5.61** (10.503)	5.51** (11.428)	5.19** (11.942)	5.00** (11.183)	2.69** (6.144)	2.51** (5.838)	2.48** (5.549)	0.97 (2.370)	0.75 (1.528)	0.14 (0.036)	
12 学术机构	5.90** (10.874)	5.80** (13.278)	5.48** (12.918)	5.29** (14.521)	2.98** (7.353)	2.80** (6.566)	2.77** (5.820)	1.26** (3.450)	1.04 (1.979)	0.31 (0.623)	0.29 (0.740)

注：* 表示 $P<0.05$，** 表示 $P<0.01$。

结合评分均值与配对样本 T 检验结果，将利益相关者在合法性维度上的得分结果填入表 9-9 中。

表 9-9　吉利制度创业利益相关者在合法性维度上的评分

评分 维度	[1, 4)	[4, 9)	[9, 12]
合法性	国家部委、地方政府、行业协会、消费者	管理者、股东、员工、供应商、媒体	学术机构、社会公众、竞争者

（四）吉利制度创业利益相关者在合理性维度上的评分

吉利制度创业利益相关者在合理性维度上的评分均值结果如表 9-10 所示。

表 9-10　吉利制度创业利益相关者在合理性维度上的评分均值

利益相关者	最小值	最大值	均值	标准差
员工	1	10	3.58	2.03
管理者	1	12	3.59	2.58
消费者	1	12	3.76	2.73
股东	1	12	6.38	3.36
行业协会	1	12	6.63	3.02
国家部委	1	12	6.63	3.47
地方政府	1	12	7.02	3.15
社会公众	1	12	7.11	3.10
供应商	1	12	7.16	2.73
学术机构	1	12	7.36	3.41
媒体	1	12	9.30	2.17
竞争者	1	12	9.41	2.71

从表 9-10 中可以看出，吉利制度创业利益相关者在合理性维度上的评分均值依次为：员工（3.58）、管理者（3.59）、消费者（3.76）、股东（6.38）、行业协会（6.63）、国家部委（6.63）、地方政府（7.02）、社会公众（7.11）、供应商（7.16）、学术机构（7.36）、媒体（9.30）、竞争者（9.41）。

采用配对样本 T 检验来判断每两个利益相关者在合理性维度上的评分均值差异是否与零有显著差异，统计结果如表 9-11 所示。

表9-11 吉利制度创业利益相关者在合理性维度上的评分均值差异的配对样本T检验

利益相关者	1	2	3	4	5	6	7	8	9	10	11
1 国家部委											
2 地方政府	0.014 (0.038)										
3 股东	0.18 (0.513)	0.17 (0.440)									
4 竞争者	2.80** (5.938)	2.79** (6.815)	2.62** (5.133)								
5 行业协会	3.06** (6.404)	3.04** (5.682)	2.88** (5.325)	0.25 (0.412)							
6 管理者	3.06** (5.860)	3.04** (5.197)	2.88** (4.713)	0.25 (0.373)	0.00 (0.000)						
7 消费者	3.44** (7.360)	3.43** (6.183)	3.26** (5.617)	0.64 (0.988)	0.39 (0.882)	0.39 (1.276)					
8 供应商	3.53** (7.890)	3.51** (6.783)	3.34** (6.571)	0.72 (1.280)	0.47 (0.920)	0.47 (0.756)	0.08 (0.141)				
9 员工	3.58** (8.524)	3.57** (7.984)	3.40** (7.598)	0.78 (1.460)	0.53 (1.032)	0.53 (0.965)	0.14 (0.281)	0.06 (0.105)			
10 社会公众	3.78** (7.011)	3.76** (6.932)	3.59** (6.295)	0.97 (1.807)	0.72 (1.306)	0.72 (1.199)	0.33 (0.530)	0.25 (0.488)	0.19 (0.348)		
11 媒体	5.72** (16.192)	5.71** (15.351)	5.54** (14.606)	2.92** (6.140)	2.67** (5.486)	2.67** (4.881)	2.28** (4.428)	2.19** (4.872)	2.14** (4.644)	1.94** (4.752)	
12 学术机构	5.83** (17.318)	5.82** (11.672)	5.65** (12.519)	3.03** (5.549)	2.78** (5.377)	2.78** (4.974)	2.39** (4.753)	2.30** (4.854)	2.25** (5.161)	2.05** (3.496)	0.11 (0.258)

注：*$P<0.05$，**$P<0.01$。

从配对样本 T 检验的结果来看,员工、管理者、消费者之间,股东、国家部委、地方政府、行业协会、社会公众、供应商、学术机构之间,媒体与竞争者之间,均值之差不存在显著性差异。

结合表 9−10、9−11 的结果分析,将利益相关者在合理性维度上的评分结果填入表 9−12 中。

表 9−12 吉利制度创业利益相关者在合理性维度上的评分

维度 \ 评分	[1,4)	[4,9)	[9,12]
合理性	员工、管理者、消费者	股东、行业协会、国家部委、地方政府、社会公众、供应商、学术机构	媒体、竞争者

二、吉利制度创业利益相关者的分类结果

根据 12 种利益相关者在各个维度上的评分均值结果,将结果填入表中,如表 9−13 所示。

表 9−13 12 种利益相关者的分类结果

维度 \ 评分	[1,4)	[4,9)	[9,12]
重要性	地方政府、消费者、国家部委、行业协会	股东、竞争者、管理者、员工、供应商	媒体、社会公众、学术机构
意愿性	国家部委、地方政府、股东、竞争者	行业协会、管理者、消费者、供应商、员工	社会公众、媒体、学术机构
合法性	国家部委、地方政府、行业协会、消费者	管理者、股东、员工、供应商、媒体	学术机构、社会公众、竞争者
合理性	员工、管理者、消费者	股东、行业协会、国家部委、地方政府、社会公众、供应商、学术机构	媒体、竞争者

根据表 9−13 中各个利益相关者的位置,可以对 12 种利益相关者进行分类,分类结果如下:

核心利益相关者：至少 3 个维度的得分在 4 分以下，它们是吉利制度创业中突破制度约束不可或缺的利益相关者，直接影响吉利制度创业的成功与否，与企业具有极其密切的联系，甚至可以左右吉利的生存与发展。根据统计结果，这类利益相关者包括国家部委、地方政府和消费者。

蛰伏利益相关者：至少 3 个维度的得分在 4 分以上 9 分以下，它们与吉利有密切的联系，多半是吉利较为重要的合作者，为吉利制度创业提供一定的资源，是吉利的联盟者，因此吉利必须使用一定的制度创业策略才能得到它们的支持，一旦它们的利益受损，它们很有可能转为吉利制度创业的破坏者。根据统计结果，这类利益相关者包括行业协会、股东、管理者、员工、供应商、竞争者。

边缘利益相关者：至少 2 个维度的得分在 9 分以上，它们大多数情况下被动受吉利制度创业的影响，不直接参与到吉利制度创业中，游离在吉利制度创业组织场域的边缘位置，被视为不重要的利益相关者。根据统计结果，这类利益相关者是媒体、社会公众与学术机构。

借鉴陈宏辉（2004）的方法，为了进一步验证上述分类结果，并从总体上进行比较，本研究计算出了每一种利益相关者在重要性、意愿性、合法性和合理性维度上的综合得分，称之为综合相关度。记第 i（i=1，2，3…12）种利益相关者的综合相关度为 PX_i，该利益相关者在第 j（j=1，2，3，4）个维度上的得分为 V_{ij}，PX_i 的计算公式为：$PX_i = \frac{1}{4}\sum_{j=1}^{4} V_{IJ}$，由此生成 12 个新的变量，其描述性统计结果如表 9–14 所示。

表 9–14　利益相关者的综合相关度描述性统计

利益相关者	最小值	最大值	均值	标准差
国家部委	1.25	8.00	4.32	1.58
地方政府	1.75	7.75	4.45	1.30
消费者	2.25	7.50	4.53	1.26

续 表

利益相关者	最小值	最大值	均值	标准差
行业协会	2.50	8.50	5.09	1.25
股东	2.75	9.00	5.79	1.34
管理者	2.25	9.50	5.81	1.55
员工	3.25	9.50	6.08	1.45
供应商	3.00	10.75	7.36	1.80
竞争者	3.75	10.25	7.37	1.44
社会公众	5.50	11.50	8.75	1.25
媒体	5.75	11.50	9.10	1.13
学术机构	5.00	11.75	9.19	1.49

注：$N=72$。

　　根据利益相关者综合相关度均值的评分结果，其评分均值依次为：国家部委（4.32）、地方政府（4.45）、消费者（4.53）、行业协会（5.09）、股东（5.79）、管理者（5.81）、员工（6.08）、供应商（7.36）、竞争者（7.37）、社会公众（8.75）、媒体（9.10）、学术机构（9.19）。

　　同样对上述12个新变量进行配对样本T检验，以检验上述排序是否具有显著性统计意义。结果如表9-15所示。

　　从配对样本T检验结果来看，国家部委、地方政府与消费者之间，管理者与股东之间，员工与管理者之间，员工与股东之间，竞争者与供应商之间，媒体与社会公众之间，学术机构与媒体之间，学术机构与社会公众之间，均值之差不存在显著性差异。

　　统计结果表明，国家部委、地方政府与消费者可以归为一类（综合相关度得分在统计意义上的4分以下），行业协会、股东、管理者、员工、供应商、竞争者可以归为一类（综合相关度均值在统计意义上的4分以上9分以下），媒体、社会公众与学术机构可以归为一类（综合相关度均值在统计意义上的9分以上）。这个结果印证了将这12种利益相关者分为核心利益相关者、蛰伏利益相关者、边缘利益相关者的结论。

表9-15 吉利制度创业利益相关者综合相关度评分均值差异的配对样本T检验

利益相关者	1	2	3	4	5	6	7	8	9	10	11
1 国家部委											
2 地方政府	0.13 (0.832)										
3 股东	0.20 (0.729)	0.08 (0.320)									
4 竞争者	0.77** (4.069)	0.64** (3.367)	0.56* (2.428)								
5 行业协会	1.47** (5.272)	1.34** (5.593)	1.26** (5.497)	0.70** (2.926)							
6 管理者	1.48** (4.820)	1.36** (5.221)	1.28** (5.477)	0.72** (2.838)	0.02 (0.106)						
7 消费者	1.75** (5.766)	1.63** (6.043)	1.55** (6.899)	0.97** (4.031)	0.28 (1.390)	0.26 (1.224)					
8 供应商	3.03** (10.022)	2.91** (9.706)	2.83** (10.486)	2.27** (8.121)	1.56** (5.304)	1.55** (4.940)	1.28**				
9 员工	3.04** (10.561)	2.92** (11.916)	2.85** (12.688)	2.28** (8.649)	1.58** (6.366)	1.56** (5.905)	1.29** (5.318)	0.01 (0.029)			
10 社会公众	4.42** (17.252)	4.29** (18.413)	4.22** (21.112)	3.66** (16.285)	2.95** (13.210)	2.93** (11.864)	2.67** (11.170)	1.38** (5.607)	1.37** (6.374)		
11 媒体	4.77** (21.462)	4.64** (22.777)	4.56** (23.606)	4.00** (20.156)	3.30** (15.442)	3.28** (14.311)	3.02** (12.406)	1.73** (5.985)	1.72** (7.868)	0.35 (1.490)	
12 学术机构	4.87** (21.276)	4.74** (20.654)	4.66** (19.893)	4.10** (18.250)	3.40** (13.046)	3.38** (11.293)	3.11** (11.026)	1.83** (6.213)	1.82** (6.639)	0.44 (1.854)	0.10 (0.485)

注：* 表示 $P<0.05$，** 表示 $P<0.01$。

第四节 吉利制度创业阶段

一、吉利制度创业阶段划分

结合 Greenwood，Suddaby & Hinings（2002）经典制度创业的阶段划分方法，将制度创业阶段分为 3 个阶段：创建变革基础阶段、理论化新制度阶段及新制度扩散阶段。创建变革基础阶段的主要特点是感受场域震荡，产生了制度创业的想法，因此包括激发其创业的环境、经验的积累等。理论化新制度阶段的主要特点是指出现有制度不足之处并提供解决方案，再对解决方案进行合法性解释，提出完整的制度创业主张。新制度扩散阶段的主要特点则是在不同社会范围内推广新制度，以便使新制度得到最为广泛的认可，其结果是获取合法性。这一阶段又可以细分成两个阶段，第一个阶段是获取关键合法性，第二个阶段是提高认知合法性。一般我们评价制度创业成功与否看其是否获取了关键合法性。

（一）创建变革基础阶段（1986—1994 年）

1986 年 11 月 6 日，李书福以生产电冰箱配件为起点开启了吉利创业历程。同时，他组织一些人生产"下蒸发器"，还研制冰箱，不到一年就取得成功。1987 年下半年，黄岩县北极花冰箱厂正式开始生产冰箱。1989 年，国家对电冰箱实行定点生产制度，民营的北极花冰箱厂不在其列，李书福的北极花冰箱厂不得不因政策限制而下马。冰箱厂关闭之后，他转向生产装潢材料。1994 年 1 月，李书福收购了杭州一家濒临倒闭的国有摩托车厂，用这种方式避开了许可证的障碍，"借鸡下蛋"，于当年 6 月造出中国第一辆豪华型踏板式摩托车。同年，李书福发现市场上还没有老百姓买得起的汽车，产生了"造老百姓买得起的汽车"的想法。这一事件标志着吉利开始进入理论化新制度阶段。

（二）理论化新制度阶段（1995—1998 年）

虽然提出了"造老百姓买得起的汽车"的想法，但民营企业当时是不被允许进入汽车制造业的，国家对汽车产品和生产地点都有严格限制。吉利想突破制度壁垒，获得汽车生产资格比登天还难。但李书福并没有轻言放弃，他采取了各种举措来调集和配置资源。他以"绕道"的形式投入国家实行行业管制的摩托车行业，通过合资，借助对方生产许可证生产摩托车，并大获成功，为其几年之后进入汽车行业奠定了基础。随后李书福组织吉利成员参观汽车院校是如何制造汽车的，而且买了好几辆奔驰进行研究。为保证汽车的质量，他还请教了专家，为生产汽车也做了人才上的准备。1996 年 5 月，李书福创立吉利有限公司，使公司走上了规模化发展的道路。第二年，吉利进入汽车行业，成为中国第一家生产轿车的民营企业。此外，李书福还创办了浙江经济管理学院，培养自己的技术和管理人才，表明进入汽车制造业的决心。随后他与德阳监狱下属的汽车厂合作，借用其生产许可证生产两厢汽车。1998 年 8 月 8 日，寄托着许多人的企盼和希望，吉利第一辆汽车在浙江临海市下线，开启了中国民营企业造轿车的先河，标志着吉利正式进入新制度扩散阶段。

（三）新制度扩散阶段（1998 年 8 月至今）

1998 年 8 月 8 日，时任浙江省副省长叶荣宝参加了吉利"豪情"的下线仪式，这为吉利获得生产合法性起到了重要作用。另外，李书福在此时及时发挥新闻媒体的作用，争取舆论力量的支持。1999 年，时任原国家计委主任的曾培炎考察吉利，李书福说："请国家允许民营企业家做轿车梦。如果失败，就请给我一次失败的机会吧。"2000 年，吉利在宁波投资 7 亿多元，建立吉利美日工业园，由于其投资巨大，政府对其"越界"行为选择了宽容态度。2001 年 11 月 10 日，在中国加入世界贸易组织前十天，吉利终于被原国家经贸委正式批准上了"7"字头公告目录；12 月，吉利登上中国汽车生产企业产品公告，标志着吉利正式以合法的身份进入轿车制造领域，中国终于有了一家名正言顺的生产轿车的民营企业，此时吉利已经突破了制度壁垒，获取了完善型制度创业的关键合法性——规制合法性。尽管吉利已经获取了关键合法性，突破了规制性壁垒，但是并没有得到社会的认可，也未得到公众的广泛认可，因此在此后，吉利通过多种推广宣传措施提高其知名度。此外，由于在核心部件上对技术能力的突破，政府对吉利寄予更高期望，这为其发展创造了良好的制度环境。图9-2为吉利制度创业关键事件图。

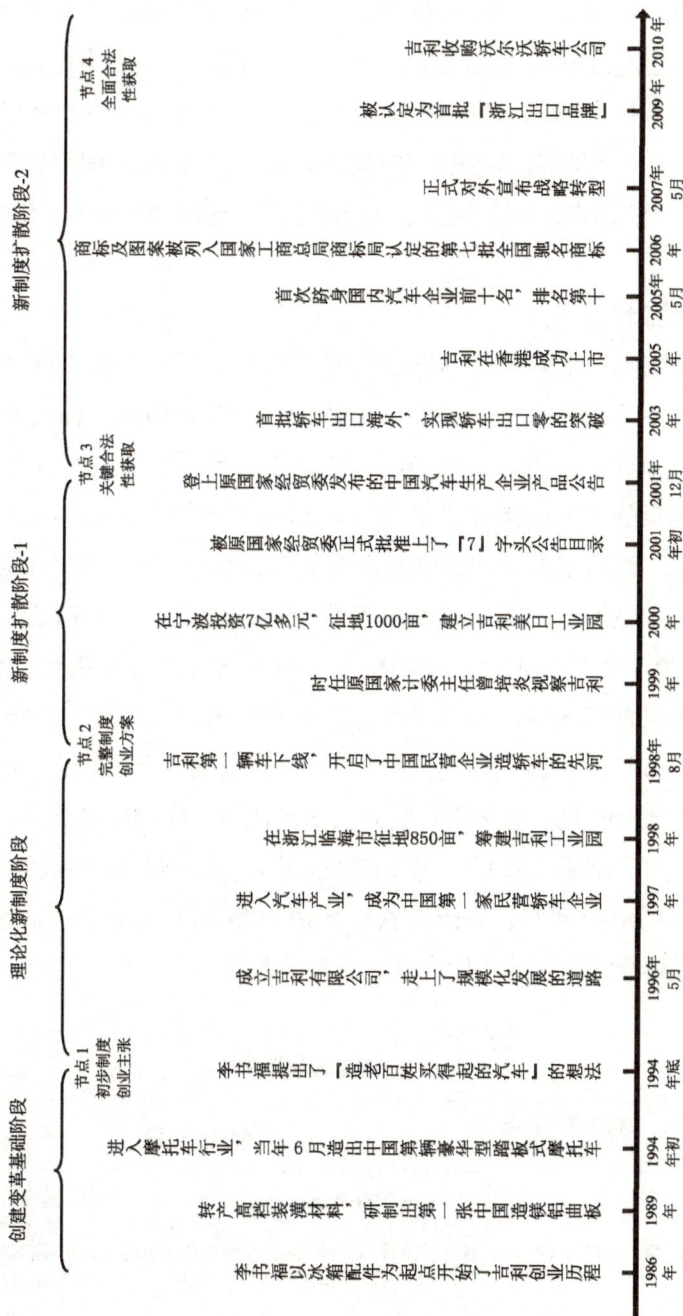

创建变革基础阶段｜**理论化新制度阶段**｜**新制度扩散阶段-1**｜**新制度扩散阶段-2**

节点1 初步制度创业主张　节点2 完整制度创业方案　节点3 关键合法性获取　节点4 全面合法性获取

- 1986年　李书福以冰箱配件为起点开始了吉利创业历程
- 1989年　转产高档装潢材料；研制出第一张中国造镁铝曲板
- 1994年初　进入摩托车行业，当年6月造出中国第一辆豪华型踏板式摩托车
- 1994年底　李书福提出了"造老百姓买得起的汽车"的想法
- 1996年5月　成立吉利有限公司；走上了规模化发展的道路
- 1997年　进入汽车产业，成为中国第一家民营轿车企业
- 1998年　在浙江临海市征地850亩，筹建吉利工业园
- 1998年8月　吉利第一辆车下线，开启了中国民营企业造轿车的先河
- 1999年　时任原国家计委主任曾培炎视察吉利
- 2000年　在宁波投资7亿多元，征地1000亩，建立吉利美日工业园
- 2001年初　被原国家经贸委正式批准上了"7"字公告目录
- 2001年12月　登上原国家经贸委发布的中国汽车生产企业产品公告
- 2003年　首批轿车出口海外，实现轿车出口零的突破
- 2005年　吉利在香港成功上市
- 2005年5月　首次跻身国内汽车企业前十名，排名第十
- 2006年　商标及图案被列入国家工商总局商标认定的第七批全国驰名商标
- 2007年5月　正式对外宣布战略转型
- 2009年　被认定为首批"浙江出口名牌"
- 2010年　吉利收购沃尔沃轿车公司

图9-2　吉利制度创业关键事件

二、数据编码

为了探究吉利在各个制度创业阶段受到不同利益相关者的制度约束时，为突破这些约束，获取三种合法性所采用的制度创业策略，本研究进而构建了完善型企业制度创业机制模型，用扎根理论的方法对资料进行编码分析。

研究设计中已介绍，这个数据编码过程分为三个循序渐进的阶段：开放性编码阶段、主轴编码阶段及选择性编码阶段。编码过程也是理论孕育产生的过程，通过有原则和规律性的步骤扎根资料而得出研究结果。

（一）开放性编码

开放性编码是指对原始材料逐句进行概念化和范畴化的过程，程序为：定义现象（概念化）——挖掘范畴——为范畴命名。概念化的过程在 NVivo10.0 中表现为自由节点的创立，或者是树节点中子节点的创立。通过对所收集的吉利制度创业资料文本进行逐句编码，初步产生了 112 个初始概念。然后将重叠的初始概念意义进行合并，并反复对比与分析，剔除与本研究主题明显无关的概念及出现频率少于 2 次的概念，就获得了 41 个概念（a01—a41）。然后将这些概念进一步分类整合，将特征、内涵相似的概念归入各自的范畴中，最终获得 26 个范畴（A01—A26），分别为政府部门、认证机构、行业环境、行业规则、市场性进入壁垒、道德规范、共同价值观、品牌知名度低、法律认可、行业协会支持、产品安全、社会认可、国际化发展、私下游说、讲故事、激励、构建竞争话语、辨识问题、构建新标准、先行实践、演讲、缔结战略联盟、配置有形资源、舆论工具造势、教育和嵌入等。详细信息见表 9-16。

表 9-16　开放性编码信息表

范畴类别	概念类别	材料来源数	参考点数	参考点举例
A01政府部门	a01 法律	15	18	过去针对国有企业制定的一大批法律、法规、政策、规制规章甚至政府行为都已不能适应企业发展的要求，甚至成了企业发展的严重桎梏（高勇强：《政治企业家的政治创新模式——对浙江吉利、中国电信与海南凯立的案例研究》，《公共管理学报》2007 年第 4 卷第 1 期）

范畴类别	概念类别	材料来源数	参考点数	参考点举例
	a02 政府政策	11	16	在中国当时的体制转轨背景下，国家的政策和制度都有一定的滞后性，经济制度的滞后与过时非常普遍（高勇强：《政治企业家的制度创新模式——对浙江吉利、中国电信与海南凯立的案例研究》，《公共管理学报》2007 年第 4 卷第 1 期）
A02 认证机构	a03 国家经贸委	2	3	1994 年，吉利总经理李书福发现市场上尚没有老百姓买得起的汽车，提出了"造老百姓买得起的汽车"的想法。然而，民营企业造汽车在当时却不被国家政策允许。民营企业要想造车必须获得机械工业局及国家经贸委的许可（迟祖勖：《转型经济中民营企业制度创业机制的探索性案例研究》，浙江工商大学，2012 年）
	a04 机械工业局	2	2	
A03 行业环境	a05 转型经济	13	21	作为一个转型经济大国，中国自改革开放以来一直在发生大规模的制度变革（Hafsi & Tian, 2005），这似乎给中国后发企业的企业家和管理者提供了多种潜在的机会（江诗松、龚丽敏、魏江：《转型背景下后发企业的能力追赶——以吉利集团为例》，《浙江经济》2012 年第 3 期）
	a06 竞争对手打压	7	10	李书福说，他以前说过家用小汽车就是三五万块钱，当时同行攻击说，三五万块钱的汽车是不能开的，是要送命的。只有不要命的人才敢开这样的车，所以吉利的车卖不出去（王小旺：《关于李书福同志造车》，《新经济》2002 年第 12 期）
A04 行业规则	a07 民营企业不准造车	24	32	1988 年，国务院发出通知，对轿车生产实施了严格的控制，除"三大三小"外，不再安排新的轿车生产点（陈祖涛：《我的汽车生涯》，人民出版社，2005 年）；1994 年，国务院颁布《汽车工业产业政策》，指出"将促进汽车工业投资的集中和产业的重组"，也基本重申了"三大三小"的格局（江诗松：《转型经济中后发企业创新能力的追赶路径：所有权的视角》，浙江大学，2012 年）
A05 市场性进入壁垒	a08 规模经济壁垒	4	4	吉利从 1984 年开始生产电冰箱配件，到生产建材、摩托车，直至生产经济型汽车，其间的每一次进入都面临着规模经济壁垒的问题，进入汽车行业的新企业必须具备巨额的资本以及技术力量（汪伟、史晋川：《进入壁垒与民营企业的成长——吉利集团案例研究》，《管理世界》2005 年第 4 期）
	a09 产品差异壁垒	7	8	吉利进入汽车制造业，要面对原有在位企业在消费者偏好、产品知名度等方面构建的差异壁垒，消费者已经对现有品牌产生的偏好，原有在位企业已占领的合适的市场位置和产品空间，更使得吉利在竞争中处于不利地位（汪伟、史晋川：《进入壁垒与民营企业的成长——吉利集团案例研究》，《管理世界》2005 年第 4 期）
	a10 绝对成本壁垒	4	6	原有汽车企业在获取资本、技术、原材料等方面比吉利具有明显的成本优势，而且在转型经济中民营企业受到体制歧视，难以获取政府、银行等机构的金融支持，只能通过民间融资缓解压力（汪伟、史晋川：《进入壁垒与民营企业的成长——吉利集团案例研究》，《管理世界》2005 年第 4 期）
A06 道德规范	a11 社会伦理道德层面规则	13	19	规范合法性包括内在的价值理想和外在的行为规范，反映公众对其行为的一种道德评价（焦豪、孙川、彭思敏：《基于合法性理论的社会企业利益相关者治理机制研究》，《管理案例研究与评论》2012 年第 5 期）

范畴类别	概念类别	材料来源数	参考点数	参考点举例
A07 共同价值观	a12 传统习俗规则	14	20	吉利给大家的印象是国产的、品牌比较低端的形象，传统习俗认为"便宜没好货"，因此不易被大家接受（风焰：《吉利"路线"》，《财经界》2003 年第 8 期）
A08 品牌知名度低	a13 对吉利品牌的质疑	12	13	投放市场后，消费者并不买账，据专家分析，其主要原因是吉利品牌在消费者心中就是低档货（王小旺：《关于李书福同志造车》，《新经济》2002 年第 12 期）
	a14 对产品安全的质疑	5	7	怀疑其安全性能可能不高，即使开发出高档产品，这种印象在脑中也无法抹去（风焰：《吉利"路线"》，《财经界》2003 年第 8 期）；众人不相信几万元能够造出好汽车，大家对吉利汽车的质量总抱着怀疑态度（《民营汽车的楷模——吉利集团》，《世界汽车》2003 年第 4 期）
A09 法律认可	a15 官员支持	16	19	李书福开始上下联络、四处呼吁，甚至表现得不像一个忌讳露富的浙江商人，频频以豪言面对媒体。在其不懈努力下，吉利终于赢得了消费者、媒体和部分官员的同情和支持（边吉、碧明：《吉利创造中国汽车的奇迹》，《集团经济研究》2003 年第 3 期）；1998 年 8 月 8 日，吉利自主研发的汽车"豪情"下线，时任浙江省副省长叶荣宝出席了吉利"豪情"下线庆祝仪式（江诗松：《转型经济中后发企业创新能力的追赶路径：所有权的视角》，浙江大学，2012 年）
	a16 政策允许	13	20	2001 年 12 月，吉利登上原国家经贸委发布的中国汽车生产企业产品公告，使集团成为中国首家获得轿车生产资格的民营企业，这标志着吉利正式进入主流轿车制造领域，此时吉利已经突破了制度壁垒（底洁：《中国汽车业奋起直追》，《中国信息化》2007 年第 20 期）
A10 行业协会支持	a17 汽车工业协会	7	8	在民营企业的眼中，唯有汽车工商联是自己的娘家，能为自己说话的一个社团组织（孟怀虎：《吉利之路与中国民营企业生存状态——民营制造》，广东旅游出版社，2003 年）
A11 产品安全	a18 安全性能提高	4	4	质量向来都是李书福先生最关注的；这一连串的事实，我们只是想证明一点，吉利轿车在安全技术方面已达到国内一流水平；此外积极进行了技术鉴定，使吉利在业内获得了良好的口碑，吉利对其研发的发动机、车型、自动变速装置等均进行了技术鉴定（《民营汽车的楷模——吉利集团》，《世界汽车》2003 年第 4 期）
	a19 引进核心技术	6	8	2004 年初吉利投入 5 亿元人民币，对旧生产线进行了技术升级，引进了许多国际先进的生产设备。2004 年，吉利投入 3.5 亿元人民币新建了一个快速成型车间，同时聘请韩国汽车工程协会会长沈奉燮来参与吉利研究院新车型的研发。2003 年集团总部迁到杭州，在浙江临海、宁波、路桥，以及上海、兰州、湘潭、成都和济南建有八个汽车整车和动力总成制造基地（田茂利：《转型升级背景下民营企业战略性创新能力演化研究——以吉利为例》，《时代经贸》2011 年第 18 期）
A12 社会认可	a20 市场认可	19	26	2003 年，吉利集团瞄准了海外市场，2004 年整年的汽车出口量就达到了 5000 辆，占到了全国轿车整车出口量的 63.7%；2005 年，吉利首次跻身国内汽车企业前十，排名第十；2006 年，吉利获得"国家汽车整车出口基地企业"授牌；2009 年 1 月，吉利被认定为首批"浙江出品牌"（程悦：《浙江省民营企业国际化经营的三种模式比较研究》，浙江大学，2013 年）

续 表

范畴类别	概念类别	材料来源数	参考点数	参考点举例
	a21 战略转型	23	28	2002年，吉利开始从家族制企业向现代股份制企业转型（《李书福娶"洋媳妇"》，《商业故事》2010年第5期）；2007年5月，为提高核心竞争力，吉利再次提出进行战略转型，企业理念也从"造老百姓买得起的好车"转变为"造最安全、最节能、最环保的好车"（刘世芳：《后发企业的破坏性创新战略研究》，中国科学技术大学，2014年）
A13 国际化发展	a22 吉利上市	16	19	2003年8月，首批吉利轿车出口海外，实现吉利轿车出口"零"的突破（王纯：《李书福 汽车界的草根大亨》，《绿色中国B版》2010年第7期）；2005年5月，吉利在香港成功上市；2010年3月28日，吉利与美国福特汽车公司在瑞典正式签署收购沃尔沃汽车公司的协议。4个多月后，吉利完成对沃尔沃及相关资产的收购，实现了"成功的并购"（迟考勋：《转型经济中民营企业制度创业机制的探索性案例研究》，浙江工商大学，2012年）
A14 私下游说	a23 说服股东	10	10	1996年，李书福在一次董事会上正式提出了造车计划，认真陈述了关于吉利从生产摩托车逐步转型为生产家庭经济轿车的提案。对于这份提案，大家都觉得风险太大，而且对国家产业政策吃不透，遭到董事会的一致反对。不过后来在李书福的执着与劝说下，董事会还是同意了李书福的想法（孟怀虎：《吉利之路与中国民营企业生存状态——民营制造》，广东旅游出版社，2003年）
	a24 游说官员	22	27	吉利总裁李书福频频往返于浙江与北京之间，对国家有关部委从事游说活动，而且从浙江省政府对李书福和吉利的支持看，李书福应对浙江省政府从事游说和公关工作，希望能够改变制度，获取汽车"准生证"（高勇强：《政治企业家的制度创新模式——对浙江吉利、中国电信与海南凯立的案例研究》，《公共管理学报》2007年第4卷第1期）
A15 讲故事	a25 事件陈述	12	15	李书福与别人合作的第一个汽车制造厂叫作"四川吉利波音汽车制造有限公司"，这可以让他首先获得生产汽车的权利。他看过关于波音公司的传奇故事，觉得波音公司很了不起，其创始人也不懂飞机（别人说李不懂汽车），于是就起了这么个名字。后来美国波音公司在工商局公告上发现了"四川吉利波音"后，"波音"被停止使用。李书福现在说起这事来还有些耿耿于怀（孟怀虎：《吉利之路与中国民营企业生存状态——民营制造》，广东旅游出版社，2003年）
A16 激励	a26 鼓励员工	14	18	李书福经常鼓励员工并对员工进行培训，帮助他们制订规划等（吉利原副总裁王自亮访谈记录，2015年3月12日）
A17 构建竞争话语	a27 "造老百姓买得起的好车"	26	30	吉利控股集团以"造老百姓买得起的好车·让吉利轿车走遍全世界"为己任，为让更多的老百姓早一日拥有汽车，早一日享受快乐人生而不懈努力。集团以让中国汽车走遍世界为己任，为中华民族汽车工业在世界的崛起而不断奋斗（王军：《问渠哪得清如许 为有源头活水来——吉利集团发展模式解码》，《中国质量与品牌》2006年第5期）
A18 辨识问题	a28 现有制度不合理	13	16	现实中的中国汽车工业，有行政保护，有寡头结构，有垄断利润，老百姓也就永远买不起轿车（孟怀虎：《吉利之路与中国民营企业生存状态——民营制造》，广东旅游出版社，2003年）

续　表

范畴类别	概念类别	材料来源数	参考点数	参考点举例
	a29 阐述新制度的优越性	13	15	李书福不止一次对新闻记者说："汽车工业要引入竞争，这就像马拉松赛跑，一个人跑，比不出成绩来。要有很多人参与这项运动，这样就可以淘汰落后者，才有可能产生冠亚军，如果政府同意让吉利、华晨都参与竞争，过不了两年，'厂本'的价格就会降下来。"（孟怀虎：《吉利之路与中国民营企业生存状态——民营制造》，广东旅游出版社，2003 年）
A19 构建新标准	a30 详述合理的新制度准则	12	14	李书福认为民营企业应该在市场经济的舞台中与国有企业、外资企业进行公平的竞赛，国家应放开汽车产业政策，打开垄断，放手竞争（胡旭雯：《韩国汽车产业政策及其对中国的启示》，对外经济贸易大学，2014 年）
A20 先行实践	a31 借道	24	27	1994 年，吉利决定进入政府实行管制的摩托车行业，不同于以往的是，李书福通过与嘉陵摩托车厂合作，借助对方的生产许可证；1997 年，李书福与德阳汽车厂进行合作，借助对方来生产，解决了吉利"7"字头的中国汽车"准生证"（蔡恩泽：《汽车狂人李书福》，《中外企业文化》2006 年第 3 期）
	a32 "先上车，后买票"	22	24	吉利在获取汽车生产许可证之前，1998 年，在临海市征地 57 公顷，筹建吉利豪情汽车工业园。2000 年又在宁波投资 7 亿多元建立第二个汽车厂。虽然仍未获得汽车生产许可证而不能销售，吉利的经济型、家庭型汽车却已形成批量生产。由于投资巨大，政府对其越界的行为采取了放任态度。用这种"既成事实"以快节奏赢得竞争时机的优先权（项国鹏、喻志斌、迟考勋：《转型经济下企业家制度能力对民营企业成长的作用机理——吉利集团和横店集团的案例研究》，《科技进步与对策》2012 年第 29 卷第 15 期）
A21 演讲	a33 演讲	8	9	李书福在网商大会上的演讲（李书福：《变形金刚李书福网商大会演讲录》，《锦绣》2010 年第 10 期）
A22 缔结战略联盟	a34 合资合作	16	16	2005 年吉利和马来西亚的 EGC 集团签订关于整车项目和 CKD 项目的合作方案，根据协议，双方将合作在马来西亚制造、组装和出口吉利汽车。在海外投资设厂，寻找合作伙伴，努力实现汽车生产和销售的本地化，提高消费者对品牌的认可程度（《车事荟萃》，《时代汽车（行业版）》，2005 年）
	a35 邀请官员加入	9	11	2002 年 5 月，浙江省财政厅原党组成员、地税局总会计师徐刚出任集团首席执行官（夏建国、夏碧莹：《从吉利看民企战略转型》，《浙江经济》2011 年第 16 期）
A23 配置有形资源	a36 自身资源	21	26	李书福洞察到汽车产业的丰厚利润，通过考察、观摩、咨询及实验性开发等手段来为进入汽车领域打好基础（迟考勋：《转型经济中民营企业制度创业机制的探索性案例研究》，浙江工商大学，2012 年）
	a37 地方政府支持	15	17	李书福通过游说，获取拥有权力的政府管理人员的支持，如 1998 年吉利第一辆汽车下线，浙江省原副省长叶荣宝到现场为吉利喝彩（迟考勋：《转型经济中民营企业制度创业机制的探索性案例研究》，浙江工商大学，2012 年）

续　表

范畴类别	概念类别	材料来源数	参考点数	参考点举例
A24 舆论工具造势	a38 媒体广告	16	20	为了拿到许可证，李书福频频以豪言壮语面对媒体，不停地呼吁公平竞争、重建市场机制，引起了媒体和公众的广泛关注。利用新闻媒体的力量，他为打破民营企业造车的制度壁垒呐喊，争取更多舆论支持的力量，影响政策的制定（费丹抒、李玉刚：《关于我国企业非市场行为的研究——以汽车企业为例》，《沿海企业与科技》2008 年第 12 期）
A25 教育	a39 创办浙江经济管理学院及北京吉利大学	7	9	浙江吉利控股集团在浙江杭州、临海建有吉利技术中心和吉利研究院，已经形成了较强的变速器、整车、发动机和汽车电子电器的研发创新水平（连杰：《智慧成就卓越人生，真情助推"吉利"腾飞——访浙江吉利控股集团有限公司董事、副总裁兼首席财务官李东辉》，《中国总会计师》2012 年第 7 期）
	a40 内部培训，培养专业人才	10	11	李书福为汽车生产投入了大量的资金来建立汽车工业园，而且也储备了大量技术性人才，这也保障了新制度的形成与被认可（连杰：《智慧成就卓越人生，真情助推"吉利"腾飞——访浙江吉利控股集团有限公司董事、副总裁兼首席财务官李东辉》，《中国总会计师》2012 年第 7 期）
A26 嵌入	a41 融合新制度与共同价值观	9	12	李书福通过演讲，参加博览会、公益活动、汽车锦标赛等行动，让"造老百姓买得起的好车"的理念深入人心（王小旺：《关于李书福同志造车》，《新经济》2002 年第 12 期）

资料来源：作者自行整理。

（二）主轴编码

主轴编码比开放性编码更具有概念性和指示性。开放性编码阶段所形成的范畴往往都是独立的，因此需要发现各个范畴之间的潜在逻辑联系，进行提炼、整合、归类，将具有相同或相近意义的进行合并，并对范畴之间的内在联系进行澄清与梳理。通过运用"因果条件—现象—脉络—中介条件—行动或互动策略—结果"这一典范模型，本研究系统地思考开放性编码阶段后的概念类属，并将它们联系起来。因果条件指的是这个事件为什么发生；现象强调的是这个事件在哪种背景下出现；脉络突出事件发生的条理；中介条件强调事件形成的媒介，引导结果的发生；行动或互动策略指事件通过哪些策略才能够发生；结果则是指采用这些策略的后果是什么。

开放性编码完成之后，共形成了 26 个范畴，按照前述扎根理论的研究方法，借助典范模型将各个范畴联系起来，并对每个主范畴进行深入分析和提炼，并将这些资料重新整合。

在上述 26 个范畴中，来自政府部门和认证机构方面的约束，属于规制性层面的制度约束；行业环境、行业规则、市场性进入壁垒、道德规范和共同价值观方面的约束属于规范性制度约束；品牌知名度低是认知性制度约束。获取法律规章制度的认可即获取了规制合法性；产品安全度高并获取了行业协会的支持，就可以认为是获得了规范合法性；获得国际化发展与社会的广泛认可，即获得认知合法性。而 A14—A26 属于策略方面的应用，其中私下游说、讲故事、激励和构建竞争话语可以看作是制度创业者运用说服性语言表明新制度逻辑的优越性，揭露现有制度的缺陷，促使利益相关者接受新制度的话语策略；辨识问题、构建标准先行实践和演讲都是对抽象事物的发展加以解释说明，强调对因果关系的阐述，Greenwood & Suddaby（2002）把它作为制度创业的一种策略——理论化策略；缔结战略联盟和配置有形资源可以看作是制度创业者依赖于能够缔结联盟、诱导合作、集聚资源的社会网络策略（Maguire, Hardy & Lawrence, 2004；Greenwood & Suddaby, 2006）；舆论工具造势、教育和嵌入可以看作是对新制度加以扩散、推广，以实现新制度的制度化（Rao, 1994）。

本研究总计开发出 10 个主范畴，分别为规制性制度约束、规范性制度约束、认知性制度约束、规制合法性、规范合法性、认知合法性、话语策略、理论化策略、社会网络策略和文化策略。图 9-3 至图 9-12 为 10 个主范畴的典范模型。主轴编码形成的主范畴如表 9-17 所示。

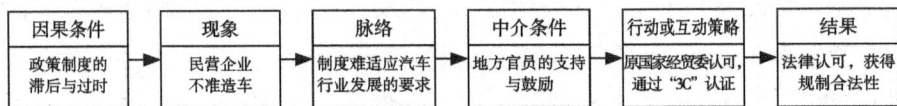

因果条件	现象	脉络	中介条件	行动或互动策略	结果
政策制度的滞后与过时	民营企业不准造车	制度难适应汽车行业发展的要求	地方官员的支持与鼓励	原国家经贸委认可，通过"3C"认证	法律认可，获得规制合法性

图 9-3　规制性制度约束的典范模型

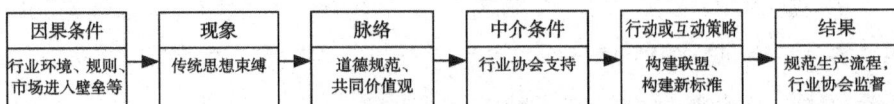

因果条件	现象	脉络	中介条件	行动或互动策略	结果
行业环境、规则、市场进入壁垒等	传统思想束缚	道德规范、共同价值观	行业协会支持	构建联盟、构建新标准	规范生产流程，行业协会监督

图 9-4　规范性制度约束的典范模型

因果条件	现象	脉络	中介条件	行动或互动策略	结果
品牌认知度低	销量低、顾客少	思想超前，难以被理解	转型经济	降低价格，呼吁公平竞争	社会认可

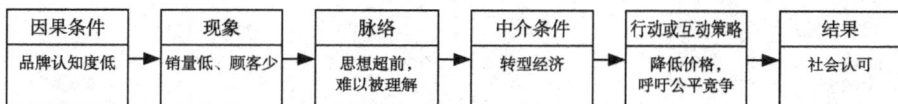

图 9-5　认知性制度约束的典范模型

因果条件	现象	脉络	中介条件	行动或互动策略	结果
获取生产资格	绕道、借牌生产	行为合法化	地方政府、专家支持与鼓励	游说政府	获取规制合法性

图 9-6　规制合法性的典范模型

因果条件	现象	脉络	中介条件	行动或互动策略	结果
产品安全、流程规范	规范合法化	规范行为	行业协会支持	构建规则	获取规范合法性

图 9-7　规范合法性的典范模型

因果条件	现象	脉络	中介条件	行动或互动策略	结果
社会认可、国际化发展	吉利上市、战略转型	提高核心竞争力	法律认可	教育、宣传	提高认知合法性

图 9-8　认知合法性的典范模型

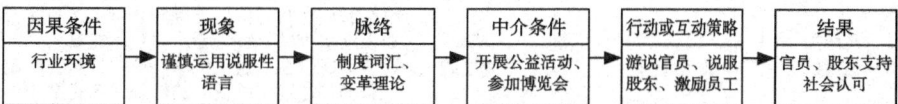

因果条件	现象	脉络	中介条件	行动或互动策略	结果
行业环境	谨慎运用说服性语言	制度词汇、变革理论	开展公益活动、参加博览会	游说官员、说服股东、激励员工	官员、股东支持社会认可

图 9-9　话语策略的典范模型

因果条件	现象	脉络	中介条件	行动或互动策略	结果
阐述新制度优越性、行业规则	现有制度不合理	解释说明	邀请官员加入，合资合作	辨识问题，构建新标准	赋予新制度简单易懂的形式

图 9-10　理论化策略的典范模型

因果条件	现象	脉络	中介条件	行动或互动策略	结果
构建新型网络，场域重构	集聚资源，缔结联盟	详述合理的新制度准则	企业合作、官员加入	战略联盟，配置有形资源	影响场域成员参与变革

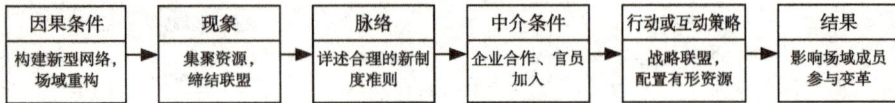

图 9-11　社会网络策略的典范模型

因果条件	现象	脉络	中介条件	行动或互动策略	结果
制度环境、行业环境	新制度扩散	转变价值观、推广新制度	政策允许	教育、嵌入	新制度得到巩固与推广

图 9-12　文化策略的典范模型

表 9-17　主轴编码信息表

副范畴	材料来源数	参考点数	主范畴	解释
政府部门	16	34	规制性制度约束	规制性制度约束指的是吉利在制度创业时遇到的来自法律、制度层面的约束。吉利创建初期，遭遇制度坚冰，国家政策并不允许民营企业制造汽车，要想造汽车，需获得国家机械工业局及随后成立的国家经贸委的许可。因此，缺乏法律、制度层面的支持，吉利生产汽车的行为是很难被利益相关者认可的
认证机构	7	8		
行业环境	20	31	规范性制度约束	规范性制度约束主要来源于社会规范、价值观及社会环境，如吉利制度创业时会受到专业规范经营方面的压力，行业环境和规则都不利于吉利的进一步发展，且面临市场性进入壁垒，相比在位企业难以具有竞争优势
行业规则	24	32		
市场性进入壁垒	15	18		
道德规范	15	19		
共同价值观	14	20		
品牌知名度低	20	23	认知性制度约束	认知性制度约束指的是社会公众对吉利进入汽车制造业行为的接受度与认可度，制度创业初期很难将其行为看作是顺理成章的。吉利作为民营企业进入汽车制造业，知名度较低，而"便宜没好货"的传统观念又进一步降低了社会公众对其的认可度
法律认可	29	39	规制合法性	吉利突破规制性制度约束的目的在于获取规制合法性，获取法律、制度的认可，只有身份合法，公司才有可能持续发展，这是吉利在香港上市，走向国际化的重要条件
行业协会支持	7	8	规范合法性	将新制度嵌入社会规范和价值观，符合社会公众对吉利行为的道德评价，从而让更多的人接受新制度。一方面吉利获得了行业协会的支持，另一方面规范了技术流程、产权结构和企业的行为，以符合公众在社会共同价值观和道德规范层面的评价
产品安全	10	12		

副范畴	材料来源数	参考点数	主范畴	解释
社会认可	42	54	认知合法性	突破认知性制度约束的目的在于获得认知合法性，推广吉利品牌。例如2005年吉利在香港成功上市，2010年成功收购沃尔沃，进一步推广品牌，获得市场广泛认可
国际化发展	16	19		
私下游说	32	37	话语策略	话语策略是指吉利进行制度创业时所采取的一种说服性语言，例如吉利总裁李书福在取得汽车生产许可证之前常常对政府官员从事游说活动及说服股东、激励员工等等
讲故事	37	51		
激励	18	25		
构建竞争话语	26	30		
辨识问题	26	31	理论化策略	理论化策略指的是吉利对其创业主张进行详细阐述，并进一步系统化、理论化，使其简单易懂，形成理论框架（Greenwood & Suddaby，2002）
构建新标准	26	30		
先行实践	46	51		
演讲	8	9		
缔结战略联盟	25	27	社会网络策略	社会网络策略指的是吉利在制度创业时为获取资源从而与利益相关者缔结战略联盟，以合资合作、集聚资源的社会网络形式去构建关系网络，以说服更多人加盟（Maguire & Suddaby，2004；Greenwood & Suddaby，2006）
配置有形资源	36	43		
舆论工具造势	16	20	文化策略	文化策略是吉利为了对新制度进行大范围的推广，获取认知合法性并被社会广泛接受而采取的一种策略，其作用就在于推广吉利，让社会熟知吉利，并将制度创业主张嵌入社会规范和共同价值观中。吉利在文化策略的使用上主要通过舆论工具的造势、教育及嵌入，创办浙江经济管理学院及北京吉利大学，培训、培养专业人才，将新制度与共同价值观融合起来
教育	17	20		
嵌入	9	12		

注：作者自行整理汇总。

（三）选择性编码

选择性编码是编码工作的第三阶段，即根据研究目的和已得到的主范畴间的关系选择核心范畴，并将核心范畴系统地和主范畴及次范畴给予联系，对其关系进行验证，并将概念化尚未发展完备的范畴补充完整（张敬伟，2010）。可以看出，选择性编码的目的与主轴编码的差别并不大，相比之下，选择性编码对分析层次的处理更加抽象。在对核心范畴、主范畴及副范畴的关系进行分析时，常采用"故事线"的方式，这之后其实也就产生了理论框架。

根据对开放性编码和主轴编码的分析，结合对初始材料的再次分析，可以发现，主轴编码所得到的规制性制度约束、规范性制度约束及认知性制度约束可以看成是吉利在其制度创业过程中所面临的制度创业约束。规制合法性、规范合法性及认知合法性是吉利在其制度创业过程中所追求的三种合法性，这也是其制度创业的目的所在。话语策略、理论化策略、社会网络策略及文化策略分别代表了吉利在其制度创业过程中为突破三种制度性约束，针对不同利益相关者所采用的策略。制度创业约束、制度创业策略及制度创业合法性，结合吉利利益相关者的维度与划分，可以构成吉利制度创业的整个过程。创业初期，制度创业约束是推广宣传自身品牌、获得市场认可所必须克服的障碍，因此为了突破这些制度创业约束，吉利必须要有针对性的策略，即在制度创业各个阶段针对不同类型的利益相关者采取相应的制度创业策略，以达到获取制度创业合法性的目的。

因此，在参考相关资料的基础上，结合吉利利益相关者的分类，可以用制度创业约束、利益相关者、制度创业策略、制度创业合法性来重新组织案例中的其他范畴。图 9-13 为吉利选择性编码阶段得到的核心范畴所表达的逻辑关系及主范畴和副范畴所表达的逻辑关系。

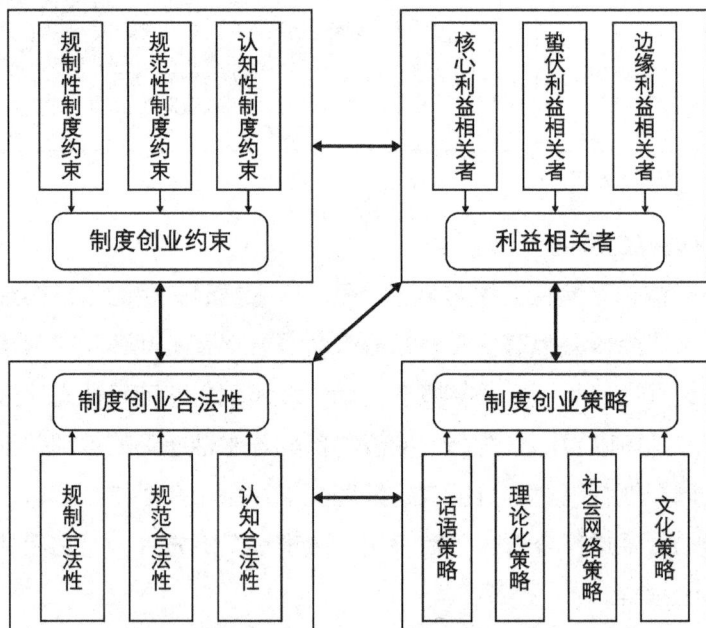

图 9-13 吉利制度创业选择性编码

第五节　吉利制度创业机制

　　本节运用 NVivo 10.0 质性分析软件，结合对吉利利益相关者的分类结果，统计了上述编码结果中的十大主范畴在吉利制度创业各个阶段的分布情况，统计出吉利在其制度创业各个阶段所面临的三种制度约束的编码条数，以及来自每一类利益相关者的制度约束编码条数，进而得出各个阶段制度约束占比。再以同样方法统计出制度创业策略及其指向的利益相关者占比，以及不同阶段从不同类型的利益相关者那里获取的制度创业合法性编码条数，从而探讨各个阶段吉利制度创业约束、制度创业策略、制度创业合法性与利益相关者的关系。

一、制度创业约束与利益相关者

　　本研究对吉利制度创业在各个阶段受到的来自利益相关者的制度创业约束进行了梳理，主要体现为 NVivo 10.0 中的各种制度创业约束的参考点。具体情况如表 9-18、图 9-14 及图 9-15 所示。

表 9-18　吉利制度创业约束与利益相关者的编码结果

利益相关者类型	创建变革基础阶段 (1986—1994 年)	理论化新制度阶段 (1995—1998 年)	新制度扩散阶段 (1998 年 8 月至今)
核心 利益相关者	规制性制度约束 4	规制性制度约束 41 规范性制度约束 13 认知性制度约束 6	认知性制度约束 17 规范性制度约束 7 规制性制度约束 42
蛰伏 利益相关者	规范性制度约束 9 认知性制度约束 2	规范性制度约束 15 认知性制度约束 7	认知性制度约束 22 规制性制度约束 10
边缘 利益相关者	规范性制度约束 1	规范性制度约束 11 认知性制度约束 4	规范性制度约束 4 认知性制度约束 10

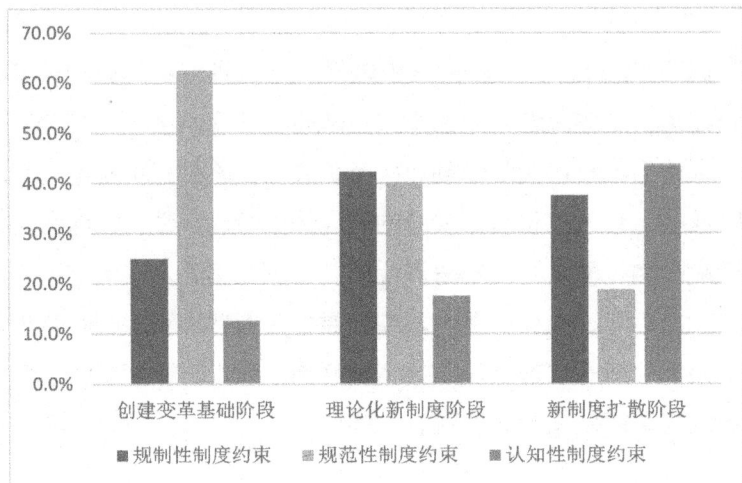

图9-14　吉利各个制度创业阶段的制度创业约束占比

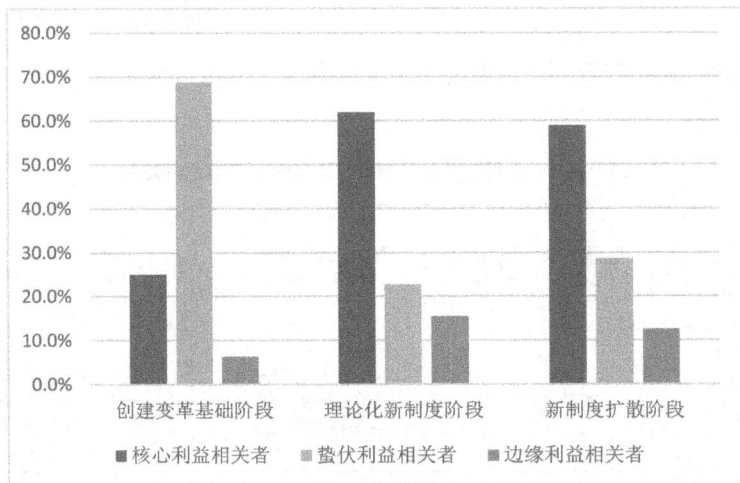

图9-15　吉利各个制度创业阶段的制度创业约束来源占比

（一）各阶段制度创业约束及其来源的定量分析

图9-14反映了在三个制度创业阶段中不同制度创业约束的占比情况，从图中可以看出，三种制度约束贯穿于吉利制度创业的整个过程，是吉利在整个制度创业过程中一直面对的障碍，但是每个阶段中各种制度约束的

比重不同。

1. 创建变革基础阶段

这个阶段吉利所面临的制度约束总量是三个阶段中最少的，主要面临的是规范性制度约束和少量的潜在性的规制性制度约束。由此可知，在创建变革基础阶段，尽管吉利只是形成了制度创业的想法，更多地表现为经验积累和学习、使企业家制度能力得以积累和发挥的过程，但这一阶段仍然面临着来自利益相关者方面的制度约束，不过这时候利益相关者对于制度创业者的态度大多是中立的、不明晰的，给予的约束往往也比较模糊。也就是说，这个阶段的约束更多的是基于制度创业者的自我感知，很多约束具有潜在性。因此在这个阶段，制度创业者有可能会去与一些利益相关者进行交流和沟通，探讨引发制度变革的必要性和可行性，从而基于利益相关者对引入新制度的必要性能否达成共识，来决定是否提出制度创业的主张。

2. 理论化新制度阶段

这个阶段吉利主要面临的是规制性制度约束与规范性制度约束。该阶段制度创业者的职责在于构建全新的概念或标准，并辨识利益相关者的诉求。当制度创业者提出创业主张后，尽管这个创业主张仍不完善和成熟，但利益相关者对吉利的态度开始明确，内部的派系也开始形成。制度维护者在这一阶段对制度创业者产生的制度约束开始增加，即制度创业者在制度创业过程中面临的阻力越来越大。

3. 新制度扩散阶段

这个阶段吉利主要面临的是规制性制度约束与认知性制度约束。在这个阶段，制度创业者的职责在于洞察新制度与社会传统实践或文化的内在联系。当成熟的创业主张提出后，这时候吉利仍然会面临来自利益相关者的相关约束，这些约束有可能是决定制度创业能否获得成功的关键所在。这个阶段的目标在于突破来自利益相关者的制度约束，赢得利益相关者对新制度的广泛认可，从而获取关键性的合法性，并为获取全面合法性做好铺垫。

图9-15反映了不同制度创业阶段吉利所面临的制度约束的来源情况。从图中可以看到，在创建变革基础阶段，吉利所面临的约束来源主要是螯

伏利益相关者，不过约束程度不高。在理论化新制度阶段面临的约束主要来自核心利益相关者，占这个阶段总量的 61.9%。在新制度扩散阶段也是主要面临来自核心利益相关者的约束，为 58.9%。

（二）吉利制度创业约束和利益相关者分析

1. 创建变革基础阶段

吉利在此阶段所面临的主要是来自蛰伏利益相关者（主要是股东）的规范性制度约束，不过程度不高。出现该结果的主要原因是李书福在 1986 年以冰箱配件为起点开始了吉利创业历程，到 1994 年，他发现市场上还没有老百姓买得起的汽车，便产生了"造老百姓买得起的汽车"的想法。这个阶段更多地表现为经验积累和学习的过程，为后来吉利进入汽车制造业奠定了基础。

例如，1986 年，李书福用经营照相馆赚的钱开启了吉利造车的创业历程。当时，李书福向股东们提出生产电冰箱的想法，遭到了几位股东的拒绝。他就与他的二哥一起，实施"迂回"战术，先做电冰箱配件，并另外组织一批人生产"下蒸发器"。到 1987 年下半年，他创办黄岩县北极花冰箱厂，正式开始生产冰箱。直至 1989 年，国家对电冰箱实行定点生产制度，民营的北极花电冰箱厂不在其列。一位受访者说："1993 年春节，李书福与一名员工闲聊，想要看看在装饰材料市场稳定之后，还可以进军哪些行业，他得到的消息是，国产摩托车的质量不如美国，这里面可能有机会。仿制虽然很快让李书福造出摩托车的梦想实现，但是却在许可证的问题上碰壁了。"但这次，他没有轻易放弃，经过生产电冰箱的失败及经历十年商海洗礼的李书福成熟了，懂得企业应当如何与政府处理关系，他通过政治嗅觉，了解国家政策的可变性，再不轻易地放弃企业发展的机会，因此他找到并收购了杭州一家濒临倒闭的国有摩托车厂，用这种方式避开了许可证的障碍。在中国的民营企业中，这一点似乎是通向成功的法宝，"红灯亮起，绕着走；黄灯亮起，跑着走；绿灯亮起，抢着走"正是中国民营企业的生动写照。很快，吉利推出了四冲程的摩托车。"所有的这些经历都为 1994 年李书福提出'造老百姓买得起的汽车'的想法奠定了基础。"吉利原副总裁王自亮说。

因此在这个阶段，李书福所做的一系列举措更多的是为了企业经营，正是在企业经营过程中所积累的经验使他增强了自信心，才逐渐形成生产的想法并在后续的某一个节点爆发，最终开展制度创业的过程。这个阶段，他面临的规制性约束是潜在性的。

吉利的核心利益相关者是国家部委、地方政府、消费者。但在这一阶段，它们并未施加太多的制度创业约束。由上述编码结果可知，制度创业约束主要来自蛰伏利益相关者，但由于当时人们的时代局限性，吉利面临着规范合法性约束，这种约束更多地表现在股东对吉利未来发展的担忧上。

2. 理论化新制度阶段

从表9-18、图9-14及图9-15可以看出，吉利制度创业主要面临来自核心利益相关者的规制性制度约束和规范性制度约束。在这一阶段，李书福已经提出了生产汽车的想法，并做出了具体的实施计划，此时利益相关者对其的态度开始明确，变革支持者、中立者与变革反对者的派系开始形成，并产生了相应的制度约束。

规制性制度约束主要来自核心利益相关者——政府机关的"红头文件"。从20世纪50年代建立汽车产业至今，中国政府对汽车行业一直保持严格的准入管制。1992年，在海南投资房地产的李书福亏损了2000万元。从此，他认定做实业才是他的方向，随后在1994年，李书福产生了造车的念头。当李书福告诉有关部门自己想要制造汽车时，代表政府的有关部门惊呆了："你李书福的胆够大的啊，都到了胆大包天的程度了，竟然要制造汽车，你是不是还要造飞机、造大炮？当心，要坐牢的。"造车的想法就此被拒，之后李书福又有了新的想法："汽车不让我们造，我们怎么就不可以造比较便宜的摩托车呢？"然而令这个"天真"的年轻人想不到的是，进军摩托车行业，第一道关口也是国家的产业政策。他跑到原国家机械部，请求批准同意民营企业生产摩托车。李书福回忆说，机械部的大门，他进都进不去，只好隔着门，跟里面一个在扫地的人对话。这个扫地的人听说李书福是来申请生产摩托车的，把他奚落了一顿，挡回去了。这次虽然也被拒，但吉利随后还是偷偷地在台州生产起了摩托车，毕竟生产摩托车的成本及所面临的风险相比制造汽车要小得多。随后李书福收购了杭州一家濒临倒闭的国有摩托车厂，用这种方式避开了许可证的障碍，结果生产出来的摩托车供不应求。吉利的出现，改变了摩托车行业被国有企业垄断的局面。生产摩托车的成功经历重新点燃了李书福造汽车的想法，那颗早已播下的"造汽车"的种子又一次在李书福心中发芽了，他于 1996 年正式实施造车计划。当时，奔驰刚刚推出新车，李书福就买了两辆，"依葫芦画瓢"造出来一辆。当李书福开着这辆车出去兜风时，又一次受到警告：没有生产许可证造出来的车是"犯法的"。

规范性制度约束主要来自蛰伏利益相关者和边缘利益相关者，表现为对其生产的轿车的质量和安全的疑虑。1996 年初，李书福利用摩托车生产线开始敲打磨具，一边买奔驰车进行研究，一边又从香港托人买配件，搭建简单的工棚作为办公室。终于，他的第一个作品——模仿德国的"奔驰"面世了。但随着时间的推移，问题出现了，玻璃钢容易变形，制造工艺上存在一些问题。来自原浙江省机械工业厅的有关专家认为车子可以远观但不能细看，细看有种种破绽，车身粗糙。因此当他正式向集团董事会提出上轿车生产线的建议时，遭到了董事会的反对。董事会一致认为风险太大，同时李书福也遭到了外界一时难以纠正的偏见与疑虑。

媒体和竞争对手在该阶段也给吉利制度创业带来一定的规范性制度约束，部分媒体过于主观地发表了一些意见和评论，影响社会公众对吉利的判断。有些竞争对手甚至攻击说，"三五万块钱的汽车是不能开的，是要送命的。只有不要命的人才敢开这样的车，所以吉利的车肯定卖不出去"，以至于人们不相信三五万块钱可以造出一个像样的汽车产品。这些都给吉利带来了一定程度的规范性制度约束。

3. 新制度扩散阶段

这个阶段吉利主要受到来自核心利益相关者的规制性制度约束，以及来自蛰伏利益相关者和边缘利益相关者的认知性制度约束。

来自核心利益相关者的规制性制度约束主要表现为多数政府官员对吉利造车行为的不认可及消费者对吉利品牌的认可度低。1998 年，吉利生产的第一辆车下线时，李书福专门搞了一个"下线仪式"，发出去好几百张邀请函，但由于当时民营企业还不具备生产汽车的资格，几乎没有官员接受邀请。好在时任浙江省副省长的叶荣宝表示接受邀请。但是可以想象，叶副省长的到来，是需要很大勇气的。

该阶段来自蛰伏利益相关者和边缘利益相关者的约束主要是认知性制度约束。由于汽车向来是身份的象征，但吉利给大家的印象是低端国产品牌，"便宜没好货"，不易被大家接受，因此，"面子"因素使吉利生产的汽车很难被快速认可。曾经有一份调查问卷问道："如果购买一辆车，您会选择哪个品牌？"五个备选的答案中，吉利仅获得了不到20%的支持率，由此可见吉利的市场认可度还不高。甚至还有人认为，吉利作为一个生产中低档轿车的企业，低价位的轿车难免会存在质量问题，这严重影响了吉利的品牌形象。

二、制度创业策略与利益相关者

这里对吉利制度创业者在各个阶段所采取的制度创业策略及其策略指向进行了梳理，具体情况如表9-19、图9-16及图9-17所示。

表9-19 吉利各阶段制度创业策略及策略指向编码结果

利益相关者类型	创建变革基础阶段 (1986—1994年)	理论化新制度阶段 (1995—1998年)	新制度扩散阶段 (1998年8月至今)
核心 利益相关者	社会网络策略 2	话语策略 40 理论化策略 34 社会网络策略 10	话语策略 37 理论化策略 9 社会网络策略 17 文化策略 10
蛰伏 利益相关者	话语策略 8 理论化策略 2 社会网络策略 3 文化策略 1	话语策略 21 理论化策略 28 社会网络策略 7 文化策略 4	话语策略 9 理论化策略 9 社会网络策略 19 文化策略 28
边缘 利益相关者	话语策略 1	话语策略 4 理论化策略 16 社会网络策略 3	话语策略 6 理论化策略 5 社会网络策略 14 文化策略 16

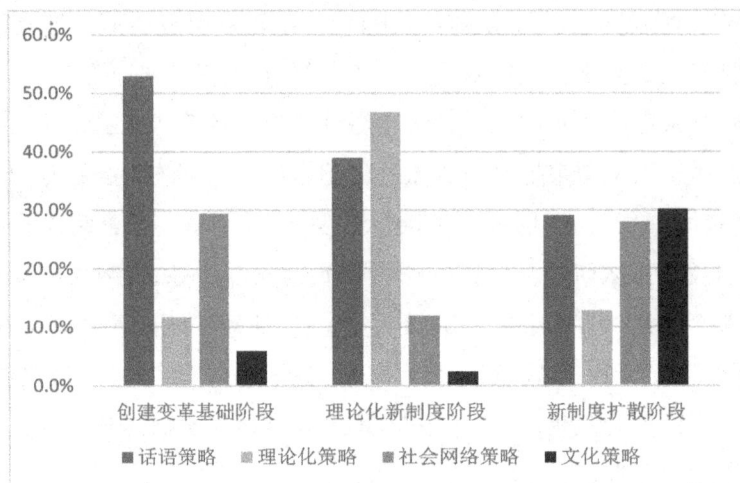

图 9-16　吉利制度创业各阶段的制度创业策略占比

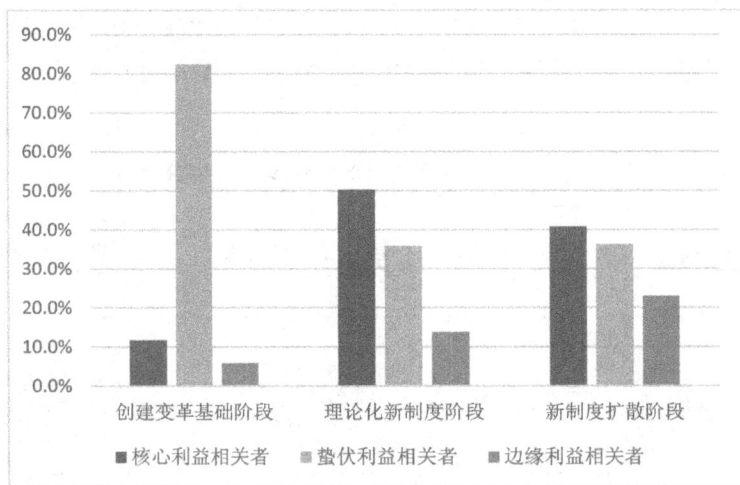

图 9-17　吉利制度创业各阶段的制度创业策略指向占比

（一）各阶段制度创业策略及策略指向的定量分析

图 9-16 反映了 3 个制度创业阶段不同制度创业策略的占比，可以看出，吉利在创建变革基础阶段，主要采用了话语策略，社会网络策略也有所体现。在理论化新制度阶段，主要采用了话语策略和理论化策略。新

制度扩散阶段又可以分成两个时间段，即 1998 年 8 月—2001 年 12 月及 2001 年 12 月至今。1998 年 8 月—2001 年 12 月这段时间吉利主要采用了话语策略，2001 年 12 月之后主要采用了文化策略。社会网络策略在这一阶段也占有不小的比例。

图 9-17 反映了不同制度创业阶段吉利所做出的策略的利益相关者指向。从图中可以看到，在创建变革基础阶段，吉利的策略主要指向蛰伏利益相关者，在理论化新制度阶段和新制度扩散阶段，其策略主要指向核心利益相关者。

（二）制度创业策略和利益相关者分析

1. 创建变革基础阶段

这一阶段吉利主要针对蛰伏利益相关者采取了话语策略。这主要体现在说服股东和员工支持自己造轿车的想法上。1986 年，当李书福向股东们提出生产电冰箱的想法时，遭到了几位股东的拒绝，他就说服他的二哥一起实施"迂回"战术，先做电冰箱配件，并到上海请教专家，学习生产电冰箱技术，并在 1987 年下半年，成功生产冰箱。1994 年春天，李书福开着自己的私家车从深圳完成学业后回到自己的家乡，台州，这个被称为中国最早搞股份合作制的地级城市，突然有一次因李书福而躁动。从吉利摩托车的车间里冒出一句口号：造老百姓买得起的私家车！豪迈的声音很坚定。"我要造轿车！"这是李书福对哥哥李胥斌和李叔同最早说的一句话。"疯了吗？"不只是他的兄弟，许多人都这样问李书福。在吉利的一次董事会上，李书福提交了一份关于吉利从生产摩托车逐步转型至生产家庭型经济轿车的提案，遭到董事会的一致反对。

2. 理论化新制度阶段

这一阶段吉利针对核心利益相关者主要采用了话语策略、理论化策略及社会网络策略。由于国家对汽车产业实行严格管制，怎样让政府相关部门了解民营企业的呼声，理解民营企业参与汽车产业的合理性，就显得非常重要。为了获得规制合法性，李书福花费大量时间精力对相关部门进行游说，这也使得对相关部门官员的游说成为该阶段的一种主要策略。

1997 年，李书福与四川德阳汽车厂合作，成立了"四川吉利波音汽车有限公司"。他拿着四川吉利的汽车生产目录，随后在临海建立了汽车生产厂。另外，他通过先行实践，迫使政府追认这一策略，"先上车，后买票"的既定事实逻辑以快节奏赢得了竞争时机的优先权。1998 年，李书福在临海市征地 57 公顷，名义上是为制造摩托车，事实上是筹建吉利豪情汽车工业园区。改革开放以来，中国很多政策制度本身就属于"摸着石头过河"。当很多企业开始私下实践新制度，或者其投入巨大以至于政府不得不考虑可能造成的损失时，政府就会开始考虑新制度的合法性，这也是理论化策略的很好体现。

针对蛰伏利益相关者，吉利在这一阶段主要采用了话语策略和理论化策略。话语策略主要体现在对股东讲故事及对员工的激励上。当时有些股东认为吉利没有几个人是懂汽车的，贸然进入汽车业太冒险。为了打消这一质疑，李书福讲了波音公司的传奇故事，当时李书福与别人合作的第一个汽车制造厂叫作"四川吉利波音汽车有限公司"，因为李书福觉得波音公司很了不起，其创始人就像自己不懂汽车一样，也不懂飞机。此外，吉利通过学习、访谈、专家咨询等途径为进入汽车制造行业做着准备，如李书福曾数次去一汽研究所咨询，获得了一些专家在技术上的鼓励与支持，这也是理论化策略的很好体现。

针对边缘利益相关者，吉利采用的是理论化策略。即通过理论化策略向媒体和学术机构详述自己的新制度构想，并阐述新制度的优越性，陈述民营企业不能进入汽车制造业的政策制度的不合理成分，将原有制度存在的问题公开化，让更多群众、媒体、学术机构和社会公众对此产生关注，从而引领社会对旧制度的辩论，最终迫使政府决策部门改变现有制度。

3. 新制度扩散阶段

这个阶段吉利针对核心利益相关者仍然采取了话语策略和社会网络策略。因为国家实行严格的目录管理制，吉利直到 1999 年仍然没有获得汽车生产许可证，企业一度举步维艰。这一时期李书福也先后到国家生产主管部门、省市政府机关等进行游说活动，并借政府官员来吉利考察之机，陈述详情。例如李书福在 1999 年借时任国家主管工业的国务院副总理曾培炎到吉利考察之际，向副总理说出了后来流传甚广的"请允许民营企业家做轿车的梦，如果失败的话，请给我们一次失败的机会吧"的话。他向当地政府讲、向原国家经贸委讲、向原国家计委讲，最后他向国务院领导讲，这些都是话语策略的表现。不仅如此，吉利还利用地方政府的政治资源来获得合法性，当地政府对吉利最重要的帮助是克服进入壁垒。为了帮助吉利列入乘用车目录，台州市政府派出官员，到北京为吉利游说。市政府还邀请研究机构和国家部委智囊团考察吉利，并请这些机构对相关国家部委提出建议。这些都是吉利社会网络策略运用的良好体现。

针对蛰伏利益相关者和边缘利益相关者，吉利主要运用的是社会网络策略和文化策略，在该阶段吉利加强了与其他企业的合作，缔结战略联盟。如2003年1月，吉利把管理、研发、销售总部迁至杭州，并与中国光大银行签署战略合作协议等，吸引技术型人才。1998年，李书福将"天汽"的一个技术部部长挖来，随后又邀请了很多技术工人加入。至2001年，已有将近100名技术人才被吉利从"天汽"挖了进来。1999年，吉利引进了来自一汽设计九院的设计部部长靖绍烈，又由他出面请来一些九院的退休工程师。此外，在2002年，浙江省财政厅原党组成员、地税局总会计师徐刚出任吉利首席执行官，李书福的哥哥李胥斌则淡出，标志着吉利开始从家族制企业向现代股份制企业转型。内部改革家族企业产权制度、引进职业经理人、改革职能管理制度等，这些都是吉利社会网络策略的良好运用。吉利在文化策略的使用上，主要表现为舆论工具的造势。吉利积极运用新闻媒体的力量，恰如其分地为打破民营企业造车的制度壁垒争取到了更多舆论力量的支持，影响了产业政策的制定。"给我一次失败的机会"这句话正是在新闻界的广泛传播下，为社会所熟知。

2000年8月，浙江名优新特产品展销会在兰州国际展览中心隆重开幕，吉利又一次成为媒体报道的重点。2001年，吉利在宁波成立了技术中心，又于2004年6月在浙江临海投资3.5亿元建设了全新的吉利研究院，等等，这些都是吉利文化策略运用的体现。

三、制度创业合法性与利益相关者

(一)制度创业合法性获取的定量分析

在二手数据及一手访谈数据的基础上，本研究总结出吉利制度创业的利益相关者与合法性的编码结果，表9-20、图9-18所示即为吉利在不同阶段从利益相关者处获得的合法性分布情况。

表9-20 吉利制度创业合法性与利益相关者编码结果

利益相关者类型	创建变革基础阶段 (1986—1994年)	理论化新制度阶段 (1995—1998年)	新制度扩散阶段 (1998年8月至今)
核心利益相关者		规制合法性 23 规范合法性 8 认知合法性 3	规制合法性 37 规范合法性 3 认知合法性 26
蛰伏利益相关者	规范合法性 4	规范合法性 13 认知合法性 2	规范合法性 17 认知合法性 15
边缘利益相关者		规范合法性 9 认知合法性 1	认知合法性 16 规范合法性 2

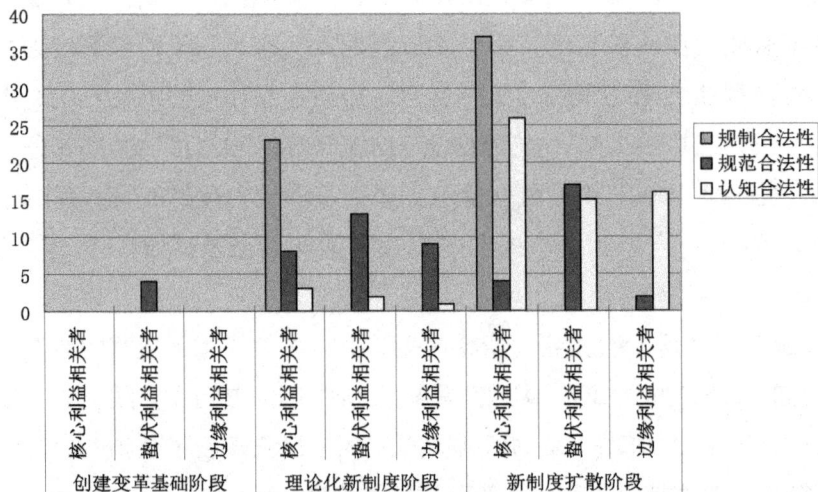

图9-18 吉利制度创业各阶段获取的合法性与利益相关者编码结果

(二)制度创业合法性和利益相关者分析

从表 9-20 及图 9-18 中可以看出，吉利制度创业在创建变革基础阶段，面临规范性制度创业约束，同时由于吉利制度创业主张在该阶段并未完善，利益相关者对其制度创业还不了解甚至还抱有怀疑的态度，因此在该阶段吉利不可能获取利益相关者的合法性。

在理论化新制度阶段，吉利获取了一定程度的规制合法性和规范合法性。其中，规制合法性主要从核心利益相关者处获取，规范合法性从核心利益相关者、蛰伏利益相关者及边缘利益相关者处获取。

在新制度扩散阶段，吉利从核心利益相关者处获取了规制合法性及认知合法性，从蛰伏利益相关者处获取了规范合法性及认知合法性，从边缘利益相关者处获取了认知合法性。

来自核心利益相关者的规范合法性主要体现在吉利生产理念、业务流程等与汽车工业协会的一致性及获得权威认证之后得到的支持。来自蛰伏利益相关者与边缘利益相关者的规范合法性主要体现在与具有生产许可证、规范性高的企业进行合作，引进技术型人才。为提高汽车的质量，李书福到全国各地的汽车院校参观如何制造汽车。同时，他不仅到上海汇众汽车零配件公司去请教专家，还到一汽研究所请求专家支持。专家的规范和指导，增强了公众对吉利运作规范性的认可。李书福为生产汽车也做了大量人才上的准备。1997 年，吉利投资创办浙江经济管理学院，培养自己的技术型人才。第二年，吉利筹建吉利工业园。这些都进一步提高了其规范合法性。

在新制度扩散阶段，李书福也开展了大量的游说活动，同时面对媒体发表豪言壮语，争取舆论力量的支持。2000 年 7 月，由原国家计委产业发展司、国务院发展研究中心宏观部等组成的国家汽车联合调研组一行 8 人，对吉利进行实地调研，并给予肯定。同年 8 月，时任原国家经贸委常务副主任李荣融、原国家计委主任曾培炎分别考察了吉利。2000 年 8 月 28 日，浙江省机械行业管理办公室组织省内汽车专家研讨评审吉利"十五"汽车发展规划，认为规划可行。2001 年 11 月 10 日，李书福的呼声终于有了回应，在中国加入世界贸易组织的前 10 天里，吉利终于被原国家经贸委正式批准上了"7"字头公告目录；同年12月登上中国汽车生产企业产品公告，标志着吉利正式以合法的身份进入轿车制造领域，此时吉利已经突破了制度壁垒，获取了完善型制度创业的关键合法性——规制合法性。

该阶段，规范合法性主要是从蛰伏利益相关者处获得。吉利通过与相关企业开展战略合作，创办研究院，吸引技术人才，不断地塑造良好正面的组织形象和声誉，履行相应的社会责任，改善企业制度和业务规范，重视内部研发创新，等等。

吉利十分重视企业内部制度的建立，也强调组织结构和流程的规范化，尤其在创新方面，将创新上升到了战略高度，愿意针对创新建立相应规章制度。接受访谈的集团原副总裁王自亮说："董事长和集团内部都重视创新，不论是技术上还是管理上的创新，都是企业鼓励的，培育企业文化与改良经营理念，高度重视股东利益，使股东尽力让公司长期保持较好的经营绩效与发展态势。重视员工的利益，制订职业生涯规划，这样员工们不仅会更加努力地工作，并且组织忠诚度也会大大提高，这会很大程度地提高企业的运营效率及绩效。"此外，吉利履行了相应的社会责任。企业的社会责任感是企业价值观的重要表现之一，同时也是塑造企业公众形象的重要方面，随着经济的发展，社会的价值观已经发生了转变，吉利从仅仅关注产品质量、价格等因素逐步转向对企业道德感与责任感的关注，包括对政府、股东、消费者、员工、社会公众及对资源环境和可持续发展的责任等。此外，吉利创立了"吉利未来人才基金"等公益组织。这些都是获取规范合法性的体现。

尽管获得了规制合法性和规范合法性，但是由于刚获取规制性身份，吉利所生产的轿车较难获得社会的广泛认可。因此，为了迅速推广产品，吉利在此后实施了一系列宣传措施来获取和提高认知合法性。三类利益相关者均有涉及。

首先，通过参加博览会提高品牌的认知度。自获取规制合法性之后，吉利前后参加了多次车展，如德国法兰克福车展、美国底特律车展等，宣传品牌文化，奠定了自主品牌的形象，成为各大媒体争相报道的对象，从

而提高了吉利品牌的知名度。（向寒松，2007）

其次，并购国际知名企业。吉利通过与知名企业合作以提高企业的知名度，同时对产品的质量与性能进行改良。如吉利在建立初期就与多家意大利企业及韩国大宇汽车进行合作。2009年，吉利收购了澳大利亚DSI自动变速器公司，由此掌握了自动变速器方面的先进技术，并在2010年收购沃尔沃轿车公司100%的股权并获得相关资产（包括知识产权）。

最后，经常进行技术状况鉴定，包括对产品外观、底盘、发动机、自动变速器等，而技术参数则涉及安全环保、经济耗油、舒适可靠等很多方面，从而提高了吉利在公众心目中的认可度。

第六节　小结

根据上述分析，我们可以发现，吉利在不同制度创业阶段所面对的制度约束，针对不同的利益相关者所采取的制度创业策略，以及从利益相关者那里获取的不同类别的合法性。总体而言，吉利在其创业的不同阶段面临来自不同利益相关者的不同制度约束，从而实施相应的制度创业策略以获取相应的合法性。

在创建变革基础阶段，吉利在制度创业过程中主要面临来自蛰伏利益相关者的规范性制度约束，实施了话语策略，目的是劝说其利益相关者去了解和认识这一主张。在该阶段，吉利的制度创业合法性并没有开始获取。

在理论化新制度阶段，吉利面临的制度创业约束主要包括核心利益相关者的规制性制度约束和规范性制度约束。而蛰伏利益相关者和边缘利益相关者对吉利制度创业的约束主要表现为规范性制度约束。在这个阶段，吉利针对核心利益相关者主要采用了话语策略和理论化策略。针对蛰伏利益相关者，吉利主要采用了话语策略和理论化策略。针对边缘利益相关者，吉利采用的是理论化策略。在合法性获取方面，规制合法性主要从核心利益相关者处获取，规范合法性则从核心利益相关者、蛰伏利益相关者及边缘利益相关者处获取。

在新制度扩散阶段，吉利主要受到来自核心利益相关者的规制性制度约束、认知性制度约束，来自蛰伏利益相关者的认知性制度约束和规范性制度约束，来自边缘利益相关者的认知性制度约束。针对核心利益相关者，吉利采取了话语策略和社会网络策略。针对蛰伏利益相关者和边缘利益相关者，吉利主要运用的是社会网络策略和文化策略。在合法性获取方面，吉利主要从核心利益相关者处获取了规制合法性及认知合法性，从蛰伏利益相关者处获取了规范合法性和认知合法性，从边缘利益相关者处获取了认知合法性。

基于上述分析，本研究构建了吉利制度创业机制模型（如图9-19所示）。

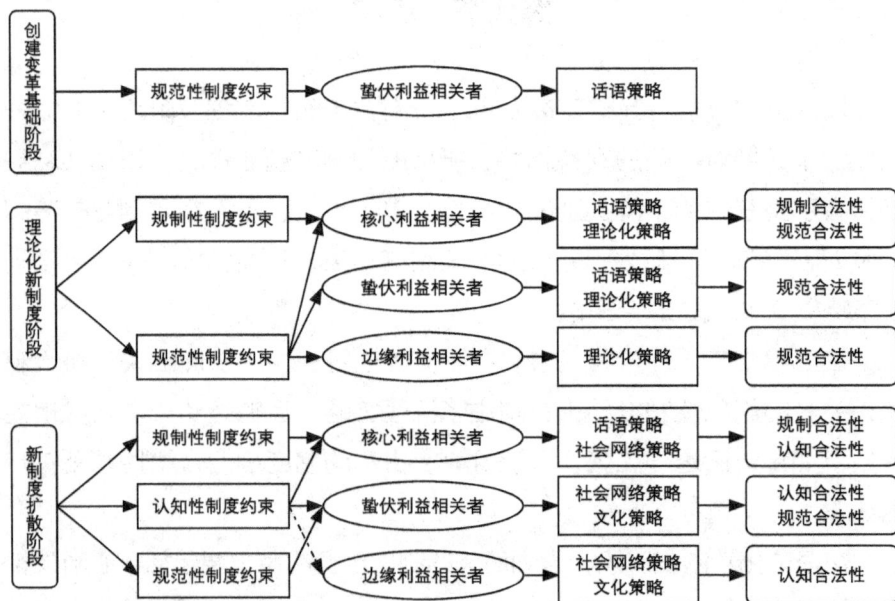

图9-19 吉利制度创业机制模型

—— **第十章** ——
研究结论

　　本书从利益相关者角度，运用规范的案例研究方法，以浙商为实证研究对象，对民营企业制度创业机制展开了系统研究，主要研究结论如下。

一、制度创业的三阶段划分

　　结合新兴场域特征，以创建变革基础阶段、理论化新制度阶段及新制度扩散阶段为基础，通过对转型经济中企业制度创业的历史分析，对其制度创业阶段进行划分，具体分析各个阶段的企业制度创业机制。

　　第一阶段：创建变革基础阶段。主要探讨企业在创建变革基础阶段遇到了哪些利益相关者，哪类利益相关者更为重要，面临来自利益相关者的哪些制度创业约束，进而又是采取何种制度创业策略获取相应的合法性，以达成初步制度创业主张。

　　第二阶段：理论化新制度阶段。主要探讨企业在理论化新制度阶段遇到了哪些利益相关者，哪类利益相关者更为重要，面临来自利益相关者的哪些制度创业约束，进而又是采取何种制度创业策略向利益相关者阐述和完善新制度创业主张，进而获取相应的合法性。

第三阶段：新制度扩散阶段。主要研究企业在新制度扩散阶段遇到了哪些利益相关者，哪类利益相关者更为重要，面临来自利益相关者的哪些制度创业约束，进而又是采取何种制度创业策略获取相应的合法性，使得新制度被广为接受。

二、制度创业中的利益相关者

从重要性、意愿性、合法性、合理性 4 个维度对制度创业中界定出的 12 种利益相关者进行分类。重要性是指组织的制度创业主张可能对各利益相关者产生的客观影响程度的大小。制度创业中利益相关者受到制度创业影响的大小程度不同，产生的行为紧急程度也不同。意愿性是指各利益相关者对组织的制度创业主张的意愿程度（反对、中立或者支持）。合法性是指利益相关者对制度创业所采取的行为（支持、反对或无作为）是否符合相关法律和规章制度的认可。合理性是指利益相关者对组织制度创业所采取的行为（支持、反对或无作为）是否符合社会道德观、价值观的认可。根据这 4 个分类标准，把制度创业中的利益相关者分为核心利益相关者、蛰伏利益相关者及边缘利益相关者。

三、民营企业制度创业机制的浙商多案例研究发现

（一）阿里巴巴集团

阿里巴巴制度创业的表现形式是商业模式创新。在创建变革基础阶段，主要面临来自核心利益相关者、蛰伏利益相关者及边缘利益相关者的认知性制度约束。同时，蛰伏利益相关者在此阶段还具有对阿里巴巴制度创业的规范性制度约束。由于该阶段是阿里巴巴制度创业主张从酝酿到提出的时期，阿里巴巴主要采取话语策略使其利益相关者了解和认识这一主张，所以阿里巴巴并未获取新创业主张的合法性。

在理论化新制度阶段，阿里巴巴主要面临的制度创业约束有：来自核心利益相关者和边缘利益相关者的认知性制度约束、规范性制度约束，其

中认知性制度约束程度大于规范性制度约束程度。针对核心利益相关者，阿里巴巴主要采取话语策略，使其了解阿里巴巴制度创业主张，并运用理论化策略详述创业主张的合理性。针对蛰伏利益相关者，阿里巴巴主要采取社会网络策略，与蛰伏利益相关者组成战略联盟，从而获取创业资源，并运用话语策略和理论化策略进一步使自己的创业策略被了解。针对边缘利益相关者，阿里巴巴主要采取理论化策略和社会网络策略，使利益相关者在了解制度创业的同时，与阿里巴巴合作，共同研究其商业模式。因此，在该阶段，阿里巴巴获得了来自核心利益相关者、蛰伏利益相关者的认知合法性、规范合法性及来自边缘利益相关者的认知合法性。

在新制度扩散阶段，阿里巴巴主要推广其制度创业主张，面临的制度创业约束主要为来自核心利益相关者、蛰伏利益相关者和边缘利益相关者的规范性制度约束。同时在该阶段，阿里巴巴制度创业还面临来自蛰伏利益相关者的规制性制度约束。而在该阶段，阿里巴巴针对核心利益相关者采取的策略主要是文化策略，其次是理论化策略。针对蛰伏利益相关者，阿里巴巴主要采取社会网络策略、理论化策略和话语策略。针对边缘利益相关者，阿里巴巴主要采取社会网络策略，以达到与学术研究机构合作的目的，推广电商行业新理念，推进人才培养。

（二）横店集团

横店集团制度创业的表现形式是企业制度（主要是产权制度）创新。横店集团在不同制度创业阶段，对其造成关键性制度约束的核心利益相关者在一定程度上呈现出稳定性，但其他核心、蛰伏及边缘利益相关者仍然表现出波动性。在横店集团的制度创业过程中，政府均表现为核心利益相关者并发挥着明显作用，同时也是横店集团制度创业策略的主要指向目标。横店集团案例研究的结果显示，在制度创业实践里，组织的不同利益相关者群体存在不同的优先级，这也证实了 Mitchell，Agle & Wood（1997）的观点，即在一个多重利益相关者的视角下，不同的利益相关者可能会对一个组织有着不同的影响且持有不同的道德立场，因此在满足自身需求的紧迫性上也会存在差异。也就是说，利益相关者的核心性具有案例性和情境依赖性。

横店在制度创业过程中所采用的制度创业策略包括话语策略、理论化策略、社会网络策略和文化策略。制度创业者的制度创业策略是有着明确的利益相关者指向性的，这种指向性在不同的制度创业阶段具有差异性。由于制度创业者往往面临着来自利益相关者的不同约束，可能表现为规制性约束、规范性约束或认知性约束，从而阻碍了合法性主张的实现。因此，制度创业者会基于所面临的约束类型来制定适合自身的制度创业策略，从而获取所对应的合法性认可。

（三）绿源集团

绿源集团制度创业的表现形式是市场创新（倾向于防御）。绿源集团在不同制度创业阶段，对其造成关键性制度约束的核心利益相关者在一定程度上呈现出稳定性，但其他核心、蛰伏及边缘利益相关者仍然表现出波动性。地方政府在绿源三个阶段的制度创业过程中均表现为核心利益相关者，发挥着明显作用，同时也是绿源制度创业策略的主要指向目标。

绿源集团在制度创业过程中所采用的制度创业策略包括话语策略、理论化策略、社会网络策略和文化策略。这些策略的使用情况及所指向的利益相关者情况是有差异的。话语策略旨在告知利益相关者变革的必要性；理论化策略旨在辨识现有问题所在、建构身份、提出具体变革方案并赋予其理论化形式；社会网络策略用于建构网络以连接志同道合者，并凭借社会网络获取及配置资源；文化策略通过影响利益相关者的信念、价值观与文化观念等，让他们对新制度产生认知，从而实现制度推广。制度创业者的制度创业策略是有着明确的利益相关者指向的，这种指向性在不同的制度创业阶段具有差异性。由于制度创业者往往面临着来自利益相关者的不同约束，可能表现为规制性约束、规范性约束或认知性约束，从而阻碍合法性主张的实现，因此，制度创业者会基于所面临的约束类型来制定适合自身的制度创业策略，从而获取相对应的合法性认可。

关于绿源集团的案例研究还深入探讨了一个问题——二阶性合法化策略选择（Lamberti & Lettieri，2011），即组织会针对不同利益相关者制定具体的合法化策略，借助指向其他利益相关者群体以获取合法性。本案例研究的发现初步证实了这个观点。当关键利益相关者并未认同制度创业者的主张时，组织也可能会实施基于其他利益相关者的合法性获取途径。

（四）吉利集团

吉利集团制度创业的表现形式是市场创新（倾向于进攻）。在创建变革基础阶段，吉利集团在制度创业过程中主要面临来自蛰伏利益相关者的规范性制度约束，并实施了话语策略，目的是劝说其利益相关者去了解和认识这一主张。在该阶段吉利制度创业合法性并没有开始获取。

在理论化新制度阶段，吉利集团面临的制度创业约束主要包括核心利益相关者的规制性制度约束和规范性制度约束，蛰伏利益相关者和边缘利益相关者对吉利制度创业的约束主要表现为规范性制度约束。针对核心利益相关者和蛰伏利益相关者，吉利集团采用了话语策略和理论化策略。针对边缘利益相关者，吉利集团采用的是理论化策略。在合法性获取方面，规制合法性主要从核心利益相关者处获取，规范合法性从核心利益相关者、蛰伏利益相关者及边缘利益相关者处获取。

在新制度扩散阶段，吉利集团主要受到来自核心利益相关者的规制性制度约束和认知性制度约束，来自蛰伏利益相关者的认知性制度约束和规范性制度约束，来自边缘利益相关者的认知性制度约束。针对核心利益相关者，吉利集团采取了话语策略和社会网络策略。针对蛰伏利益相关者和边缘利益相关者，吉利集团主要运用的是社会网络策略和文化策略。在合法性获取方面，吉利集团从核心利益相关者处获取了规制合法性及认知合法性，从蛰伏利益相关者处获取了规范合法性和认知合法性，从边缘利益相关者处获取了认知合法性。

四、比较与归纳[①]

本书从利益相关者角度，探索了转型经济中两种类型的制度创业企业

[①] 以下内容主要引自迟考勋、项国鹏：《转型经济中民营企业制度创业机制的多案例研究：制度创业策略视角》，《科学学与科学技术管理》2016年第12期，第18—32页。

（阿里巴巴集团与横店集团属于开拓型制度创业，绿源集团与吉利集团属于完善型制度创业）在不同制度创业阶段所面对的制度约束及其所运用的制度创业策略，并分析了制度约束与制度创业策略之间的相关性。研究结果表明：两种类型企业的制度创业过程较为相似；企业在不同制度创业阶段面临着不同制度约束，并实施了多种制度创业策略；制度约束与制度创业策略之间具有显著相关性。根据研究结果，本研究初步建立了转型经济中民营企业制度创业机制的探索性模型（图10-1）。需要指出的是：首先，尽管模型对制度创业过程做了阶段化处理，但实践中不同阶段之间却并没有明显的界限，制度创业者也会同时运用多种策略；其次，制度创业企业在不同阶段会同时面临多种制度约束，并采用多种策略，因此模型所显示的是主要制度约束与制度创业策略；再次，制度创业策略可被用来突破多种类型的制度约束，因此模型显示的也仅是制度创业策略所主要对应的制度约束；最后，由于模型显示的是主要制度约束与相应的主要制度创业策略，所以制度创业策略所针对的对象是核心利益相关者，其他对象在图中就不予以特别标示。

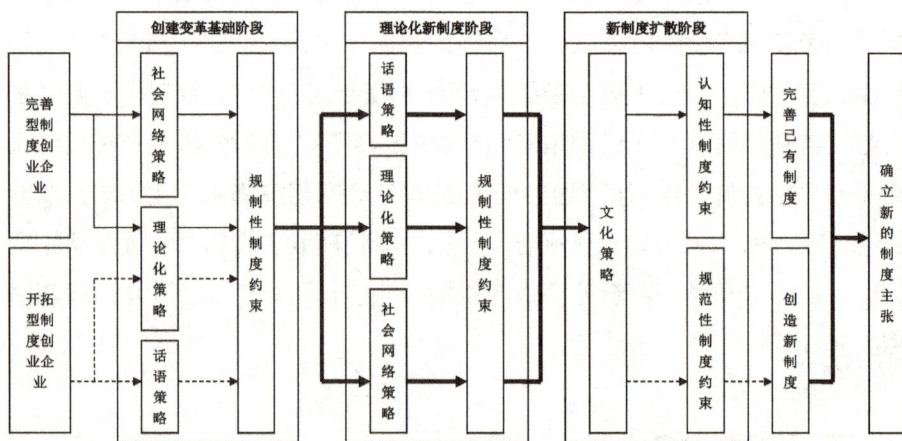

注：实线箭头属于完善型制度创业企业；虚线箭头属于开拓型制度创业企业；实线加粗箭头为两种类型所共有。

图10-1 转型经济中民营企业制度创业机制的探索性模型

　　该模型的理论贡献之一是对制度创业策略加以整合分析。[①]策略化的行动是制度创业机制研究的核心内容，但目前国外却缺少与之相关的综合性研究，学者们往往仅针对某几项制度创业策略展开分析。例如，Ruebottom（2013）主要分析了如何通过话语策略来建构新制度逻辑，却没有分析如何利用社会网络来获取关键资源；Maguire，Hardy & Lawrence（2004）分析了社会网络位置对于获取关键资源的重要性，却未对新制度逻辑如何进行理论化描述加以探讨。从国内来看，目前缺少与制度创业策略相关的归纳性研究，学者们多是通过探索性的案例研究设计，对制度创业者的具体活动加以描述，尚未把这些活动归纳到策略层次。例如，苏晓华和王科（2013）结合 Greenwood 等学者的阶段划分观点，对中国 VC/PE 行业的制度创业者在不同阶段的活动进行了分析。针对当前制度创业策略研究观点比较零碎、缺乏整合性框架的状况，本书对制度创业策略进行了系统化梳理，并构建了探索性模型，可为学者们所关注的策略整合研究提供参考。

　　该模型的理论贡献之二是对"嵌入""能动"基础同时加以关注。将能动性重新纳入制度分析中是制度创业理论的重要贡献，但当前的不少研究却对能动性过于关注，在一定程度上忽视了新制度主义的理论根基——制度约束影响。实际上，"嵌入"与"能动"的结合是揭示制度创业机制的前提，制度创业者采取的策略应根据场域发展在不同阶段面临的制度环境和竞争环境压力适时地进行调整。本书正视"嵌入""能动"制度创业研究的基础理念，倡导"制度环境约束"与"制度创业策略"的互动式研究思路，可为避免"非嵌入能动性"的研究倾向提供可行路径。美国学者倪志伟和德国学者欧索菲在《自上而下的变革：中国的市场化转型》一书中通过对长三角地区民营企业的创立过程和创业行为的研究，检验了促使经济制度出现的微观机制，并提出了整合新制度主义的理论框架。这个框架中的"制度"在两个方向上均表现出动态性特征：从嵌入宏观结构中的制度机制到微观行为；从微观行为到宏观结构的制度变革过程。这两位国

---

① 关于制度创业策略的国内外研究，可以参阅项国鹏、阳恩松：《国外制度创业策略理论探析及未来展望》，《科技进步与对策》2013 年第 13 期，第 154—160 页。

外学者的最新研究发现可以有力地佐证本书的观点。

根据该理论模型，可以提出以下对策建议。从政府方面来看，本研究发现政府对民营企业制度创业活动的影响显著，尤其在前两个阶段，来自政府的规制性制度约束是民营企业制度创业所面对的主要制度约束。因而，在促进民营企业制度创业方面，政府应当有所为。第一，规制性制度约束层面，政府应积极实施"简政放权"，对行政职权进行全面梳理，构建行政权力清单制度，取消或下放行政审批事项，从而激发市场主体活力，减少民营企业创业活动的审批束缚。第二，规范性制度约束层面，政府应通过理论研究与实践探索，营造出诚信、道德、开放的社会风尚，确保民营企业的制度创业主张与社会核心价值观紧密契合，以赢得社会大众的认可。第三，认知性制度约束层面，政府应与大众传媒形成良好互动，并逐步与社会组织（如行业协会、评估机构等）脱离，充分发挥大众传媒的舆论效力与中介组织的专业化服务功能，确保民营企业制度创业议题能够获得快速、广泛、科学、真实的报道与宣传。

从企业方面来看，企业要根据制度创业各阶段的特征与不同类型的制度约束，合理配置利用资源，运用相应的制度创业策略，做到有的放矢。第一，就制度约束而言，在制度创业的前两个阶段，两种类型的制度创业企业都应主要关注规制性制度约束；在新制度扩散阶段，完善型制度创业企业应更多地关注认知性制度约束，而开拓型制度创业企业则需更多地关注规范性制度约束。第二，就制度创业策略而言，在制度创业的前两个阶段，两种类型的制度创业企业应多关注理论化策略的应用，该策略是突破规制性和规范性制度约束的主要手段，企业应当在对现有制度的不足及新制度的应用前景有着深入理解的基础上加以应用；在新制度扩散阶段，企业应合理运用文化策略，完善型制度创业企业应利用文化策略突破认知性制度约束，让公众接触并了解新制度，而开拓型制度创业企业则应利用文化策略来突破规范性制度约束，以确保公众对新制度的优劣进行科学评价。另外，话语策略与社会网络策略也具有突破规制性制度约束的功效，因而企业可将两者搭配理论化策略加以运用。

参考文献

[001] AMIS J, SLACK T, HININGS C R. The pace, sequence, and linearity of radical change [J]. Academy of Management Journal, 2004, 47(1): 15-39.

[002] AMIT R, ZOTT C. Value creation in E-business [J]. Strategic Management Journal, 2001, 22(6/7): 493-520.

[003] ANDERSON J C, NARUS J A, VAN R W. Customer value propositions in business markets [J]. Harvard Business Review, 2006, 84(3): 91-99.

[004] ASHFORTH B, GIBBS B W. The double-edge of organizational legitimation [J]. Organization Science, 1990, 1(2): 177-194.

[005] ASPARA J, LAMBERG J A, LAUKIA A, TIKKANEN H. Strategic management of business model transformation: lesson from Nokia [J]. Management Decision, 2011, 49(4): 622-647.

[006] BARNEY J B, ZHANG S. The future of Chinese management research: a theory of Chinese management versus a Chinese theory of management [J]. Management and Organization Review, 2009, 5(1): 15-28.

[007] BARRINGER B R, HARRISON J S. Walking a tightrope: creating value through inter-organizational relationships [J]. Journal of Management, 2000, 26(3): 367-403.

[008] Battilana J, Leca B, Boxenbaum E. How actors change institutions: towards a theory of institutional entrepreneurship [J]. The Academy of Management Annals, 2009, 3(1): 65-107.

[009] BATTILANA J. Agency and institutions: the enabling role of individuals' social position [J]. Organization, 2006, 13(5): 653-676.

[010] BECKERT J. Agency, entrepreneurs, and institutional change: the role of strategic choice and institutionalized practices in organizations [J]. Organization Studies, 1999, 20(5): 777-799.

[011] BESHAROV M L, SMITH W K. Multiple institutional logics in organizations: explaining their varied nature and implications [J]. Academy of Management Review, 2014, 39(3): 364-381.

[012] BRIDOUX F, COEURDEROY R, DURAND R. Heterogeneous motives and the collective creation of value [J]. Academy of Management Review, 2011, 36(4): 711-730.

[013] BRUDERL J, SCHUSSLER R. Organizational mortality: the liabilities of newness and adolescence [J]. Administrative Science Quarterly, 1990, 20(6): 530-547.

[014] CASADESUS-MASANELL R, LLANES G. Mixed Source [J]. Working Papers, 2011, 57(9): 1212-1230.

[015] CASADESUS-MASANELL R, RICART J E. How to design a winning business model [J]. Harvard Business Review, 2011, 89(1/2): 101-107.

[016] CASADESUS-MASANELL R, ZHU F. Business model innovation and competitive imitation: the case of sponsor-based business models [J]. Strategic Management Journal, 2013, 34(4): 464-482.

[017] CERTO S, HODGE F. Top management team prestige and organizational legitimacy: an examination of investor perceptions [J]. Journal of Management Issues, 2007, 19(4): 461-477.

[018] CHARMAZ K. Constructing Grounded Theory [M]. Thousand Oaks, CA: Sage, 2014.

[019] CHENG R. Layoffs and urban poverty in the state-owned enterprise communities [J]. Social Indicators Research, 2014, 116(1): 199-233.

[020] CHILD J, LU Y, TSAI T. Institutional entrepreneurship in building an environmental protection system for the People's Republic of China [J]. Organization Studies, 2007, 28(7): 1013-1034.

[021] CHOI J, WANG H. Stakeholder relations and the persistence of corporate financial performance [J]. Strategic Management Journal, 2009, 30(8): 895-907.

[022] CLARKE T. The stakeholder corporation: A business philosophy for the information age [J]. Long Range Planning, 1998, 31(2): 182-194.

[023] CLARKSON M E. A stakeholder framework for analyzing and evaluating corporate social performance [J]. Academy of Management Review, 1995, 20(1): 92-117.

[024] CLEMENS E S, COOK J M. Politics and institutionalism: Explaining durability and change [J]. Annual Review of Sociology, 1999, 25(1): 441-466.

[025] COFF R W. When competitive advantage doesn't lead to performance: The resource-based view and stakeholder bargaining power [J]. Organization Science, 1999, 10(2): 119-133.

[026] COHEN J, COHEN P, WEST S G. Applied multiple regression/ correlation analysis for the behavioral sciences 3rd ed [M]. Mahwah, NJ: Lawrence Erlbaum Associates, 2003.

[027] D'AUNNO T, SUCCI M, ALEXANDER J A. The role of institutional and market forces in divergent organizational change [J]. Administrative Science Quarterly, 2000, 45(4): 679-703.

[028] DACIN M T, GOODSTEIN J, SCOTT W R. institutional theory and institutional change: Introduction to the special research forum [J]. Academy of Management Journal, 2002, 45(1): 45-56.

[029] DEEPHOUSE D L, SUCHMAN M. Legitimacy in organizational institutionalism [M]. Los Angeles, London: Sage Publications, 2008.

[030] DÉJEAN F, GOND J P, LECA B. Measuring the unmeasured: an institutional entrepreneur strategy in an emerging industry [J]. Human Relations, 2004, 57(6): 741-764.

[031] DELBRIDGE R, EDWARDS T. Challenging conventions: roles and processes during non-isomorphic institutional change [J]. Human Relations, 2008, 61(3): 299-325.

[032] DEMIL B, LECOCQ X. Business model evolution: in search of dynamic consistency [J]. Long Range Planning, 2010, 43(2/3): 227-246.

[033] DILL W R. Public participation in corporate planning-strategic management in a Kibitzer's world [J]. Long Range Planning, 1975, 8(1): 57-63.

[034] DIMAGGIO P J, POWELL W W. The iron cage revisited: collective rationality and institutional isomorphism in organizational fields [J]. American Sociological Review, 1983, 48(2): 147-160.

[035] DIMAGGIO P J.Interest and agency in institutional theory [C] // Zucker L G(Ed.).Institutional patterns and organizations:culture and environment. Cambridge,MA: Ballinger, 1988: 3-21.

[036] DOBBIN F. Forging Industrial Policy: the United States, Britain, and France in the railway age [M]. New York: Cambridge University Press, 1994.

[037] DOWLING J, PFEFFER J. Organizational legitimacy: social values and organizational behavior [J] . Pacific Sociological Review, 1975,18(1) : 122-136.

[038] DRISCOLL C, CROMBIE A. Stakeholder legitimacy management and the qualified good neighbor: the case of Nova Nada and JDI [J]. Business & Society, 2001, 40(4): 442-471.

[039] DROEGE S, JOHNSON N B. Broken rules and constrained confusion: toward a theory of meso-institutions [J]. Management and Organization Review, 2007(1): 81-104.

[040] DURAND R, MCGUIRE J. Legitimating agencies in the face of selection: the case of AACSB [J]. Organization Studies, 2005, 26(2): 165-196.

[041] EDWARDS J R, LAMBERT L S. Methods for integrating moderation and mediation: a general analytical framework using moderated path analysis [J]. Psychological Methods, 2007, 12(1): 1-22.

[042] EDWARDS T, JONES O. Failed institution building: understanding the interplay between agency, social skill and context [J]. Scandinavian Journal of Management, 2008, 24(1): 44-54.

[043] EISENHARDT K M. Building theories from case study research [J]. Academy of Management Review, 1989, 14(4): 532-550.

[044] ELSBACH K D. Managing organizational legitimacy in the california cattle industry: the construction and effectiveness of verbal accounts [J]. Administrative Science Quarterly, 1994, 39(1): 57-88.

[045] EMIRBAYER M, MISCHE A. What is agency [J]. American Journal of Sociology, 1998, 103(4): 962-1023.

[046] FISCHER E, REUBER R. The good, the bad, and the unfamiliar: the challenges of reputation formation facing new firms [J]. Entrepreneurship Theory and Practice, 2007, 31(1): 53-75.

[047] FLACK O, HEBLICH S, KIPAR S. Industrial innovation: direct evidence from a cluster-oriented policy [J]. Regional Science and Urban Economics, 2010(40): 574-582.

[048] FLIGSTEIN N, MARA-DRITA I. How to make a market: reflections on the attempt to create a single market in the European Union [J]. American Journal of Sociology, 1996,102(1): 1-33.

[049] FLIGSTEIN N. Social skill and institutional theory [J]. American Behavioral Scientist, 1997, 40(4): 397-405.

[050] FLIGSTEIN N. Social skill and the theory of fields [J]. Sociological Theory, 2001, 19(2): 105-125.

[051] FOMBRUN C, SHANLEY M. What's in a name? Reputation building and corporate strategy [J]. Academy of Management Journal, 1990, 33(2): 233-258.

[052] FORNELL C, LARCKER D F. Evaluating structural equation models with observable variables and measurement error [J]. Journal of Marketing Research, 1981, 18(1): 39-50.

[053] FREEMAN R E, EVAN W M. Corporate governance: a stakeholder interpretation [J]. Journal of Behavioral Economics, 1990, 19(4): 337-359.

[054] FREEMAN R E, REED D L. Stockholders and stakeholders: a new perspective on corporate governance [J]. California Management Review, 1983, 25(3): 88-106.

[055] FREEMAN R E. Strategic management: a stakeholder approach [M]. New York: Cambridge University Press, 1984.

[056] FRIEDLAND R, ALFORD R R. Bringing society back in: symbols, practices, and institutional contradictions [M]. Chicago: University of Chicago, 1991.

[057] FROOMAN J. Stakeholder influence strategies [J]. Academy of Management Review, 1999, 24(2): 191-205.

[058] GARUD R, HARDY C, MAGUIRE S. Institutional entrepreneurship as embedded agency: an introduction to the special issue [J]. Organization Studies, 2007, 28(7): 957-969.

[059] GARUD R, JAIN S, KUMARASWAMY A. Institutional entrepreneurship in the sponsorship of common technological standards: the case of Sun Microsystems and Java [J]. Academy of Management Journal, 2002, 45(1): 196-214.

[060] GARUD R, KARNØE P. Bricolage versus breakthrough: distributed and embedded agency in technology entrepreneurship [J]. Research Policy, 2003, 32(2): 277-300.

[061] GERASYMENKO V, DE CLERCQ D, SAPIENZA H J. Changing the business model: effects of venture capital firms and outside CEOs on portfolio company performance [J].Strategic Entrepreneurship Journal, 2015, 9(1): 79-98.

[062] GLASER B G. Basics of grounded theory analysis: emergence vs Forcing [M]. Mill Valley: Sociology Press, 1992.

[063] GRAVES S B, WADDOCK S A. Institutional owners and corporate social performance [J]. Academy of Management Journal, 1994, 37(4): 1034-1046.

[064] GREENLEY G E, FOXALL G R. Multiple stakeholder orientation in UK companies and the implications for company performance [J]. Journal of Management Studies, 1997, 34(2): 259-284.

[065] GREENWOOD R, HININGS C R. Understanding radical organizational change: bringing together the old and the new institutionalism [J]. Academy of Management Review, 1996, 21(4): 1022-1054.

[066] GREENWOOD R, SUDDABY R, HININGS C R. Theorizing change: the role of professional associations in the transformation of institutionalized fields [J]. Academy of Management Journal, 2002, 45(1): 58-80.

[067] GREENWOOD R, SUDDABY R. Institutional entrepreneurship in mature fields: the big five accounting firms [J]. Academy of Management journal, 2006, 49(1): 27-48.

[068] HAFSI T, TIAN Z. Towards a theory of large scale institutional change: the transformation of the Chinese electricity industry [J]. Long Range Planning, 2005, 38(6): 555-577.

[069] HAMEL G. Leading the revolution [M]. Boston: Harvard Business School Press, 2000.

[070] HARGADON A B, DOUGLAS Y. When innovations meet institutions: edison and the design of the electric light [J]. Administrative Science Quarterly, 2001, 46(3): 476-501.

[071] HARMON D J, GREEN S E, GOODNIGHT G T. A model of rhetorical legitimation: the structure of communication and cognition underlying institutional maintenance and change [J]. Academy of Management Review, 2015, 40(1):76-95.

[072] HARRISON J S, BOSSE D A, PHILLIPS R A. Managing for stakeholders, stake holder utility functions, and competitive advantage [J]. Strategic Management Journal, 2010, 31(1): 58-74.

[073] HARRISON J S, JOHN C H S. Managing and partnering with external stakeholders [J]. Academy of Management Executive, 1996, 10(2): 46-60.

[074] HAVEMAN H A, RAO H. Structuring a theory of moral sentiments: institutional and organizational coevolution in the early thrift industry [J]. American Journal of Sociology, 1997, 102(6): 1606-1651.

[075] HIATT S R, SINE W D, TOLBERT P S. From Pabst to Pepsi: the deinstitutionalization of social practices and the creation of entrepreneurial opportunities [J]. Administrative Science Quarterly, 2009, 54(4): 635-667.

[076] HILL C W L, JONES T M. Stakeholder-agency theory [J]. Journal of Management Studies, 1992, 29(2): 131-154.

[077] HIRSCH P M. From ambushes to golden parachutes: corporate takeovers as an instance of cultural framing and institutional integration [J]. American Journal of Sociology, 1986,91(4): 800-837.

[078] HOLCOMB T R, JR HOLMES R M, CONNELLY B L. Making the most of what you have: managerial ability as a source of resource value creation [J]. Strategic Management Journal, 2009, 30(5): 457-485.

[079] HOLM P. The dynamics of institutionalization: transformation processes in Norwegian fisheries [J]. Administrative Science Quarterly, 1995,40(3): 398-422.

[080] HUGHES J, LANG K R, VRAGOV R. An analytical framework for evaluating peer-to-peer business models [J]. Electronic Commerce Research and Applications, 2008, 7(1): 105-118.

[081] HUNG S C, WHITTINGTON R. Agency in national innovation systems: institutional entrepreneurship and the professionalization of Taiwanese IT [J]. Research Policy, 2011, 40(4): 526-538.

[082] JOHNSON M W, CHRISTENSEN C M. Reinventing your business model [J]. Harvard Business Review, 2008, 35(12): 52-60.

[083] JONES T M. Instrumental stakeholder theory: a synthesis of ethics and economics [J]. Academy of Management Review, 1995, 20(2): 404-437.

[084] KHAN F R, MUNIR K A, WILLMOTT H. A dark side of institutional entrepreneurship: soccer balls, child labour and postcolonial impoverishment [J]. Organization Studies, 2007, 28(7): 1055-1077.

[085] KOSTOVA T, ZAHEER S. Organizational legitimacy under conditions of complexity: the case of the multinational enterprise [J]. Academy of Management Review, 1999, 24(1): 64-81.

[086] KRAATZ M S, ZAJAC E J. Exploring the limits of the new institutionalism: the causes and consequences of illegitimate organizational change [J]. American Sociological Review, 1996, 61(5): 812-836.

[087] LAMBERTI L, LETTIERI E. Gaining legitimacy in converging industries: evidence from the emerging market of functional food [J]. European Management Journal, 2011, 29(6): 462-475.

[088] LEBLEBICI H, SALANCIK G R, COPAY A, KING T. Institutional change and the transformation of interorganizational fields: an organizational history of the US radio broadcasting industry [J]. Administrative Science Quarterly, 1991, 36(3): 333-363.

[089] LEE C K, HUNG S C. Institutional entrepreneurship in the informal economy: China's shan-zhai mobile phones [J]. Strategic Entrepreneurship Journal, 2014, 8(1): 16-36.

[090] LI D K, FENG D J, JIANG H. Institutional Entrepreneurs [J]. American Economic Review, 2006, 96(2): 358-362.

[091] LI H, ATUAHENE-GIMA K. Product innovation strategy and performance of new technology ventures in China [J]. Academy of Management Journal, 2001, 44(6): 1123-1134.

[092] MAGRETTA J. Why business models matter [J]. Harvard Business Review, 2002, 80(5): 3-8.

[093] MAGUIRE S, HARDY C, LAWRENCE T B. Institutional entrepreneurship in emerging fields: HIV/AIDS treatment advocacy in Canada [J]. Academy of Management Journal, 2004, 47(5): 657-679.

[094] MALMSTRÖM M, JOHANSSON J, WINCENT J. Cognitive constructions of low-profit and high-profit business models: a repertory grid study of serial entrepreneurs [J]. Entrepreneurship Theory and Practice, 2015, 39(5): 1083-1109.

[095] MARKIDES C. Disruptive innovation: in need of better theory [J]. Journal of Product Innovation Management, 2006, 23(1): 19-25.

[096] MCDOUGALL P, ROBINSON R B. New venture strategies: an empirical identification of eight "archetypes" of competitive strategies for entry [J]. Strategic Management Journal, 1990, 11(6): 447-467.

[097] MCGAUGHEY S L. Institutional entrepreneurship in North American lightning protection standards: Rhetorical history and unintended consequences of failure [J]. Business History, 2013, 55(1): 73-97.

[098] MCKAGUE K. Dynamic capabilities of institutional entrepreneurship [J]. Journal of Enterprising Communities: People and Places in the Global Economy, 2011, 5(1): 11-28.

[099] MEYER J W, ROWAN B. Institutional organizations: formal structure as myth and ceremony [J]. American Journal of Sociology, 1977, 83(2): 340-363.

[100] MILLER D, FRIESEN P H. Strategy-Making and Environment: the third link [J]. Strategic Management Journal, 1983, 4(3): 221-235.

[101] MISANGYI V F, WEAVER G R, ELMS H. Ending corruption: The interplay among institutional logics, resources, and institutional entrepreneurs [J]. Academy of Management Review, 2008, 33(3): 750-770.

[102] MITCHELL R K, AGLE B R, WOOD D J. Toward a theory of stakeholder identification and salience: defining the principle of who and what really counts [J]. Academy of Management Review, 1997, 22(4): 853-886.

[103] MÖLLER K, RAJALA R, WESTERLUND M. Service innovation myopia? A new recipe for client-provider value creation [J]. California Management Review, 2008, 50(3): 31-48.

[104] MORRIS M H, WEBB J W, FU J, ET AL. A competency - based perspective on entrepreneurship education: conceptual and empirical insights [J]. Journal of Small Business Management, 2013, 51(3): 352-369.

[105] MORRIS M, SCHINDEHUTTE M, ALLEN J. The entrepreneur's business model: toward a unified perspective [J]. Journal of Business Research, 2005, 58(6): 726-735.

[106] NARAYANAN V K, ZANE L J, KEMMERER B. The cognitive perspective in strategy: an integrative review [J]. Journal of Management, 2011, 37(1): 305-351.

[107] NAVIS C, GLYNN M A. Legitimate distinctiveness and the entrepreneurial identity: influence on investor judgments of new venture plausibility [J]. Academy of Management Review, 2011, 36(3): 479-499.

[108] NEVILLE B A, BELL S J, WHITWELL G J. Stakeholder salience revisited: refining, redefining, and refueling an underdeveloped conceptual tool [J]. Journal of Business Ethics, 2011, 102(3): 357-378.

[109] OCASIO W, LOEWENSTEIN J, NIGAM A. How streams of communication reproduce and change institutional logics: the role of categories [J]. Academy of Management Review, 2015, 40(1): 28-48.

[110] OLIVER C. Strategic responses to institutional processes [J]. Academy of Management Review, 1991, 16(1): 145-179.

[111] OSIYEVSKYY O, DEWALD J. Explorative versus exploitative business model change: the cognitive antecedents of firm-level responses to disruptive innovation [J]. Strategic Entrepreneurship Journal, 2015, 9(1): 58-78.

[112] OSTERWALDER A, PIGNEUR Y. Business model generation: a handbook for visionaries, game changers and challengers [M]. Hoboken, New Jersey: John Wiley & Sons, 2011.

[113] PARMAR B L, FREEMAN R E, HARRISON J S, ET AL. Stakeholder theory: the state of the art [J]. Academy of Management Annals, 2010, 4(1): 403-445.

[114] PENG M W, ZHOU J Q. How network strategies and institutional transitions evolve in Asia [J]. Asia Pacific Journal of Management, 2005, 22(4): 321-336.

[115] PENG M W. Towards an institution-based view of business strategy [J]. Asia Pacific Journal of Management, 2002, 19(2/3): 251-267.

[116] PERKMANN M, SPICER A. Healing the scars of history: projects, skills and field strategies in institutional entrepreneurship [J]. Organization Studies, 2007, 28(7): 1101-1122.

[117] PETERS N J, HOFSTETTER J S, HOFFMANN V H. Institutional entrepreneurship capabilities for interorganizational sustainable supply chain strategies [J]. The International Journal of Logistics Management, 2011, 22(1): 52-86.

[118] PFEFFER J, SALANCIK G R. The external control of organizations: a resource dependence perspective [M]. New York: Harper & Row, 1978.

[119] PFEFFER J, SALANCIK G R. The external control of organizations: a resource dependence perspective [M]. Palo Alto: Stanford University Press, 2003.

[120] PHILLIPS N, LAWRENCE T B, HARDY C. Discourse and institutions [J]. Academy of Management Review, 2004, 29(4): 635-652.

[121] PHILLIPS N, LAWRENCE T B, HARDY C. Inter-organizational collaboration and the dynamics of institutional fields [J]. Journal of Management Studies, 2000, 37(1): 23-44.

[122] POST J E, PRESTON L E, SACHS S. Managing the extended enterprise: the new stakeholder view [J]. California Management Review, 2002, 45(1): 6-28.

[123] POWELL W W, COLYVAS J A. Microfoundations of institutional theory [M] // Greenwood R, Oliver C, Suddaby R, et al. Handbook of Organizational Institutionalism. Thousand Oaks, CA: Sage, 2008.

[124] PRESTON L E, SAPIENZA H J. Stakeholder management and corporate performance [J]. Journal of Behavioral Economics, 1990, 19(4): 361-375.

[125] PUNCHEVA P. The role of corporate reputation in the stakeholder decision-making process [J]. Business & Society, 2008, 47(3): 272-290.

[126] RAO H, SIVAKUMAR K. Institutional sources of boundary-spanning structures: The establishment of investor relations departments in the fortune 500 industrials [J]. Organization Science, 1999, 10(1): 27-42.

[127] RAO H. Caveat emptor: the construction of nonprofit consumer watchdog organizations [J]. American Journal of Sociology, 1998, 103(4): 912-961.

[128] RAO H. The social construction of reputation: certification contests, legitimation, and the survival of organizations in the American automobile industry: 1895–1912 [J]. Strategic Management Journal, 1994, 15(S1): 29-44.

[129] RODGERS W, GAGO S. Stakeholder influence on corporate strategies over time [J]. Journal of Business Ethics, 2004, 52(4): 349-363.

[130] ROWLEY T J. Moving beyond dyadic ties: a network theory of stakeholder influences [J]. Academy of Management Review, 1997, 22(4): 887-910.

[131] SCHLEGELMILCH B B. Strategic innovation: the construct, its driver and its strategic outcomes [J]. Journal of Strategic Marketing, 2003, 11(2): 117-132.

[132] SCHOLES E, CLUTTERBUCK D. Communication with stakeholders: an integrated approach [J]. Long Range Planning, 1998, 31(2): 227-238.

[133] SCOTT W R. Institutions and organizations [M]. Thousand Oaks, CA: Sage, 2001.

[134] SCOTT W R. Institutions and organizations [M]. Thousand Oaks, CA: Sage, 1995.

[135] SCOTT W R. The adolescence of institutional theory [J]. Administrative Science Quarterly, 1987,32(4): 493-511.

[136] SEO M G, CREED W E D. Institutional contradictions, praxis, and institutional change: a dialectical perspective [J]. Academy of Management Review, 2002, 27(2): 222-247.

[137] SETH A. Value creation in acquisitions: a re-examination of performance issues [J]. Mergers and Acquisitions: Performance consequences, 2002(3): 143.

[138] SEWELL JR, WILLIAM H. A theory of structure: duality, agency, and transformation [J]. American Journal of Sociology, 1992, 98(1): 1-29.

[139] SHARMA S, HENRIQUES I. Stakeholder influences on sustainability practices in the Canadian forest products industry [J]. Strategic Management Journal, 2005, 26(2): 159-180.

[140] SHERER P D, LEE K. Institutional change in large law firms: a resource dependency and institutional perspective [J]. Academy of Management Journal, 2002, 45(1): 102-119.

[141] SIDANI Y, SHOWAIL S. Religious discourse & organizational change: legitimizing the stakeholder perspective at a Saudi conglomerate [J]. Journal of Organizational Change Management, 2013, 26(6): 931-947.

[142] SINFIELD J V, CALDER E, MCCONNELL B, ET AL. How to identify new business models [J]. Mit Sloan Management Review, 2012, 53(2): 85-90.

[143] SPILLER R. Ethical business and investment: a model for business and society [J]. Journal of Business Ethics, 2000, 27(1): 149-160.

[144] STRAUSS A, CORBIN J M. Grounded Theory in Practice [M]. Thousand Oaks, CA: Sage, 1997.

[145] SUCHMAN M C. Managing legitimacy: strategic and institutional approaches [J].Academy of Management Review, 1995, 20(3): 571-610.

[146] SUDDABY R, GREENWOOD R. Rhetorical strategies of legitimacy [J]. Administrative Science Quarterly, 2005, 50(1): 35-67.

[147] SVEJENOVA S, PLANELLAS M, VIVES L. An individual business model in the making: a chef's quest for creative freedom [J]. Long Range Planning, 2010, 43(2–3): 408-430.

[148] TANG Z, TANG J T. Entrepreneurial orientation and SME performance in China's changing environment: the moderating effects of strategies [J]. Asia Pacific Journal of Management, 2012, 29(2): 409-431.

[149] TEECE D J. Business models, business strategy and innovation [J]. Long Range Planning, 2010, 43(2/3): 172-194.

[150] THORNTON P H. Markets from culture: institutional logics and organizational decisions in higher education publishing [M]. Palo Alto: Stanford University Press, 2004.

[151] THORNTON P H. The rise of the corporation in a craft industry: conflict and conformity in institutional logics [J]. Academy of Management Journal, 2002, 45(1): 81-101.

[152] TIAN Z, HAFSI T, WU W. Institutional determinism and political strategies an empirical investigation [J]. Business & Society, 2009, 48(3): 284-325.

[153] TORNIKOSKI E T, NEWBERT S L. Exploring the determinants of organizational emergence: a legitimacy perspective [J]. Journal of Business Venturing, 2007, 22(2): 311-335.

[154] TROUT J, RIES A. Positioning: the battle for your mind [M]. New York: McGraw-Hill, 1988.

[155] TUSHMAN M L, ANDERSON P. Technological discontinuities and organizational environments [J]. Administrative Science Quarterly, 1986, 31(3): 439-465.

[156] VERWAAL E, COMMANDEUR H, VERBEKE W. Value creation and value claiming in strategic outsourcing decisions: a resource contingency perspective [J]. Journal of Management, 2009, 35(2): 420-444.

[157] VERWAAL E, COMMANDEUR H, VERBEKE W. Value creation and value claiming in strategic outsourcing decisions: a resource contingency perspective [J]. Journal of Management, 2009, 35(2): 420-444.

[158] WANG P, SWANSON E B. Launching professional services automation: institutional entrepreneurship for information technology innovations [J]. Information and Organization, 2007, 17(2): 59-88.

[159] WHITTLE A, MUELLER F. The language of interests: the contribution of discursive psychology [J]. Human Relations, 2011, 64(3): 415-435.

[160] WIJEN F, ANSARI S. Overcoming inaction through collective institutional entrepreneurship: insights from regime theory [J]. Organization Studies, 2007, 28(7): 1079-1100.

[161] WILLIAMSON O E. Markets and hierarchies: analysis and antitrust implications [M]. New York: Free Press, 1975.

[162] WRIGHT A L, ZAMMUTO R F. Creating opportunities for institutional entrepreneurship: the colonel and the cup in English county cricket [J]. Journal of Business Venturing, 2013, 28(1): 51-68.

[163] WRIGHT P, FERRIS S P. Research notes and communications agency conflict and corporate strategy: the effect of divestment on corporate value [J]. Strategic Management Journal, 1997, 18(1): 77-83.

[164] YIN R K. Case Study Research: design and methods [M]. Thousand Oaks, CA: Sage, 2013.

[165] ZIMMERMAN M, ZEITZ G. Beyond survival: achieving new venture growth by building legitimacy [J]. Academy of Management Review, 2002, 27(3): 414-431.

[166] ZOTT C, AMIT R. Business model design and the performance of entrepreneurial firms [J]. Organization Science, 2007, 18(2): 181-199.

[167] ZOTT C, AMIT R. The fit between product market strategy and business model: implications for firm performance [J]. Strategic Management Journal, 2008, 29(1): 1-26.

[168] ZUCKER L G. Institutional theories of organization [J]. Annual Review of Sociology, 1987, 212(12): 443-464.

[169] 边吉，碧明. 吉利创造中国汽车的奇迹 [J]. 集团经济研究，2003（3）: 4-9.

[170] 蔡恩泽. "汽车狂人"李书福 [J]. 中外企业文化，2006（3）: 40-41.

[171] 蔡莉，单标安，朱秀梅，等. 创业研究回顾与资源视角下的研究框架构建——基于扎根思想的编码与提炼 [J]. 管理世界，2011（12）: 160-169.

[172] 曾楚宏，朱仁宏，李孔岳. 基于战略视角的组织合法性研究 [J]. 外国经济与管理，2008，30（2）: 9-15.

[173] 曾小龙. 论利益相关者与公司监控权基础 [J]. 教学与研究，2001，V（2）: 19-23.

[174] 陈宏辉，贾生华. 企业利益相关者三维分类的实证分析 [J]. 经济研究，2004，4（20）: 80-89.

[175] 陈宏辉，贾生华. 企业社会责任观的演进与发展：基于综合性社会契约的理解 [J]. 中国工业经济，2003（12）: 85-92.

[176] 陈建军. 企业家、企业家资源分布及其评价指标体系——结合浙江的实证分析 [J]. 浙江大学学报（人文社会科学版），2003，33（4）: 56-64.

[177] 陈金国. 阿里巴巴的淘宝狂想 [J]. 互联网周刊, 2003（23）: 18-20.

[178] 陈凌, 曹正汉. 制度与能力: 中国民营企业 20 年成长的解析 [M]. 上海: 上海人民出版社, 2007.

[179] 陈启杰, 江若尘, 曹光明. "市场—政策" 双重导向对农业企业绩效的影响机制研究——以泛长三角地区农业龙头企业为例 [J]. 南开管理评论, 2010, 13（5）: 123-130.

[180] 陈湘舸. 新市场社会主义导论 [M]. 上海: 上海三联书店, 1998.

[181] 陈向明. 质的研究方法与社会科学研究 [M]. 北京: 教育科学出版社, 2000.

[182] 陈祖涛. 我的汽车生涯 [M]. 北京: 人民出版社, 2005.

[183] 程聪, 谢洪明, 杨英楠, 等. 理性还是情感: 动态竞争中企业 "攻击—回应" 竞争行为的身份域效应——基于 AMC 模型的视角 [J]. 管理世界, 2015（08）: 132-146, 169, 188.

[184] 程悦. 浙江省民营企业国际化经营的三种模式比较研究 [D]. 杭州: 浙江大学, 2013.

[185] 迟考勋, 项国鹏. 转型经济中民营企业制度创业机制的多案例研究: 制度创业策略视角 [J]. 科学学与科学技术管理, 2016（12）: 18-32.

[186] 迟考勋. 转型经济中民营企业制度创业机制的探索性案例研究 [D]. 杭州: 浙江工商大学, 2012.

[187] 底洁. 中国汽车业奋起直追 [J]. 中国信息化, 2007（20）: 42-44.

[188] 杜润生. 解读温州经济模式 [J]. 科技导报, 2000, 18（10）: 3-5.

[189] 杜运周, 张玉利, 任兵. 展现还是隐藏竞争优势: 新企业竞争者导向与绩效 U 型关系及组织合法性的中介作用 [J]. 管理世界, 2012（7）: 96-107.

[190] 樊纲. 中国农村企业组织的演化及其理论启示——有关 "横店模式" 的一些初步思考 [J]. 经济研究, 1997（5）: 43-45.

[191] 费丹抒，李玉刚.关于我国企业非市场行为的研究——以汽车企业为例 [J].沿海企业与科技，2008（12）：55-57.

[192] 风焰.吉利"路线" [J].财经界，2003（8）：30-33.

[193] 冯天丽，井润田，王国锋.转型期中国私营企业经营环境及企业家行为的理论解释 [J].管理学家（学术版），2008（5）：432-442.

[194] 高勇强.政治企业家的制度创新模式——对浙江吉利、中国电信与海南凯立的案例研究 [J].公共管理学报，2007，4（1）：62-69.

[195] 龚丽敏，江诗松，魏江.试论商业模式构念的本质、研究方法及未来研究方向 [J].外国经济与管理，2011，33（03）：1-8，18.

[196] 郭毅，殷家山，周裕华.制度理论如何适宜于管理学研究 [J].管理学报，2009，6（12）：1614-1621.

[197] 胡旭雯.韩国汽车产业政策及其对中国的启示 [D].北京：对外经济贸易大学，2014.

[198] 纪建悦，刘艳青，王翠，等.利益相关者影响企业财务绩效的理论分析与实证研究 [J].中国管理科学，2009，17（6）：186-192.

[199] 纪建悦，吕帅.利益相关者满足与企业价值的相关性研究——基于我国酒店餐饮上市公司面板数据的实证分析 [J].中国工业经济，2009（2）：151-160.

[200] 贾良定，唐翌，李宗卉，等.愿景型领导：中国企业家的实证研究及其启示 [J].管理世界，2004（2）：84-96.

[201] 简易.马云的愤怒和迷惑 [J].中国质量万里行，2010（4）：23.

[202] 江诗松，龚丽敏，魏江.转型背景下后发企业的能力追赶——以吉利集团为例 [J].浙江经济，2012（3）：30-31.

[203] 江诗松，龚丽敏，魏江.转型经济中后发企业的创新能力追赶路径：国有企业和民营企业的双城故事 [J].管理世界，2011（12）：96-115.

[204] 江诗松.转型经济中后发企业创新能力的追赶路径：所有权的视角 [D].杭州：浙江大学，2012.

[205] 焦豪，孙川，彭思敏．基于合法性理论的社会企业利益相关者治理机制研究——以宜信集团为例［J］．管理案例研究与评论，2012，5（5）：333-343.

[206] 金祥荣．多种制度变迁方式并存和渐进转换的改革道路——"温州模式"［J］．浙江大学学报（人文社会科学版），2000，30（4）：138-145.

[207] 凯西·卡麦兹．建构扎根理论：质性研究实践指南［M］．边国英，译．重庆：重庆大学出版社，2009.

[208] 黎常．企业家制度创业行为过程——基于吉利与绿源的案例分析［J］．技术经济，2012，31（9）：25-30.

[209] 李东，王翔，张晓玲，等．基于规则的商业模式研究——功能、结构与构建方法［J］．中国工业经济，2010（9）：101-111.

[210] 李二钢．诚信通要为阿里巴巴赚16个亿［J］．多媒体世界，2001（10）：18.

[211] 李惠斌，孙是炎．横店集团的社会主义企业制度创新——对一种"劳动风险"制度范式的个案分析［J］．马克思主义与现实，2000（5）：32-39.

[212] 李书福．变形金刚李书福网商大会演讲录［J］．锦绣，2010（10）：32-33.

[213] 李雪灵，黄翔，申佳，等．制度创业文献回顾与展望：基于"六何"分析框架［J］．外国经济与管理，2015，37（4）：3-14.

[214] 李雪灵，马文杰，任月峰，等．转型经济下我国创业制度环境变迁的实证研究［J］．管理工程学报，2011，25（4）：186-190.

[215] 连杰．智慧成就卓越人生，真情助推"吉利"腾飞——访浙江吉利控股集团有限公司董事、副总裁兼首席财务官李东辉［J］．中国总会计师，2012（7）：34-37.

[216] 刘辉．关于浙商的学术研究综述——基于期刊论文的知识分析［J］．商业经济与管理，2014（7）：52-58.

[217] 刘利. 利益相关者利益要求的实证研究 [J]. 山西财经大学学报，2008，30（7）：61-68.

[218] 刘世芳. 后发企业的破坏性创新战略研究 [D]. 合肥：中国科学技术大学，2014.

[219] 刘世英，彭征. 马云正传：活着就是为了颠覆世界 [M]. 海口：南方出版社，2014.

[220] 刘鹰，项松林，方若乃. 阿里巴巴模式 [M]. 北京：中信出版社，2015.

[221] 罗伯特·K.殷. 案例研究：设计与方法 [M]. 周海涛，李永贤，张蘅，译. 重庆：重庆大学出版社，2004.

[222] 罗珉. 商业模式的理论框架述评 [J]. 当代经济管理，2009，31（11）：1-8.

[223] 罗兴武，项国鹏，宁鹏，等. 商业模式创新如何影响新创企业绩效？——合法性及政策导向的作用 [J]. 科学学研究. 2017（7）：1073-1084.

[224] 昌福新. 浙商论 [M]. 北京：中国发展出版社，2009.

[225] 马建堂. 关于横店"社团所有制"的几点思考 [J]. 经济研究，1997（5）：46-48.

[226] 马津龙. 温州市场经济与股份合作企业 [J]. 温州论坛，1993（增刊）：23-25.

[227] 马云. 电子商务的中国征途 [J]. 理财杂志，2007（11）：23-25.

[228] 毛基业，张霞. 案例研究方法的规范性及现状评估 [J]. 管理世界，2008（4）：115-121.

[229] 孟怀虎. 吉利之路与中国民营企业生存状态——民营制造 [M]. 广州：广东旅游出版社，2003.

[230] 孟少华. 勇往直前——记中国·吉利董事长李书福 [J]. 中国第三产业，2002（11）：32-41.

[231] 乔道刚. 邮政能否超越阿里巴巴 [J]. 邮政研究，2009（2）：52-54.

[232] 权衡.中国转型经济及其政治经济学意义——中国转型的经验与理论分析［J］.学术月刊，2003（3）：44-49.

[233] 荣振环.马云的身份：从骗子到疯子再到傻子［J］.法人，2008（2）：66-67.

[234] 盛亚，单航英，陶锐.基于利益相关者的企业创新管理模式：案例研究［J］.科学学研究，2007，25（1）：106-109.

[235] 盛亚，单航英.利益相关者与企业技术创新绩效关系：基于高度平衡型利益相关者的实证研究［J］.科研管理，2008，29（6）：30-35.

[236] 盛亚，王节祥.利益相关者权利非对称、机会主义行为与CoPS创新风险生成［J］.科研管理，2013，34（3）：31-40.

[237] 史晋川，汪炜，钱滔.民营经济与制度创新：台州现象研究［M］.杭州：浙江大学出版社，2004.

[238] 史晋川.温州模式的历史制度分析——从人格化交易与非人格化交易视角的观察［J］.浙江社会科学，2004（2）：16-20.

[239] 苏晓华，王科.转型经济中新兴组织场域的制度创业研究——以中国VC/PE行业为例［J］.中国工业经济，2013（5）：148-160.

[240] 孙是炎，陈湘舸.探索、实践、创新、发展：横店集团的成长线索［J］.经济研究，1997（5）：49-52.

[241] 孙晓川.电子商务所遇到的瓶颈及应对方法［J］.商业文化月刊，2007（11）：211.

[242] 陶情.最不骄傲的是网站——马云其人［J］.电子商务，2000（2）：71-76.

[243] 田茂利.转型升级背景下民营企业战略性创新能力演化研究——以吉利为例［J］.时代经贸，2011（18）：100-101.

[244] 田志龙，高勇强，卫武.中国企业政治策略与行为研究［J］.管理世界，2003（12）：98-106.

[245] 田志龙，谢青，陈小洪，等.分散的能动性与集体性制度创业［J］.科学学研究，2015，33（6）：887-898.

[246] 涂敏芬.对抗制度的创新：策略行动者的能动性实践［J］.台大管理论丛，2012，22（2）：87-118.

[247] 万建华.利益相关者管理［M］.深圳：海天出版社，1998.

[248] 汪伟，史晋川.进入壁垒与民营企业的成长——吉利案例研究［J］.管理世界，2005（4）：132-140.

[249] 王炳成，许长宇.破坏性创新商业模式的成长路径研究［J］.科技进步与对策，2010，27（8）：1-4.

[250] 王纯.李书福 汽车界的草根大亨［J］.绿色中国（B版），2010（7）：12-21.

[251] 王军.问渠哪得清如许 为有源头活水来——吉利集团发展模式解码［J］.中国质量与品牌，2006（5）：66-68.

[252] 王立群.阿里巴巴，电子商务搅局者［J］.通信市场，2004（3）：38-39.

[253] 王利芬，李翔，苏健.穿布鞋的马云［J］.首席财务官，2014（13）：80.

[254] 王翔，李东，张晓玲.商业模式是企业间绩效差异的驱动因素吗？——基于中国有色金属上市公司的 ANOVA 分析［J］.南京社会科学，2010（5）：20-26.

[255] 王小旺.关于李书福同志造车［J］.新经济，2002（12）：72-75.

[256] 魏江，李拓宇，赵雨菡.创新驱动发展的总体格局、现实困境与政策走向［J］.中国软科学，2015（5）：20-30.

[257] 魏江，刘洋，应瑛.商业模式内涵与研究框架建构［J］.科研管理，2012，33（05）：107-114.

[258] 温素彬，方苑.企业社会责任与财务绩效关系的实证研究——利益相关者视角的面板数据分析［J］.中国工业经济，2008（10）：150-160.

[259] 温忠麟，张雷，侯杰泰.有中介的调节变量和有调节的中介变量［J］.心理学报，2006，38（3）：448-552.

[260] 文军，蒋逸民．质性研究概论［M］．北京：北京大学出版社，2010.

[261] 文亮，何继善．创业资源、商业模式与创业绩效关系的实证研究［J］．东南学术，2012（5）：116-128.

[262] 吴丹．马云与阿里巴巴神话［J］．中国商人，2000（6）：6-12.

[263] 吴玲，陈维政．企业对利益相关者实施分类管理的定量模式研究［J］．中国工业经济，2003（6）：70-76.

[264] 伍装．中国经济转型分析导论［M］．上海：上海财经大学出版社，2005.

[265] 奚艳燕．民营企业跨国并购战略的制度创业过程研究［J］．管理案例研究与评论，2014，7（1）：1-21.

[266] 夏建国，夏碧莹．从吉利看民企战略转型［J］．浙江经济，2011（16）：42-43.

[267] 项国鹏，迟考勋，王璐．转型经济中民营企业制度创业技能对合法性获取的作用机制——春秋航空，宝鸡专汽及台州银行的案例研究［J］．科学学与科学技术管理，2011，32（5）：71-78.

[268] 项国鹏，喻志斌，迟考勋．转型经济下企业家制度能力对民营企业成长的作用机理——吉利和横店集团的案例研究［J］．科技进步与对策，2012，29（15）：76-81.

[269] 项国鹏，胡玉和，迟考勋．国外制度创业理论前沿探析及未来展望［J］．外国经济与管理，2011（5）：1-8.

[270] 项国鹏，李武杰，肖建忠．转型经济中的企业家制度能力：中国企业家的实证研究及其启示［J］．管理世界，2009（11）：103-114.

[271] 项国鹏，阳恩松．国外制度创业策略理论探析及未来展望［J］．科技进步与对策，2013，30（13）：154-160.

[272] 项国鹏，杨卓，罗兴武．价值创造视角下的商业模式研究回顾与理论框架构建——基于扎根思想的编码与提炼［J］．外国经济与管理．2014（6）：32-41.

[273] 项国鹏，张志超，罗兴武. 利益相关者视角下开拓型制度创业机制研究——以阿里巴巴为例［J］. 科技进步与对策，2017（2）：9-17.

[274] 项国鹏. 制度变迁中的"浙商"转型：从战术企业家到战略企业家［J］. 浙江社会科学，2007（03）：46-52.

[275] 谢琳，李孔岳，周影辉. 政治资本、人力资本与行政垄断行业进入——基于中国私营企业调查的实证研究［J］. 中国工业经济，2012（9）：122-134.

[276] 徐明华. 温州模式发生与发展的政治经济学——兼论过渡经济学相关的几个问题［J］. 深圳大学学报（人文社会科学版），1999（3）：89-89.

[277] 徐王婴. 对话浙商［M］. 杭州：西泠印社，2003.

[278] 徐王婴. 浙商之变［M］. 杭州：浙江人民出版社，2005.

[279] 徐文荣. 横店之路［M］. 北京：人民出版社，1994.

[280] 徐旸. 阿里巴巴：建构网上贸易新模式［J］. 网际商务，2001（12）：61.

[281] 杨轶清. 浙商制造［M］. 杭州：浙江人民出版社，2003.

[282] 杨轶清. 浙商的自然社会来源及其生成机制［J］. 浙江社会科学，2008（5）：45-50.

[283] 姚明明，吴晓波，石涌江，等. 技术追赶视角下商业模式设计与技术创新战略的匹配——一个多案例研究［J］. 管理世界，2014（10）：149-162.

[284] 尹珏林，任兵. 组织场域的衰落、重现与制度创业：基于中国直销行业的案例研究［J］. 管理世界，2009（B02）：13-26.

[285] 俞华波. 马云：做电子商务的商人［J］. 宁波经济（财经视点），2001（6）：45-46.

[286] 袁庆宏，王利敏，丁刚. 个体的网络位置对其制度创业的影响研究［J］. 管理学报，2013，10（11）：1634-1640.

[287] 云乐鑫，薛红志，杨俊. 创业企业商业模式调整研究述评与展望［J］. 外国经济与管理，2013，35（11）：21-28.

[288] 张彬.马云的武器［J］.知识经济，2000（9）：6-13.

[289] 张建君.中国转型经济研究的文献回顾与理论发展［J］.山东社会科学，2007（7）：69-76.

[290] 张敬伟.扎根理论研究法在管理学研究中的应用［J］.科技管理研究，2010，30（1）：235-237.

[291] 张铭，胡祖光.组织分析中的制度创业研究述评［J］.外国经济与管理，2010，32（2）：16-23.

[292] 张乃恒.阿里巴巴传奇［J］.中国海关，2004（7）：54-56.

[293] 张仁寿，杨轶清.浙商：成长背景、群体特征及其未来走向［J］.商业经济与管理，2006（6）：3-7.

[294] 张小争."狂飙者"淘宝网的商业模式［J］.经理人，2006（4）：92-95.

[295] 张遥，魏董华.大数据助力网购商打假［N］.新华每日电讯，2014-12-24.

[296] 张玉利，杨俊.试论创业研究的学术贡献及其应用［J］.外国经济与管理，2009，31(1): 16-23.

[297] 周其仁."控制权回报"和"企业家控制的企业"：公有制经济企业家人力资本产权的个案［J］.经济研究，1997(5): 31-42.

[298] 周其仁.产权与制度变迁［M］.北京：社会科学文献出版社，2002.

[299] 卓勇良.区域市场化途径比较及浙江模式的典型意义［J］.商业经济与管理，2004(4): 30-34.

[300] 卓勇良.挑战沼泽——浙江制度变迁与经济发展［M］.北京：中国社会科学出版社，2004.

[301] 卓勇良.浙江制度变迁的演进路径与战略选择［J］.浙江社会科学，1998(6): 18-24.

后　记

　　本书是我主持的国家自然科学基金资助项目"转型经济中企业家制度能力对民营企业制度创业的作用机制研究：利益相关者视角"（批准号：71372010）的研究成果。本书的研究目的是：立足于民营企业是中国转型经济情境中的制度创业者及制度创业的实质是促使利益相关者接受新制度的认识，突出转型经济所导致的制度变迁情境对民营企业制度创业的影响，整合制度创业、利益相关者等理论，通过对阿里巴巴集团、横店集团、绿源集团、吉利集团这些典型浙商制度创业实践的多案例研究，分析制度创业者在制度创业过程中遇到的来自利益相关者的制度创业约束，针对利益相关者所使用的制度创业策略及所获取的相应的合法性，探索性地构建民营企业制度创业机制，从而在中国情境下应用并推进制度创业理论，并为民营企业成功领导制度创业提供有效的管理策略。

　　我指导的研究生参与了本项目研究，具体情况如下：博士生黄玮参与了第三章、第七章、第八章的初稿写作，硕士生张志超参与了第六章的初稿写作，硕士生王俊参与了第九章的初稿写作。感谢他们为本研究所做出的贡献！

　　感谢绿源集团总裁倪捷，浙江工商大学公共管理学院研究员、吉利集团原副总裁王自亮，阿里研究院高级专家崔瀚文，浙江广厦建设职业技术学院胡涛，浙江同济科技职业学院解勤华等为本研究的访谈调研所提供的大力支持！

　　由于该项目研究挑战性大，任务重，我投入了大量精力于这本书的写作、指导、修改，牺牲了很多本应服务于家庭的时间。感谢家人对我的理解与支持！

　　感谢浙江工商大学出版社为本书出版所付出的努力！

项国鹏

2017 年 9 月 29 日